公路工程施工工艺标准系列图书

GONGLU GONGCHENG SHIGONG GONGYI BIAOZHUN XILIE TUSHU

路基工程
施工工艺标准

LUJI GONGCHENG
SHIGONG GONGYI BIAOZHUN

HNCC 湖南交水建集团 | A 湖南路桥

湖南路桥建设集团有限责任公司 / 编著

中南大学出版社
www.csupress.com.cn
·长沙·

图书在版编目（ＣＩＰ）数据

路基工程施工工艺标准／湖南路桥建设集团有限责任公司编著. --长沙：中南大学出版社，2019.3
ISBN 978 - 7 - 5487 - 3558 - 8

Ⅰ.①路… Ⅱ.①湖… Ⅲ.①路基工程－工程施工－标准－中国 Ⅳ.①U416.104 - 65

中国版本图书馆 CIP 数据核字(2019) 第 033041 号

路基工程施工工艺标准

湖南路桥建设集团有限责任公司　编著

□责任编辑　刘颖维
□责任印制　易建国
□出版发行　中南大学出版社

　　　　　　社址：长沙市麓山南路　　　　邮编：410083
　　　　　　发行科电话：0731 - 88876770　　传真：0731 - 88710482
□印　　装　长沙印通印刷有限公司

□开　本　787×1092　1/16　　□印张18　　□字数 453 千字
□版　次　2019 年 3 月第 1 版　　□2019 年 3 月第 1 次印刷
□书　号　ISBN 978 - 7 - 5487 - 3558 - 8
□定　价　118.00 元

图书出现印装问题，请与经销商调换

公路工程施工工艺标准系列图书编委会

本书编写人员名单

主　　　编：王术飞　汤向东

副　主　编：刘玉兰　石　柱　张泽丰

审定专家：(以姓氏笔画排序)

汪展翅　李　敖　罗文斌　彭文耀　燕　平

戴　勇

主要编写人员：(以姓氏笔画排序)

刘泽亚　杨文志　杨佳良　吴初平　陈玉春

胡会玲　郭和华　谢理成　潘长城

参与编写人员：(以姓氏笔画排序)

肖　华　李　创　孙　波　肖俊杰　黄正东

黎红英　戴江洪

　　湖南路桥建设集团有限责任公司（以下简称集团）始建于 1954 年，是全国首批获得公路工程施工总承包特级资质的大型国有企业，拥有公路设计甲级、施工总承包特级等各类资质 50 余项，业务涵盖路桥、市政、房建、轨道交通等基建领域，以及交通路网、智慧城市、文化旅游等多元产业，业务遍及亚洲、非洲的 10 多个国家和地区，以及全国 20 多个省级行政区。

　　60 多年来，集团秉承产业报国、交通为民的历史使命，弘扬"创新、诚信、一流、奉献"的企业精神，先后承建了以南京长江三桥、矮寨大桥为代表的各类大中型桥梁 1000 余座，以京港澳高速公路、沪昆高速公路为代表的高速公路和高等级公路 5000 余公里，以湖南雪峰山、广东牛头山隧道为代表的隧道工程 170 余公里，在大跨径桥梁、长大隧道施工等领域形成了核心技术优势，享有"路桥湘军"美誉。

　　集团是受国务院表彰的 14 家"全国先进企业"之一，获首届"中国桥梁十大英雄团队""创鲁班奖工程特别荣誉企业"，荣获全国"五一劳动奖状"。先后荣获古斯塔夫斯·林德恩斯奖、GRAA 国际道路成就奖等国际大奖两项，国家科学技术进步奖 6 项、国家优质工程奖 5 项，并多次荣获鲁班奖、詹天佑奖，拥有国家级、省部级工法、专利等科技成果 200 余项，多次被评为"全国优秀施工企业"，连续多年获评高新技术企业，2018 年入选 ENR"全球最大 250 家国际承包商"，受到业界推崇。

　　当前，我国公路建设已进入高质量发展阶段，在确保安全和环保的同时，如何持续提升工程品质和建造能力，是施工企业面临的一个重要课题。为适应日趋激烈的市场竞争环境，以及达到国家在安全、质量、环保方面的更高要求，集团明确了高质量快速发展的路径和措施，大力推进技术创新和管理升级，积极开展品质工程创建，着力提升企业的快速建造能力，在各项目加快推进项目管理和工艺标准化建设过程中，取得了良好的效果。为进一步提升企业管理能力和技术水平，加速成熟工艺和先进技术的推广应用，结合行业要求和企业发展需求，集团决定系统总结近年来标准化实施成果，制订一套企业施工工艺标准，用于指导项目施工。

　　科学技术是第一生产力，创新是引领发展的第一动力，推动集团科技的发展，要在工程实践中应用更多新技术、新工艺、新材料和新设备，希望集团全体员工勇于创新、加强总结，努力打造核心技术，不断提升企业技术水平，为树立技术品牌，铸造精品工程，实现集团高质量快速发展而奋力拼搏。

杨志伟

2019 年 3 月

前言
PREFACE

为进一步提升湖南路桥建设集团有限责任公司(以下简称集团)的管理能力和技术水平,规范施工作业行为,推广成熟工艺和先进技术,实现技术资源共享,集团组织技术骨干和专家着手编写了"公路工程施工工艺标准"系列图书,自2016年开始起草,先后经多次审稿、修改,直至最终定稿,共历时3年多。

"公路工程施工工艺标准"系列图书的编写,是在现行公路工程施工标准和规范的基础上,参考了大量施工方案、技术总结、施工工法、论文、专著等技术资料和文献,经总结、提炼而成,是集团60多年来公路工程施工经验和技术的系统总结。这一系列工艺标准的推行,将在提高集团生产效率,打造品质工程,强化安全管控等方面发挥重要作用。

"公路工程施工工艺标准"系列图书共6册,包括《路基工程施工工艺标准》《路面工程施工工艺标准》《隧道工程施工工艺标准》《桥梁下部结构施工工艺标准》《常见桥梁工程施工工艺标准》和《悬索桥和斜拉桥施工工艺标准》。每项工艺标准包括:总则、术语、施工准备、工艺设计和控制要求、操作工艺、质量标准、成品保护、安全环保措施、质量记录9个方面的内容。

本书主要包括路基土石方、边坡排水、通涵构造物等施工工艺标准,分别介绍了各种不同地质条件和施工环境下的路基工程施工工艺。

本书是集团的企业标准之一,也可供同行参考。本书在编写过程中得到了各级领导的全力支持,和集团内外多位专家的指导和帮助,参与编写的众多同事付出了大量的时间和精力,在此一并感谢。由于编写者水平有限,错漏之处在所难免,恳请读者斧正。

编　者
2019 年 3 月

目 录
CONTENTS

1 土方路基施工工艺标准

1.1 总则

1.1.1 适用范围

本标准适用于高速公路土方路基施工,其他道路土方路基施工可参照执行。

1.1.2 编制参考标准及规范

编制参考标准及规范有:

(1)中华人民共和国行业标准《公路工程技术标准》(JTG B01—2014).

(2)中华人民共和国行业标准《公路勘测规范》(JTG C10—2007).

(3)中华人民共和国行业标准《公路路线设计规范》(JTG D20—2017).

(4)中华人民共和国行业标准《公路路基设计规范》(JTG D30—2015).

(5)中华人民共和国行业标准《公路路基施工技术规范》(JTG F10—2006).

(6)中华人民共和国行业标准《公路土工试验规程》(JTG E40—2007).

(7)中华人民共和国行业标准《高速公路交通安全设施设计规范》(JTG D81—2017).

(8)中华人民共和国行业标准《高速公路交通安全设施施工技术规范》(JTGF71—2006).

(9)中华人民共和国行业标准《公路工程质量检验评定标准》(JTG F80/1—2017).

(10)中华人民共和国行业标准《公路养护技术规范》(JTJG H10—2009).

(11)北京城建集团.《路桥市政工程施工工艺标准》.

(12)杨文渊,钱绍武.《道路施工工程师手册》.

(13)宋金华.《高等级道路施工技术与管理》.

(14)刘吉士,阎洪河.《公路路基施工技术》.

(15)王书斌,杜群乐.《公路路基施工要点与质量控制》.

(16)文德云.《公路施工技术》.

(17)黄晓明,张晓冰.《公路建设质量通病分析与防治》.

(18)杨文渊,钱绍武.《公路工程质检工程师手册》.

1.2 术语

1.2.1 路基

路基是按照路线位置和一定技术要求修筑的带状构造物，是路面的基础，承受由路面传来的行车荷载。

1.2.2 路床

路床是指路面底面以下 0.80 m 范围内的路基部分。在结构上分为上路床(0~0.30 m)和下路床(0.30~0.80 m)两层。

1.2.3 路堤

路堤是指高于原地面的填方路基。路堤在结构上分为上路堤和下路堤，上路堤是指路床以下 0.70 m 厚度范围内的填方部分；下路堤是指上路堤以下的填方部分。

1.2.4 路堑

路堑是指低于原地面的挖方路基。

1.2.5 CBR(路基填料强度)

CBR 是指表征路基土、粒料、稳定土强度的一种指标。即标准试件在贯入量为 2.5 mm 时所施加的试验荷载与标准碎石材料在相同贯入量时所施加的荷载之比值，以百分率表示。

1.2.6 压实度

压实度是筑路材料压实后的干密度与标准最大干密度之比，以百分率表示。

1.2.7 路基设计标高

新建公路的路基设计标高为路基边缘标高，在设置超高、加宽地段，则为设置超高、加宽前的路基边缘标高；改建公路的路基设计标高可与新建公路相同，也可采用路中线标高。设计有中央分隔带的高速公路、一级公路，其路基设计标高为中央分隔带的外侧边沿标高。

1.2.8 高液限土

高液限土是指液限(100 g 锥试验)超过 50% 的细粒土。

1.2.9 挡土墙

挡土墙是指承受土体侧压力的墙式构造物。

1.3 施工准备

1.3.1 技术准备

(1)认真解读施工图和设计说明书。

(2)编制施工组织设计,经审查批复后,做好施工技术和安全交底。

(3)路基施工前应详细检查、核对纵断面图,发现问题后及时进行复测。

(4)根据恢复的路线中桩、设计图表、施工工艺和有关规定测设路基用地界桩和路堤坡脚、路堑坡顶、边沟、取土坑、护坡道、弃土场等具体位置桩。

(5)路基材料各项试验合格。

(6)试验路段应注意以下问题:

①开工之前,应选择试验路段进行填筑压实试验,以确定土方工程的正确压实方法、为达到规定的压实度所需要的压实设备的类型及其组合工序、各类压实设备在最佳组合下的各自压实遍数以及能被有效压实的压实层厚度等,从中选出路基施工的最佳方案以指导全线施工。

②在开工前至少28 d完成试验路段的压实试验,并以书面形式向监理工程师按试验情况提出拟在路堤填料分层平行摊铺和压实所用的设备类型及数量清单,所用设备的组合及压实遍数、压实厚度、松铺系数,供监理工程师审批。

③试验段的位置由监理工程师现场选定,选用长度不小于200 m的全幅路基为宜。采用监理工程师批准的压实设备、筑路材料进行试验,直到达到规定的压实度所必需的施工程序为止,并记录压实设备的类型、工序及碾压遍数,对同类材料以此作为现场控制的依据。

不同的筑路材料应单独做试验段。

1.3.2 材料准备

路堤填料,不得使用淤泥、沼泽土、冻土、有机土、含草皮土、生活垃圾、树根和含有腐朽物质的土。

1.3.3 主要机具和测试设备

(1)土方工程机械:推土机、铲运机、挖掘机、平地机、装载机。

(2)运输机械:自卸汽车。

(3)压实机械:压路机、强夯、内燃夯锤、蛙式打夯机、振动平板夯、振动压路机和重型振动压路机。

(4)含水量调节机械:旋耕犁、圆盘耙、洒水车、五铧犁。

(5)测量和检验实验设备:全站仪或经纬仪、水准仪、灌砂筒、环刀、平整度检测仪、CBR试验仪、液塑限测定仪、弯沉仪、动力触探仪、磅秤等。

(6)施工机械:应根据工程量、施工进度计划、施工条件及筑路材料合理选择。施工机械的机械性能和动力性能必须能满足施工需要。

1.3.4　作业条件

（1）路基施工前应由业主办理土地征用手续，并由设计、建设和施工部门核对地质资料和设计图纸，检查原状土壤结构有无破坏或发生较大扰动现象，在核查各项无误后，检查确定路基承载力是否满足设计和规范要求。

（2）施工前做好路基两侧排水工作，做到不积水；并对路基基底进行处理，或将前一层施工的路基表面清理干净。

（3）每层施工应在前一层施工的路基施工完毕，经检测各项指标达到规范要求，并经监理工程师同意转序后再进行。

1.3.5　劳动力组织

施工前必须做好施工组织设计和劳动力配置准备。土方路基工程施工劳动力组织详见表1-1。

表1-1　土方路基工程施工劳动力组织

工种	人数	工作地点	职责范围
施工队长	1	整个施工现场	负责跟班组织施工管理工作、协助总指挥工作等
施工员	1	整个施工现场	负责跟班组织施工、协调各工种交叉作业等
安全员	1	整个施工现场	负责跟班检查安全措施、安全措施的执行情况及安全教育工作，对安全生产负责
质量检查员	1	整个施工现场	负责跟班检查工程质量，组织各工种交接及检查质量保证措施的执行情况，对工程质量负责
测量员	2	施工现场	负责开挖、填筑放样，高程等测量
挖掘机操作员	4	开挖施工现场	负责路堑段的土方开挖及土方装车
自卸卡车司机	8	施工现场	负责现场土方运输
推土机操作员	2	填方施工现场	负责路基填筑粗平
压路机操作工	2	施工现场	负责路基压实
平地机操作工	1	施工现场	负责路基填筑精平
排水砌筑施工	8	水沟施工现场	负责排水沟、边沟、截水沟的砌筑、表面装饰、对施工质量负责
混凝土与砂浆搅拌上料工	4	水沟施工现场	负责各类水沟混凝土与砂浆的搅拌操作砌筑材料的搬运与上料
电工	1	整个施工现场	负责现场动力、照明、通信等电器系统的维修保护
材料员	1	材料仓库	负责施工材料供应及管理
杂工	10	整个施工现场	负责开挖及路基边线修整、边坡修整及现场清理等
总计	47		

注：此表为一个作业班施工配备人员，未计后勤、行政等人员。

1.4　工艺设计和控制要求

1.4.1 技术要求

1.4.1.1　工作范围

道路土方工程包括路堑挖掘土方、路堤填筑土方和弃置土方等所有工程，同时也包括修建水道、边沟、停车场和引道的所有工程，还包括图纸所示或工程师设立的线段、坡度和断面，清除不稳定土，清除滑坡等所有必要工程。

（1）标高和坐标确认。

工程师给承包商提供切线和坡度线的交叉点位置。图纸将标明水平和垂直曲线的特性，在需要的地方标出超高率，承包商要根据以上资料准备断面图，报工程师批准。在进行施工前承包商应在施工区域定线，如工程师有意见可做修改，修改在定线前后都可以，工程师应向承包商发出详细的说明，承包商将按说明修改定线以待进一步批准。

（2）水流的处理。

在工程师要求的地方或工作保护及施工需要时，承包商要提供必要的除水、排水或隔离水流的设施，承包商在雨季前必须完成临时性或永久性排水边沟。

（3）利用和处理挖方。

从路堑挖掘出的可利用的土方，应尽可能地用于路堤填方，多余的土方或不能利用的不合格土方，由承包商运至监理工程师指定的地点。

（4）排水沟。

在施工中承包商必须在工程师指令的地方建水渠、边沟或截水沟。修建这些沟渠，不管是临时性的还是永久性的，为了避免在施工期间路堤、路基、基层或基础被水浸泡，承包商要保证在路堤和沥青结构完成前排水设施足够和有效。承包商应不断地维修排水沟渠，以保证在整个施工期间和保修期内排水设施有效工作。由于未提供有效的排水设施而造成水毁工程，承包商应自费修复。承包商在施工时应首先修筑排水边沟，在施工过程中由于动迁影响没有办法修排水边沟时，也应该在路堤外适当位置设置临时积水井将水排出，这样才能保持路堤干燥，避免形成翻浆路堤。所修排水沟渠要随时维修，在施工结束时进行全面修整以达到验收状态。在即将施工的区域内的农田灌溉至少要在施工前2个月停止。所有表水都要排除并修筑临时或永久性边沟以保证该区域保持干燥。

（5）沟槽开挖。

在图纸上标示的地方或在工程师要求的地方，承包商应按要求开挖沟槽。在没有工程师批准的情况下不能开挖。此工作视为普通开挖。

（6）路堑、路堤的边坡修筑。

必须按工程师的要求从边坡上把浮土或浮石清除。

（7）填筑原有沟渠。

路线从改道后的原有沟渠区域内通过时，要清除原有沟渠内所有的有机物和松软的沉积物。用合格的稳定土予以回填。

1.4.1.2 土方开挖

所有土方和岩石挖掘需按图纸所示或按工程师指示(结构挖掘除外)在划定的界线内进行,所有挖掘出的土的清除、运输、适当利用和处理,都要依图纸上注明的开挖线、水平线、坡度、尺寸及截面,并结合工程师的要求去实施。

路堑的开挖方式应根据路堑的深度和纵向长度,以及地形、土质、土方调配情况和开挖机械设备的因素确定,以便加快施工进度和提高工作效率。

1.4.1.3 路堤填筑

在路堤填筑前首先对原有地面进行清理,对于存在的不平之处应首先予以整平,然后进行碾压(填前碾压)达到规范要求的压实度。对于坡度较大的填筑地段应从低处填起,分层填筑,并在原有坡面上修筑台阶,以利于新旧土的结合,台阶宽度应在 1 m 左右,厚度应根据分层填筑的厚度加以确定。

1.4.2 材料质量要求

路基填料强度和最大粒径详见表 1-2 的规定。

表 1-2 路基填料强度和最大粒径要求

填料应用部位 (路面底标高以下深度/m)		CBR/%			填料最大粒径 /mm
		高速公路 一级公路	二级公路	三、四级公路	
路堤	上路床:0~0.30	8	6	5	100
	下路床:0.30~0.80	5	4	3	100
	上路堤:0.80~1.50	4	3	3	150
	下路堤:大于1.50	3	2	2	150
零填及挖方路基	0~0.30	8	6	5	100
	0.30~0.80	5	4	3	100

1.4.3 职业健康安全要求

(1)施工现场必须做好交通安全工作,设专人指挥车辆、机械。交通繁忙的路口应设立标志,并有专人指挥。夜间施工,路口及基准桩附近应设置警示灯或反光标志,并派专人管理灯光照明。

(2)施工机械设备应有专人负责保养、维修和看管,确保安全。施工现场的电线、电缆应尽量放在无车辆、人、畜通行的部位。各种机械操作手、电工必须持证上岗,同时加强对司机、电工的安全教育。

(3)现场操作人员必须按规定佩戴防护用具。使用机械燃料操作时,其防火应按有关规定执行。

1.4.4　环境要求

(1)各种临时设施和场地,如堆料场、材料加工场等,宜远离居民区(其距离不宜小于1000 m),而且应设于居民区主要风向的下风处,当条件无法满足时,应采取适当的防尘及消毒措施。

(2)运输粉状材料应采用袋装或其他密封方法运输,不得散装散卸。施工运输道路,宜采取防止尘土飞扬的措施。

(3)消解块状生石灰时,应按规定选定消解加工的场地。施工人员应配备劳动保护用品,并采取降尘措施。

1.5　施　工　工　艺

1.5.1　工艺流程

(1)填土路基施工工艺流程如图1-1所示。

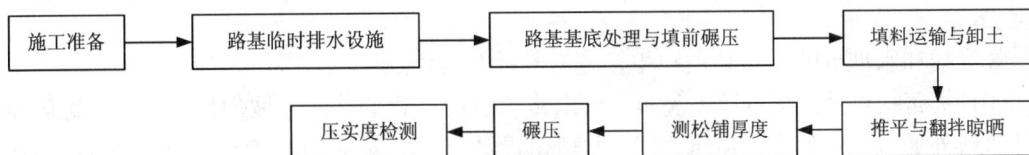

施工准备 → 路基临时排水设施 → 路基基底处理与填前碾压 → 填料运输与卸土

压实度检测 ← 碾压 ← 测松铺厚度 ← 推平与翻拌晾晒

图1-1　填土路基施工工艺流程

(2)挖方路基施工工艺流程如图1-2所示。

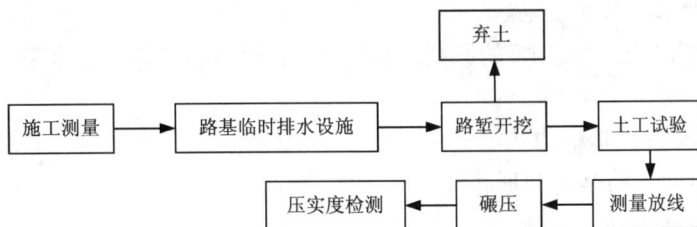

弃土

施工测量 → 路基临时排水设施 → 路堑开挖 → 土工试验

压实度检测 ← 碾压 ← 测量放线

图1-2　挖方路基施工工艺流程

1.5.2　操作工艺

1.5.2.1　填方路基施工

1.施工准备

(1)中心试验室按照设计文件及监理工程师的要求,对取自挖方、借土场、料场的填方材料进行土工试验,试验内容主要有:液限、塑限、塑性指数、天然稠度或液性指数试验;颗粒大小分析试验;含水量试验;密度试验;相对密度试验;土的击实试验;土的强度试验

（CRB 值）；有机质含量试验及易溶盐含量试验。将试验结果提交监理工程师，批准后方可采用。

（2）施工测量。

①在开工之前应做好施工测量工作，内容包括导线、中线及水准点的复测，水准点的增设，横断面的检查、补测与绘制等。其测量精度符合表 1-3 的要求。

表 1-3　测量精度标准

检查项目	国家标准或行业标准	企业标准
导线角度闭合差	$\pm 16\sqrt{n}$（n 为测点数）	$\pm 16\sqrt{n}$（n 为测点数）
导线坐标相对闭合差	$\pm 1/10000$	$\pm 1/10000$
水准点闭合差	$20\sqrt{L}$ （L 为水准路线长度，单位 km）	$20\sqrt{L}$ （L 为水准路线长度，单位 km）

②原有导线点不能满足施工要求时，应进行加密，保证在道路施工的全过程中，相邻导线点间能相互通视。对有碍施工的导线点，施工前可以采用交点法或其他的固定方法加以固定。

③导线和水准点的复测必须和相邻施工段进行闭合。

④计算每一桩号对应的路基宽度，放出路基边线。为了保证边坡的压实度，在每侧路基设计边线外加宽一定值作为填筑边线，此值由设计定，一般为 300~500 mm。中线桩随填方上传。

⑤在施工测量完成前不得进行施工。如果遇到不适用的材料，要予以挖除，在挖除之前，对不适用材料的范围先行测量，经监理工程师确认批准后方可施工，并在挖完后回填前重新测量。

2. 路基临时排水设施

（1）路基排水按"截、导、排"的原则进行处理，并尽可能与设计排水系统相结合，勿使路基附近积水。

（2）施工时，先在征地线边缘堆置 400 mm 高的土埂，挡住外界地表水，并在土埂内侧挖临时排水沟，将水排入路基外的现状渠。

3. 路基基底处理与填前碾压

（1）场地清理。

①在路基填筑前，将取土场和路基范围内的树木、垃圾、有机物残渣及原地面杂草等不适用材料清除，并排除地面积水。对妨碍视线、影响行车的树木会同有关部门协商后在施工前进行砍伐、移植处理。

②路基范围内的树根要全部挖除，清除出来的垃圾、废料、树根及表土等不适用材料堆放在监理工程师指定的地点。

③凡监理工程师指定要保留的植物与构造物，要妥善加以保护。

④对路基范围内的树根坑、障碍物及建筑物移去后的坑穴，用经设计与监理工程师批准的材料填至周围标高，回填分层压实，密实度不小于 95%。

（2）填前碾压。

场地清理与拆除完成后，进行填前碾压，使基底达到规定的压实度。

4．填料运输与卸土

（1）填料运输顺序应符合以下规定：

①不同性质的土应分别填筑，不得混填，每种填料层累计厚度应在500 mm以上。

②强度较小的土应填在下层，不受潮湿、冻融影响而改变体积的优良土应填在上层。

③透水性较小的土填筑于路基下层时应做成4%的双向横坡；填筑于路基上层时除干旱地区外，不应覆盖在由透水性好的土所填筑的路堤边坡上。

（2）采用自卸车运土至作业面上，由专人指挥卸车，根据自卸车装土量及土的松铺厚度确定卸车距离。土堆应形成梅花型，用推土机推平后，使松铺厚度大致相同。松铺厚度由试验段确定，最大厚度不应超过300 mm。路床顶面最后一层的压实厚度不应小于80 mm。

5．推平与翻拌晾晒

（1）用推土机将土大致推平，松铺厚度经检验合格后，对填料进行含水量检测。

（2）若填料含水量过大，采用圆盘耙、五铧犁进行翻拌晾晒。

（3）当填料含水量不足时，采用洒水车洒水再用拌和设备拌和均匀。

（4）当填料含水量达到最佳含水量的±2%时，则可由推土机将填料推平，然后用平地机刮平。

6．碾压

（1）碾压前应再次检测松铺厚度、平整度和填料含水量。

（2）首先用压路机静压一遍，再用平地机刮一遍，然后根据试验路段得到的压实工序和碾压遍数用压路机进行碾压，直至达到密实度要求。

（3）压路机振动频率应控制在30~45 Hz，过大的振动频率会降低压实效果。压路机的振幅应控制在0.7~1.8 mm，在达到试验段的碾压遍数后，应检查压实效果。

（4）碾压时第一遍应不振动静压，然后先慢后快，由弱振到强振。压路机最大行驶速度不宜超过4 km/h。碾压方向在直线路段由两边向中间，小半径曲线路段由内侧向外侧纵向进退式进行。碾压时轨迹重叠0.3 m，达到无漏压，无死角，确保碾压均匀。

（5）由于振动压路机碾压后的表层比较疏松，为了消除这种缺陷，振动碾压完成后应慢速静压一遍。

（6）碾压完成后进行密实度检测，若检测合格，进行下一道工序；若检测不合格，重复碾压工序。

1.5.2.2 挖方路基施工

1．施工测量

（1）在开工之前应做好施工测量工作，内容包括导线、中线及水准点的复测，水准点的增设，横断面的检查、补测与绘制等。其测量精度符合表1-3的要求。

（2）原有导线点不能满足施工要求时，应进行加密，保证在道路施工的全过程中，相邻导线点间能相互通视。对有碍施工的导线点，施工前可以采用交点法或其他的固定方法加以固定。

（3）导线和水准点的复测必须和相邻施工段进行闭合。

（4）计算每一桩号对应的路基宽度，放出路基边线，确定开挖方式。

2.路基临时排水设施

路基排水按"截、导、排"的原则进行处理,并尽可能与设计排水系统相结合,勿使路基附近积水。

3.路堑开挖

(1)横挖法。

从路堑的一端或两端按横断面全宽逐渐向前开挖。这种方法适用于较短的路堑。路堑深度不大时可以一次挖到设计标高,路堑深度较大时可分成几个台阶开挖,各层要有独立的出土道和临时排水设施。分层横挖可使工作面纵向拉开,多层多向出土,故而可以容纳较多的施工机械,加快施工速度。

(2)纵挖法。

沿路堑纵向将高度分成不大的层次依次开挖,纵挖法适用于较长的路堑。如果路堑的宽度及深度都不大,可以按横断面全宽纵向分层挖掘,称为分层纵挖法;如果路堑的宽度及深度都比较大,可沿纵向分层、每层先挖出一条通道,然后开挖两旁,称为通道纵挖法,通道可作为机械通行或出口路线,以加快施工速度,如果路堑很长,可在适当位置将路堑的一侧横向挖穿,把路堑分成几段,各段再采用上述纵向开挖,称为分段纵挖法。分段纵挖法适用于傍山长路堑。

无论采取哪种开挖方法,在挖掘时都应利用挖掘机械把边坡做好,也就是在挖掘的过程中,边挖边做坡,否则,一旦挖掘深度过大,机械将无法做坡,给施工造成困难。因此,在挖掘过程中,测量人员应该及时按照图纸要求把边坡开挖线放好,并根据挖掘的深度随时调整开挖线,力争利用机械一次做好边坡,减少人工的做坡量。

(3)按确定的开挖方式及相关规定开挖路堑,在施工过程中,应根据开挖情况随时进行地质核查,并对边坡稳定性进行监测。如实际情况与设计不符,应会同设计单位进行处理。

(4)可作为路基填料的土方,应分类开挖和使用。非适用材料应按设计要求作为弃方处理。

(5)土方开挖应自上而下进行,不得乱挖超挖,严禁掏底开挖。

(6)开挖过程中,应采取措施保证边坡稳定。开挖至边坡线前,应预留一定宽度,预留的宽度应保证刷坡过程中设计边坡线外的土层不受到扰动。

(7)路基开挖中,基于实际情况,如需修改设计边坡坡度、截水沟和边沟的位置及尺寸时,应及时按规定报批。边坡上稳定的孤石应保留。

(8)开挖至零填、路堑路床部分后,应尽快进行路床施工;如不能及时进行,宜在设计路床顶标高以上预留至少300 mm厚的保护层。

(9)挖方路基路床顶面终止标高,应考虑因压实而产生的下沉量,其值通过试验确定。

4.土工试验

进行基底土工试验,确定基底土是否满足路基填料要求。

5.测量放线

测量放线精度需满足规范要求。

6.碾压

根据土工试验确定的碾压遍数进行碾压,碾压完成后进行密实度检测,若合格,进行下一道工序,若不合格,重复碾压工序。

1.6 质量标准

1.6.1 基本要求

（1）在路基用地和取土坑范围内，认真清除地表植被、杂物、积水、淤泥和表土，处理坑塘，并对基底进行认真压实和处理，满足规范和设计要求。

（2）不得采用设计或规范规定的不适用土料作为路基填料，路基填料强度（CBR）应符合规范和设计要求。

（3）路基必须分层填筑压实，密实度应符合设计要求。每层表面平整，路拱合适，排水性能良好。

（4）施工临时排水系统应与设计排水系统结合，勿使路基附近积水，避免冲刷边坡。

1.6.2 实测项目

实测项目详见表 1-4 及表 1-5。

表 1-4 土质路基压实度标准

填挖类型		路床顶面以下深度/m	压实度/%		
			高速公路、一级公路	二级公路	三、四级公路
路堤	上路床	0~0.30	≥96	≥95	≥94
	下路床	0.30~0.80	≥96	≥95	≥94
	上路堤	0.80~1.50	≥94	≥94	≥93
	下路堤	>1.50	≥93	≥92	≥90
零填及挖方路基		0~0.30	≥96	≥95	≥94
		0.30~0.80	≥96	≥95	—

注：1. 表列压实度以《公路土工试验规程》（JTG E40—2007）重型击实试验法为准。

2. 三、四级公路铺筑水泥混凝土路面或沥青混凝土路面时，其压实度应采用二级公路的规定值。

3. 路堤采用特殊填料或处于特殊气候地区时，压实度标准根据试验路在保证路基强度要求的前提下可适当降低。

4. 特别干旱地区的压实度标准可降低 2%~3%。

表 1-5 土质路堤施工质量标准

序号	检查项目	允许偏差			检查方法或频率
		高速公路、一级公路	二级公路	三、四级公路	
1	路基压实度	符合规定	符合规定	符合规定	施工记录
2	弯沉	不大于设计值	不大于设计值	不大于设计值	—
3	纵断高程/mm	+10，-15	+10，-20	+10，-20	每200 m测4断面

续表 1 – 5

序号	检查项目	允许偏差			检查方法或频率
		高速公路、一级公路	二级公路	三、四级公路	
4	中线偏位/mm	50	100	100	每 200 m 测 4 点 弯道加 HY、YH 两点
5	宽度	不小于设计值	不小于设计值	不小于设计值	每 200 m 测 4 处
6	平整度/mm	15	20	20	3 m 直尺：每 200 m 测 2 处×10 尺
7	横坡/%	±0.3	±0.5	±0.5	每 200 m 测 4 个断面
8	边坡坡度	不陡于设计坡度	不陡于设计坡度	不陡于设计坡度	每 200 m 抽查 4 处

1.6.3 外观鉴定

（1）路基表面平整、边坡直顺。

（2）路基边坡坡面平顺稳定，不得亏坡，曲线圆滑。

（3）取土坑、弃土堆、护坡道、碎落台的位置适当，外形整齐、美观，无水土流失现象。

（4）设计植草的路段无明显缺陷。

（5）上边坡不得有松石。

1.7 成品保护

（1）路基施工中填土宽度应大于路基设计宽度，其加宽值按设计规定执行，一般为 300 ~ 500 mm，压实宽度应大于路基宽度，保证施工过程中标准边坡位置外侧有多余土保护。刷边坡应安排在路基施工完成后进行，刷完边坡的部位应立即进行防护或植草施工。

（2）为防止路基被雨水浸泡和边坡被雨水冲刷，路基施工中的每层表面应做成 2% ~ 4% 的排水横坡，路基边缘培土埂，路基边坡上应设置临时排水急流槽。临时排水急流槽每 30 ~ 50 m 一道，道路低点和桥梁两侧锥坡边缘应增设临时急流槽，并随着路基施工向上延伸。

（3）土方路基在雨后没有晾干以前，应采取断路措施，禁止车辆进入。

（4）已经完工的路基不做为施工道路，施工中的重型车辆应尽量通过施工便道行驶，防止碾压路床。

1.8 安全环保措施

1.8.1 安全操作要求

对现场易燃、易爆物品必须分开存放，并设专人看管。

1.8.2　环保措施

(1)工程施工用的粉末材料,宜存放在室内。当受条件限制在露天堆存时,应采取篷布遮盖。

(2)在城镇居民居住区施工时,由机械设备和工艺操作所产生的噪声,不得超过当地政府规定的标准,否则应采取消声措施或避开夜间施工作业。

(3)公路施工所产生的垃圾和废弃物质,如清理场地的表层腐殖土、砍伐的荆棘丛林以及工程剩余的废料,应根据各自情况的不同,分别处理,不得任意裸露弃置。

(4)清洗施工机械、设备及工具的废水、废油等有害物质以及生活污水,不得直接排放于河流、湖泊或其他水域中,也不得倾泻于饮用水源附近的土地上,应按《中华人民共和国水污染防法治法》进行处理。

(5)使用工业废渣填筑公路路基,如果废渣中含有可溶性有害物质,可能造成土质、水质污染时,应采取隔离措施。

1.9　质量记录

(1)地基处理检测记录(击实试验报告、低级密实度试验记录、隐藏工程检查记录)。

(2)回填材料试验记录(击实试验报告、土的实验报告、石料试验报告、石灰试验报告)。

(3)施工过程质量控制记录(过程测量复核记录、填土压实度实验记录、石方路基施工记录、石灰剂量试验报告)。

(4)路床完工后的质量检测纪录(路床中线、高程、宽度检查记录,平整度测量记录,密实原实验记录,弯沉测定纪录表和弯沉统计评定表,压实度统计评定表、厚度统计评定表、工序质量检验评定表)。

2 石方路基施工工艺标准

2.1 总则

2.1.1 适用范围

本标准适用于高速公路石方路基施工，其他等级公路石方路基施工可参照执行。

2.1.2 编制参考标准及规范

（1）中华人民共和国行业标准《公路工程技术标准》（JTG B01—2014）.

（2）中华人民共和国行业标准《公路勘测规范》（JTG C10—2007）.

（3）中华人民共和国行业标准《公路路线设计规范》（JTG D20&2017）.

（4）中华人民共和国行业标准《公路路基设计规范》（JTG D30&2015）.

（5）中华人民共和国行业标准《公路路基施工技术规范》（JTG F10—2006）.

（6）中华人民共和国行业标准《公路土工试验规程》（JTG E40—2007）.

（7）中华人民共和国行业标准《高速公路交通安全设施设计规范》（JTG D81—2006）.

（8）中华人民共和国行业标准《高速公路交通安全设施施工技术规范》（JTG F71—2006）.

（9）中华人民共和国行业标准《公路工程质量检验评定标准》（JTG F80/1—2017）.

（10）中华人民共和国行业标准《公路养护技术规范》（JTJG H10—2009）.

（11）中华人民共和国行业标准《施工现场临时用电安全技术规范》（JGJ 46—2005）.

（12）中华人民共和国行业标准《爆破安全规程》（GB 6722—2014）.

（13）北京城建集团.《路桥市政工程施工工艺标准》.

（14）杨文渊，钱绍武.《道路施工工程师手册》.

（15）宋金华.《高等级道路施工技术与管理》.

（16）刘吉士，阎洪河.《公路路基施工技术》.

（17）王书斌，杜群乐.《公路路基施工要点与质量控制》.

（18）文德云.《公路施工技术》.

（19）黄晓明，张晓冰.《公路建设质量通病分析与防治》.

（20）杨文渊，钱绍武.《公路工程质检工程师手册》.

2.2 术语

2.2.1 填石路堤

填石路堤是用粒径大于40 mm且含量超过总质量70%的石料填筑的路堤。

2.3 施工准备

2.3.1 技术准备

(1)认真审核施工图和设计说明书。

(2)施工组织设计提交审定批复，并做好施工技术及安全交底。

(3)检测石料的抗压强度和CBR，并进行其他土工试验项目检测。

(4)根据恢复的路线中桩、设计图表、施工工艺和有关规定测设路基用地界桩和路堤坡脚、路堑堑顶、边沟、取土坑、护坡道、弃土堆等具体位置桩。

(5)试验路段：

①开工之前，应选择试验路段进行填筑压实试验，以确定石方路基工程的正确压实方法、为达到规定的压实度所需要的压实设备的类型及其组合工序、各类压实设备在最佳组合下的各自压实遍数以及能被有效压实的压实层厚度等，从中选出路基施工的最佳方案以指导全线施工。

②在开工前至少28 d完成试验路段的压实试验，并以书面形式向监理工程师按试验情况提出拟在路堤填料分层平行摊铺和压实所用的设备类型及数量清单，所用设备的组合及压实遍数、压实厚度、松铺系数，供监理工程师审批。

③试验段的位置由监理工程师现场选定，以长度不小于200 m的全幅路基为宜。采用监理批准的压实设备、筑路材料进行试验，直到压实试验进行达到规定的压实度所必需的施工程序为止，并记录压实设备的类型、工序及碾压遍数，对同类材料以此作为现场控制的依据。

2.3.2 材料准备

选择路基填筑土石的来源。

2.3.3 主要机具

(1)工程机械：挖掘机、装载机、自卸汽车、大型推土机、重型振动压路机、洒水车等。

(2)施工测量仪器和试验检测设备：全站仪、水准仪、经纬仪、灌砂筒、三米靠尺、钢尺等。

2.3.4 作业条件

(1)路基施工前应由业主办理土地征用手续，并由设计、建设和施工部门核对地质资料，检查路基土壤与工程地质勘查报告、设计图纸是否符合规范，检查原状土壤结构有无破坏或发生较大扰动现象，在核查各项无误后，检查确定路基承载力是否满足设计和规范要求。

（2）对路基施工范围内的地上、地下障碍物进行拆迁、改移或加固。清除淤泥及杂物，对原地面的坑、洞、墓穴等按技术规范要求回填密实。

（3）对路基基底强度不符合要求的原状土进行换填，并分层压实。压实度应符合有关规定。

（4）施工用水、用电已接通，运输便道已修理完毕。

2.3.5　劳动力组织

施工前必须做好施工组织设计，劳动力配置准备。石方路基工程施工劳动力组织详见表 2−1。

表 2−1　石方路基工程施工劳动力组织

工种	人数	工作地点	职责范围
施工队长	1	整个施工现场	负责跟班组织施工管理工作、协助总指挥工作等
施工员	1	整个施工现场	负责跟班组织施工、协调各工种交叉作业等
安全员	1	整个施工现场	负责跟班检查安全措施、安全措施的执行情况及安全教育工作，对安全生产负责
质量检查员	1	整个施工现场	负责跟班检查工程质量，组织各工种交接及质量保证措施的执行情况，对工程质量负责
测量工	2	施工现场	负责开挖、填筑放样，高程等测量
挖掘机操作员	4	开挖施工现场	负责路堑段的石方开挖及石方装车
钻眼机械操作员	10	开挖施工现场	负责路堑段的石方开挖作业；打炮眼、装药、连线爆破
自卸卡车司机	8	施工现场	负责现场石方运输
推土机操作工	2	填方施工现场	负责路基填筑粗平和压实
压路机操作工	2	施工现场	负责路基压实
排水砌筑施工	8	水沟施工现场	负责排水沟、边沟、截水沟的砌筑、表面装饰、对施工质量负责
混凝土与砂浆搅拌上料工	4	水沟施工现场	负责各类水沟混凝土与砂浆的搅拌操作砌筑材料的搬运与上料
电工	1	整个施工现场	负责现场动力、照明、通信等电器系统的维修保护
材料员	1	材料仓库	负责施工材料供应及管理
杂工	10	整个施工现场	负责开挖及路基边线修整、边坡修整及现场清理等
总计	56		

注：此表为一个作业班施工配备人员，未计后勤、行政等人员。

2.4 工艺设计和控制要求

2.4.1 技术要求

填石路堤是利用开采的石料填筑路堤,它与一般填土路堤技术要求不同,主要是因为石料粒径大,强度高,填筑和压实都有特殊要求。

2.4.2 材料质量要求

(1)路堤填料粒径应不大于 500 mm,且不宜超过层厚的 2/3,不均匀系数宜为 15~20。路床底面以下 400 mm 范围内,填料粒径应小于 150 mm。

(2)路床顶面以下 0.5 m 范围的填土,其 CBR 值应符合设计和技术规范要求,填料最大粒径不得大于 100 mm。

2.4.3 职业健康安全要求

(1)施工人员必须持证上岗。

(2)施工属于露天作业,必须做好作业人员夏季防暑、冬季防冻工作。

(3)遵守《劳动保障法》规定的相关职业健康及安全要求。

(4)施工现场的临时用电应严格执行现行《施工现场临时用电安全技术规范》(JGJ 46—2005)。夜间施工时,现场应设有保证施工安全要求的照明设施。

2.4.4 环境要求

(1)现场生活区、施工区和办公区等应分区布置,降低影响或干扰。

(2)施工垃圾、生活垃圾等分类收集,定期定场所处理,减少垃圾对周围环境的影响。

(3)施工中因施工而修建的临时设施完工后应及时清理。

(4)现场按照要求施工,做到现场清洁整齐、完工清场。

(5)在居民区或其他噪声敏感建筑物附近施工时,当噪声超过规定时,应及时采取措施,减少施工活动对沿线居民的干扰。

(6)路基施工过程中应采取措施控制扬尘、废气排放等。

2.5 施 工 工 艺

2.5.1 工艺流程

石方路基施工工艺流程如图 2-1 所示。

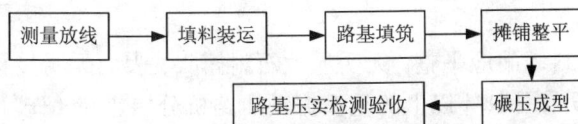

图 2-1 石方路基施工工艺流程图

2.5.2 操作工艺

1. 测量放线

做好导线、中线及水准点的复测工作，原有导线点不能满足施工要求时，应对其加密，以保证在施工过程中相邻导线点间能够通视。根据设计文件和图纸，对导线点、水准点进行复核；对中线及其各点的高程和横断面进行测量；对路基设计进行复核；对设计路线线形要素用中桩和边桩进行现场标志。为保证路基边坡的压实度，路基两侧边线外按设计加宽一定值(一般为 30~50 cm)，作为填筑边线。

2. 填料装运

确定填料运输路线，专人指挥车辆。在铲运过程中，注意粗细料的均匀搭配，避免出现大粒径石料集中用于石方路基填筑的现象。同一岩性的石料不应与其他岩性的石料混合运输。

3. 路基填筑

(1)填石路基的石料如果岩性相差太大，应将不同岩性的填料分层或分段填筑。如路堑或隧道基岩为不同岩种互存时，允许用挖出的混合石料填筑路基，但石料强度和粒径必须符合要求。

(2)用强风化石料或软质岩石填筑路基时，应按土质路堤施工规定，先进行 CBR 值检验，符合要求时按填土路基技术规定施工。

(3)当填筑石料级配较差、粒径较大、填层较厚、石块间空隙较大时，可于每层表面空隙间填入石渣、石屑或中、粗砂，再以压力水将其冲入下部，使空隙填满为止。

(4)路基边坡坡脚应采用大于 300 mm 的硬质石料码砌。当路基设计高度不大于 6 m 时，其码砌厚度不应小于 1 m；当设计高度大于 6 m 时，码砌厚度不应小于 2 m。

(5)设计顶面以下 0.5 m 范围内，参见路基石方施工工艺标准。

4. 摊铺整平

(1)高等级公路填石路基施工应该分层填筑、分层压实。分层松铺厚度不宜大于 0.5 m；采用重型压路机压实填石路基时，松铺厚度可加厚至 1 m。其他等级公路填石路基、路床底面 1.0 m 以下可采用倾倒填筑施工。

(2)根据石料粒径大小及组成采用相应摊铺方法：大粒径石料采用渐进式摊铺法铺料，运料汽车在新填的松料上呈梅花形先低后高、先两侧后中央逐渐向前卸料，推土机随时摊铺整平。渐进式摊铺法主要优点为：容易整平，容易控制填石料的厚度，为自卸车和机械振动碾压提供较好工作面。对细料含量较多的石料宜采用后退法铺料。运料汽车在已压实的层面上后退卸料，形成梅花形密集料堆，采用推土机摊铺整平。松铺厚度不大于 0.5 m，石料最大粒径不超过层厚的 2/3。大面积路基填石可采用两台推土机并列作业，两机铲刀相距 150~300 m，每次作业长度以 20~50 m 为宜。

(3)填石路基在压实前，应摊铺平整，局部不平整处人工配合机械用细石屑铺平。

5. 碾压成型

(1)摊铺完成的石料表面应平整，无明显大石料露头，表面无明显孔洞、空隙，无多余的填石料堆放。碾压一般采用 18 t 以上的重型振动压路机分层进行，先静压一遍，根据试验段总结的碾压遍数由弱振到强振碾压数遍，最后再静压一遍，碾压速度控制在 1~2 km/h。碾压时直线段由两边向中间，小半径曲线段由内侧向外侧纵向进退式进行。横向接头对于振动压路机一般重叠 0.4~0.5 m，对于三轮压路机一般重叠后轮宽的 1/2；前后相邻区段纵向应重叠 1.0~1.5 m，达到无漏压，无死角，确保碾压均匀。

（2）填石路基路床顶面以下 0.5 m 范围内填土，按填土路基施工技术规范进行压实作业。

6. 路基压实度检测与验收

一般采用 18 t 以上振动压路机进行压实试验，按照试验段确定的遍数和摊铺厚度，当压实层顶面稳定，碾压无轨迹时，可判断为密实状态，否则应重新碾压。合格后经有关方面确认，方可进行下一层的填筑施工。

填石路基填筑至路床设计顶面下 0.5 m 时，应会同有关单位进行填石路基验收。

2.6 质量标准

2.6.1 基本要求

（1）石方路堑的开挖宜采用光面爆破法。爆破后应及时清理险石、松石，确保边坡安全、稳定。

（2）修筑填石路堤时应进行地表清理，逐层水平填筑石块，石块摆放平稳，并边坡码砌。填筑层厚度及石块尺寸应符合设计和施工规范规定，填石空隙用石碴、石屑嵌压稳定。上、下路床填料和石料最大尺寸应符合规范规定。采用振动压路机分层碾压，压至填筑层顶面石块稳定，20 t 以上压路机振压两遍无明显标高差异。

（3）路基表面应整修平整。

2.6.2 实测项目

填石路堤实测项目详见表 2-2。

表 2-2 填石路堤施工质量标准

项次	检测项目	允许偏差		检查方法或频率
		高速公路一级公路	其他公路	
1	压实度	符合试验路确定的施工工艺		施工记录
		沉降差≤试验路确定的沉降差		水准仪：每40 m检测一个断面，每个断面检测5~9点
2	纵面高程/mm	+10，-20	+10，-30	水准仪：每200 m测4断面
3	弯沉	不大于设计值		—
4	中线偏位/mm	50	100	经纬仪：每200 m测4点 弯道加HY、YH两点

续表 2-2

项次	检测项目		允许偏差		检查方法或频率
			高速公路 一级公路	其他公路	
5	宽度		不小于设计值		米尺：每 200 m 测 4 处
6	平整度/mm		20	30	3 m 直尺：每 200 m 测 4 点 ×10 尺
7	横坡/%		±0.3	±0.5	水准仪：每 200 m 测 4 个断面
8	边坡	坡度	不陡于设计值		每 200 m 抽查 4 处
		平顺度	符合设计要求		

2.6.3 外观鉴定

（1）上边坡不得有松石。

（2）路基边线直顺，曲线圆滑。

2.7 成品保护

（1）成型路基不得用作施工道路，施工中的重型车辆尽可能通过施工便道。

（2）分层碾压与边坡码砌同步进行，碾压宽度包括路肩同步碾压施工。

（3）坡脚 2 m 以外挖掘排水沟，防止积水浸泡路基。

2.8 安全环保措施

2.8.1 安全操作要求

（1）进入施工现场必须按规定佩戴防护用具。

（2）填石路基施工期间，各种机械需设专人维护，操作手持证上岗，严格执行工程机械的安全技术操作规程。

（3）石方爆破作业以及爆破器材的管理、加工、运输、检验和销毁等工作均应按国家现行标准《爆破安全规程》GB 6722—2014 的规定执行。

（4）岩石撬动必须由上而下，逐层撬落，不得上下双重作业，严禁将下面撬空使其上部自然坍落。

（5）多台压路机同时作业时，压路机前后间距应保持 3 m 以上。

（6）挖掘机装车作业时，铲斗应尽量放低，并不得砸撞车辆，严禁车厢内有人，严禁铲斗从汽车驾驶室顶上越过。

（7）推土机操作人员离开驾驶室时，应将铲斗落地并关闭发动机。

（8）施工现场临时用电必须严格遵守《施工现场临时用电安全技术规程》JGJ 46—2005 的规定。

(9)易燃、易爆品必须单独存放，并保持一定的安全距离。易燃易爆品的仓库、发电机房、变电所，应采取必要的安全防护措施，严禁用易燃材料修建。

(10)开挖时，注意山坡的稳定情况。每天开工、收工前均对坡面、坡顶附近进行检查，发现裂缝开口有塌方迹象或危石、危土立即处理，不能处理且对施工安全有威胁时，要暂停施工。

2.8.2 技术安全措施

(1)操作人员应熟悉机械设备性能和工艺要求，严格遵守各专用设备使用规程和操作规程。

(2)施工前做好施工安全交底，施工过程中，安全员随时检查安全情况。

(3)进行爆破工程设计时，应制订安全技术操作规程，爆破作业应严格执行现行《爆破安全规程》(GB 6722—2014)，确保爆破安全。

(4)爆破作业人员必须持证上岗。进行爆破器材保管、加工、运输及爆破作业的人员，不得穿戴易产生静电的衣物。

2.8.3 环保措施

(1)现场生活垃圾及施工过程中产生的垃圾和废弃物不得随意丢弃，应根据不同情况，分别处理，防止污染环境。

(2)存放油料的库房必须进行防漏处理，储存和使用时应防止油料跑、冒、滴、漏，污染水质。

(3)对施工噪声应进行严格控制，夜间施工作业应最大限度地减少噪声扰民。

(4)施工临时道路定时维修和养护，每天洒水 2~4 次，减少扬尘污染。

2.9 质量记录

(1)地基处理质量检测记录(地基承载力试验记录、隐蔽工程检查记录)。

(2)石料强度、试验记录。

(3)测量复核记录(道路中线、高程、宽度测量记录)

(4)压实度试验记录。

(5)工程部位质量评定表。

(6)工序质量评定表。

3 桥涵及其他构造物处路基施工工艺标准

3.1 总则

3.1.1 适用范围

本标准适用于高速公路桥涵及其他构筑物处路基施工，其他等级公路桥涵及其他构筑物处路基施工可参照执行。

3.1.2 编制参考标准及规范

（1）中华人民共和国行业标准《公路工程技术标准》（JTG B01—2014）.

（2）中华人民共和国行业标准《公路路基设计规范》（JTG D30—2015）.

（3）中华人民共和国行业标准《公路路基施工技术规范》（JTG F10—2006）.

（4）中华人民共和国行业标准《公路土工试验规程》（JTG E40—2007）.

（5）中华人民共和国行业标准《高速公路交通安全设施设计规范》（JTG D81—2006）.

（6）中华人民共和国行业标准《高速公路交通安全设施施工技术规范》（JTG F71—2006）.

（7）中华人民共和国行业标准《公路工程质量检验评定标准》（JTG F80/1—2017）.

（8）中华人民共和国行业标准《公路排水设计规范》（JTG/T D33—2012）.

（9）中华人民共和国行业标准《公路养护技术规范》（JTJG H10—2009）.

（10）北京城建集团.《路桥市政工程施工工艺标准》.

（11）杨文渊，钱绍武.《道路施工工程师手册》.

（12）宋金华.《高等级道路施工技术与管理》.

（13）刘吉士，阎洪河.《公路路基施工技术》.

（14）王书斌，杜群乐.《公路路基施工要点与质量控制》.

（15）文德云.《公路施工技术》.

（16）黄晓明，张晓冰.《公路建设质量通病分析与防治》.

（17）杨文渊，钱绍武.《公路工程质检工程师手册》.

3.2 术语

3.2.1 沉陷

路基压实度不足或构造物地基土质不良，在水、荷载等作用下产生的不均匀下陷。

3.2.2 桥头跳车

桥梁与路面衔接处沉降不均，或交接段引道纵坡与桥面纵坡不一、衔接不顺，或桥梁端与桥台之间的伸缩缝不平整而引起行车跳动、颠簸的现象。

3.3 施工准备

3.3.1 技术准备

(1)熟悉土建与各专业设计图纸；编制施工组织设计与主要分项工序的施工方案，明确关键部位、重点工序的做法；对有关人员做好书面技术交底。

(2)认真核对有关坐标和水准点，办理相关交接桩手续，并做好基准点的保护。

(3)完成结构定位控制线、基坑开挖线的测放与复核工作。

(4)根据工程具体要求，完成混凝土的配合比设计。

(5)编制各项施工材料计划单，落实预制构件、止水带等材料的订货与加工。

3.3.2 材料准备

钢筋，施工模板，水泥，石子，砂，填筑土石等。

3.3.3 主要机具

(1)土方工程：挖土机、推土机、自卸汽车、翻斗车。

(2)钢筋工程：钢筋弯曲机、卷扬机、钢筋调直机、钢筋切断机、电焊机、粗直径钢筋连接设备(电弧焊机、直螺纹连接设备等)、钢筋钩子、撬棍、扳子、钢丝刷子。

(3)模板工程：圆锯机、压刨、平刨、斧子、锯、扳手、电钻。

(4)混凝土工程：强制式混凝土搅拌机、计量设备、混凝土输送泵、插入式振动器、平板式振动器、翻斗车、汽车吊、空气压缩机、手推车、串筒(或溜槽)、铁锹、铁板。

3.3.4 作业条件

(1)施工前，应探明施工区域内地下现况管线和构筑物的实际位置，及时进行现况管线和构筑物的改移与保护工作，将施工区内的所有障碍物清除、处理。

(2)完成现场"三通一平"工作，修建临时供水、供电设施及临时施工道路，现场地表土层清理平整，挖设场区临时排水沟，搭设必需的临时办公、生活用房及加工棚。

(3)开挖低于地下水位的基坑时，应根据当地工程地质资料、挖方尺寸等，采取相应降水措施降低地下水，保证地下水位低于开挖底面不少于 0.5 m。

（4）预先确定弃土点或堆土场地。

（5）做好施工机械的维修、检查与进场工作。各类施工机械应保持工作状态良好，能够满足施工生产的需要。

3.3.5 劳动力组织

施工前必须做好施工组织设计，劳动力配置准备。

3.4 工艺设计和控制要求

3.4.1 技术要求

（1）在桥涵处路基开工前，组织施工技术人员、机手、施工连队负责人及参建工人进行技术、安全交底。

（2）项目部根据设计图纸、合同文件、现场施工条件等，按合同文件规定的人员配置、施工方式、机械设备、日期等进场，并确定桥涵处路基施工工艺流程、施工方案，编制详细的施工组织设计，并报监理和业主批准。

（3）开工前，测量组复测水准基点与导线点，并按四等水准精度适当加密水准点，经监理工程师验收批准后复测并恢复中心桩号。

（4）对回填土进行检测，宜采用砂类土或渗水性土进行回填，保证土质含水量在最佳含水量 ±2% 之内。

（5）防治路基不均匀沉陷的几种措施。

①加桩挤密：如砂桩、加固土桩、粉喷桩、碎石桩、水泥粉煤灰碎石桩等。参见《公路路基施工技术规范》JTGF 10—2006。

②换填砂砾或灰土：砂砾及灰土具有水稳性好、易压实、压实后沉降量小等特点。因此，用其作为桥涵台背填料可以起到过渡作用，使桥涵沉陷与路基沉陷呈现连续性，从而可以避免桥头跳车病害的发生。此外，砂砾或灰土用于不良地质路段基底处理，其效果也十分明显。

③高强度塑料土工格栅：高强度塑料土工格栅是一种新型土工材料，它具有强度高、尺寸稳定性好、耐腐蚀、适应温度范围广、抗化性能优异等特点。此外，高强度塑料土工格栅在加工过程中添加了抗氧化剂等材料，在非常强烈的日光照射情况下，其性质也不受影响。它可以适应任何地区的路基施工。由于新型塑料土工格栅所具有的以上特点，在公路路基填筑过程中将其填筑于路基之内，可以起到防止软土地基的不均匀沉降作用，使路基在沉陷过程中起到连续过渡的效果。其主要原理就在于塑料格栅夹铺在路基黄土中，在外力的作用下，网孔中的土柱形成嵌锁闭合又互相影响的群体，这种单元区域限制阻碍了填土颗粒的自由运动，改变了填土的受力状态，土体塞入网孔之中形成的张力有利于路基施工的填土压实均匀与动荷载向周边的传递。这样就会提高路基的承载能力，减少或消除包括沉陷在内的病害发生，格栅在路基土中起到了加筋网格骨架的作用。

④土工筋带：它是以高强度复合材料为骨架，外部覆盖了高分子聚合塑料而制成的一种

复合拉筋带，它经过特殊处理，具有抗老化、防腐蚀、耐酸碱及强度大等特点。土工筋带在生产过程中，加入了一定量的抗老化剂及抗氧化剂，使拉筋带的紫外线屏蔽效应显著增强，远远优于其他种类的拉筋带，且有良好的抗弯疲劳性能和优良的化学稳定性，酸、碱、盐对其对无法起到破坏作用。土工筋带的断裂强度可达 220 MPa，完全满足路基工程施工要求，克服了普通塑料袋无法解决的弱点。此外它还具有经济实用，便于施工等特点。它的作用原理是在填土之后，土体和拉筋带之间的摩擦力改善了土的物理力学性质，而使得填土和拉筋带结合成为一个整体，阻止了土体滑移并且在路基沉陷过程中形成连续沉陷，从而可防治路基不均匀沉降病害的发生。

⑤台背压浆：桥涵台背填土完成以后，在台背一定长度和宽度范围内以一定压力和间距压注水泥浆液，浆液在压力的作用下向土体一定范围内进行扩散，可以填充土体空隙，同时，浆液还可以改善土体力学性能，形成半刚半柔结构，起到过渡作用，从而达到防治桥头跳车的效果。

⑥设置桥头搭板：此方法常用于预防桥涵处路基不均匀沉陷。桥头搭板在桥梁设计中一般均有设置。桥头搭板的一端搭在桥台上，另一端搭在路基上。当发生不均匀沉降时，桥头搭板可以在一定程度上起到过渡作用，从而达到防治桥头跳车的效果。此外，在有条件的情况下，路基应尽可能预留足够的沉降期，足够的沉降期可使路基土体达到自然稳定，避免或减小因不均匀沉降造成的公路病害的发生。

3.4.2　材料质量要求

（1）钢筋：钢筋出厂时应有产品合格证和检验报告单，钢筋的品种、级别、规格应符合设计要求。钢筋进场时，应按现行国家标准的规定抽取试件做力学性能试验，其质量必须符合有关标准的规定。当发现钢筋脆断、焊接性能不良或力学性能显著不正常等现象时，应对该批钢筋进行化学分析或其他专项检查。

（2）模板：

①模板选型：结构模板可选用组合钢模板、木模板、全钢大模板等多种形式，施工中应结合工程特点、周转次数、经济条件及质量标准要求等通过模板设计确定。

②支撑件：模板支撑所用方木、槽钢或钢管的材质、规格、截面尺寸偏差等应符合模板设计要求，应具有足够的承载力、刚度和稳定性。

③穿墙螺栓：模板穿墙螺栓宜优先采用三节式可拆型止水穿墙螺栓，螺杆中部加焊止水片。

④隔离剂：隔离剂应无毒、无害，符合卫生环保标准；其他具有特殊要求的地下物，应满足相应的设计及使用功能需要。

（3）水泥：水泥宜优先选用普通硅酸盐水泥，强度等级不低于 32.5 级，水泥进场应有产品合格证和出厂检验报告，进场后应对强度、安定性及其他必要的性能指标进行取样复试，其质量必须符合现行国家标准的规定，并应有法定检测单位出具的碱含量检测报告。

（4）石子：石子应采用具有良好级配的机碎石，石子粒径宜为 5 ~ 40 mm，含泥量不大于 1%，吸水率不大于 1.5%，其质量符合国家现行标准的要求，并应有法定检测单位出具的集料活性检测报告。石子进场后应取样复试合格。

（5）砂：砂应采用中、粗砂，含泥量不大于 3%，泥块含量不大于 1%，其质量应符合国家现行标准《普通混凝土用砂质量标准及检验方法》JGJ 52 的要求，并应有法定检测单位出具的集料活性检测报告。石子进场后应取样复试合格。

（6）粉煤灰：粉煤灰的级别不应低于二级，并应有相关出厂合格证和质量证明书，且应提供法定检测单位的质量检测报告，经复试合格后方可投入使用，其掺量应通过试验确定。

（7）混凝土拌和水宜采用饮用水。当采用其他水源时，其水质应符合《混凝土拌和用水标准》JGJ 63 的规定。

（8）外加剂：外加剂应根据施工具体要求选用，其质量和技术性能应符合现行国家标准《混凝土外加剂》GB 8076 和《混凝土外加剂应用技术规范》GB 50119 有关环境保护的规定。外加剂应有产品说明书、出厂检验报告及合格证、性能检测报告，进场应取样复试，有害物含量检测报告应由有相应资质的检测部门出具，并应检验外加剂与水泥的适应性。

3.4.3　职业健康安全要求

施工前，对施工人员做好安全生产教育。所有施工人员必须严格遵守现场各项规章管理制度。特种作业人员必须经培训后持证上岗。

3.4.4　环境要求

（1）施工临时用道与大宗材料堆放场地应硬化处理。每天设专人对道路进行清扫、洒水。

（2）现场搅拌站应尽量远离居民区，搅拌机应搭设封闭棚，搅拌机应采取降尘降噪措施，减少污染。搅拌机前设二级沉淀池，做到排水通畅。

3.5　施工工艺

3.5.1　工艺流程

桥涵及其他构造物处路基施工工艺流程如图 3-1 所示。

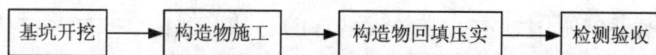

基坑开挖 → 构造物施工 → 构造物回填压实 → 检测验收

图 3-1　桥涵及其他构造物处路基施工工艺流程

3.5.2　操作工艺

3.5.2.1　基坑开挖

1. 基坑开挖前的准备工作

基坑测量放样之前，应核对小桥、涵洞的设计位置与实地是否相符，出水口是否冲刷农田，与原有水沟相接是否顺直。当发现有问题时，应及时提出意见上报，经批准后方可按修改图纸施工。

基坑开挖之前应根据基坑开挖深度、土质及是否排水，确定基坑开挖尺寸及是否需要支护，需要支护时应进行相应的设计。无水基坑深度在 5 m 以内，施工期较短、基坑底在地下水位以上，土的湿度正常（接近最佳含水量）、土层构造均匀时，基坑坑壁坡度可参考表 3 - 1。

表 3 - 1　基坑坑壁坡度

坑壁土类	坑壁坡度		
	基坡顶缘无荷载	基坡顶缘有静载	基坡顶缘有动载
砂类土	1:1	1:1.25	1:1.5
卵石、砾类土	1:0.75	1:1	1:1.25
粉质土、黏质土	1:0.33	1:0.5	1:0.75
极软岩	1:0.25	1:0.33	1:0.67
软质岩	1:0	1:0.1	1:0.25
硬质岩	1:0	1:0	1:0

注：1. 挖基经过不同土层时，边坡可分层决定，并设平台。

2. 在山坡上开挖路基边坡，如地质不良时，应注意防止坍滑。

3. 单轴极限强度小于 5 MPa、为 5～30 MPa、大于 30 MPa 时，分别定为极软、软质、硬质岩。

4. 当基坑内有水时，应考虑设排水沟、集水井，并考虑安置抽水机所需的位置。

2. 基坑开挖的要求

基坑开挖应按设计尺寸和坡度进行，并经常检测设计标高和坡比，防止超挖和坡比不符。挖出的土应堆放到不影响基坑边坡稳定的范围以外。当基坑顶有机械设备时，应尽量远离基坑，否则应采取加固措施。

基坑开挖应在最短的时间内完成，如有必要应加大施工力量的投入，特别是有水基坑应组织施工人员三班作业。施工过程中应注意施工人员的安全及机械设备的安全，必要时要采用支护措施，防止地面水流入，造成坑壁坍塌。

基坑开挖接近设计高程时，应做好地基验收及基础施工的准备工作。基坑验收签认后，应立即做垫层或直接进行基础施工。若不能及时施工，人工挖土基坑应留 15～30 cm 厚的土层，待基础施工时再挖除。若采用机械挖土，为防止基底土被扰动，应留不少于 30 cm 用人工挖除。当基坑开挖接近设计高程时，应加强测量，以防超挖。若超挖发生后，应通知监理工程师，并上报申请处理措施。一般规定是用与基础同等强度的材料替代，但不计量和支付。

3. 基坑开挖中的加固方法

（1）简易钢板桩支护。

采用简易钢板桩支护时，基坑开挖深度不宜大于 4 m。在渗水量不大的情况下，可用槽钢正反扣搭，组成挡板。亦可采用 H 型钢、工字钢打入地基一定深度，挖土时加横板以挡土。钢板桩入土深度应根据实际情况进行设计，并根据挡板受力情况予以验算。在山区木材产量丰富时，亦可用企口木板桩代替钢板桩。

地下水位较高，基坑开挖深度为 5～10 m 时，宜用锁口钢板桩。

打钢板桩时，锤的质量不小于桩质量的 2 倍，并设置桩帽。打桩的方法可根据设备和土质的情况选择,如基坑渗水量不大,开挖深度在 5 m 左右时可采用简便的单桩打入法。对平面尺寸和防水要求较高的挡板,宜用双层围檩法或屏风法等。

钢板桩的插打顺序,一般为自上游分两头插向下游合拢。

钢板桩受力过大时,应加设临时支撑。支撑形式可根据实际情况选用,以加固挡板。

(2)其他支护方法。

如混凝土支护、喷射支护,适用于基坑较深的情况,在此就不详细介绍了。

3.5.2.2　构筑物施工

按有关构筑物施工规范进行施工。

3.5.2.3　构造物回填

1. 构造物处路基回填

构造物回填质量不好,除回填部分的密实度不高易造成回填场沉陷外,还有地基沉陷的情况。施工时应减少或避免沉陷,采取的措施主要有:

(1)用透水性好的材料回填。

因为透水性好的材料水稳性好,材料强度高,后期变形小。对于圆管涵的回填不宜用巨粒土中的片石及卵石,可用透水性好的粗粒土及砂类土。透水性好的材料用于构造物回填应是首选的材料,有条件时均应采用。但也有例外,当构造物的地基是特殊土或此段路堤的填筑是黄土、红黏土时就不能用透水性材料回填,若必须使用时应当采取排水及封闭措施,以保证构造物的地基及路基不受水的侵害。

(2)用水泥稳定土回填。

水泥稳定土就是在土中掺 2% ~4% 的水泥,搅拌均匀,使含水量稍大于最佳含水量,以此作为构造物的回填土。

水泥稳定土的成本较高,施工速度比较快,只适用于回填土塑性指数很高的情况。水泥稳定土回填,要求随拌随填,应在水泥初凝前完成压实工作。其分层、压实方法应根据压实机械的性能来决定,总的原则是:在靠构造物 2 m 的范围内,不准用大型压实机械;在构造物 2 m 以外的附近地方也不准用振动压路机。其他应注意事项同石灰土及素土回填。

(3)素土回填。

公路建设施工中用素土(不掺加任何材料加以处理的土)作为构造物回填材料是常见的,特别是山区低等级公路的修建过程中。用素土回填时,应选择最佳含水量。含水量偏高时应晾晒,含水量低时应洒水拌和,使其接近最佳含水量。回填施工时,应严格控制分层厚度和密实度,并设专人监督检查,检查频率为每 50 m² 检验 1 点,每点都应合格。回填应分层填筑、分层压实,分层厚度宜为 100 ~200 mm。

2. 涵洞、通道回填

对于先填后挖的涵洞,当采用无砂大孔混凝土 A 型料满槽回填时,其回填范围如图 3 -2 所示(回填长度与涵长相同)。图 3 -2(a)、图 3 -2(b)为圆管涵的回填范围;图 3 -2(c)、图 3 -2(d)是盖板涵洞、通道的回填范围。从基础襟边外 30 cm 至顶部(顶宽最多不超过 100 cm)的范围进行回填计量。涵洞顶填土高度足够时,应保证涵顶 50 cm 的无砂大孔混凝土。

对于开挖基坑宽度超宽,考虑到经济问题而不采用无砂大孔混凝土满槽回填时,先填土并分层夯实,再沿混凝土边开挖出宽 30 cm、深 150 cm、长度与涵长相同的坑槽,再用无砂大孔混凝土 A 型料回填,如此反复,直至回填到涵顶。

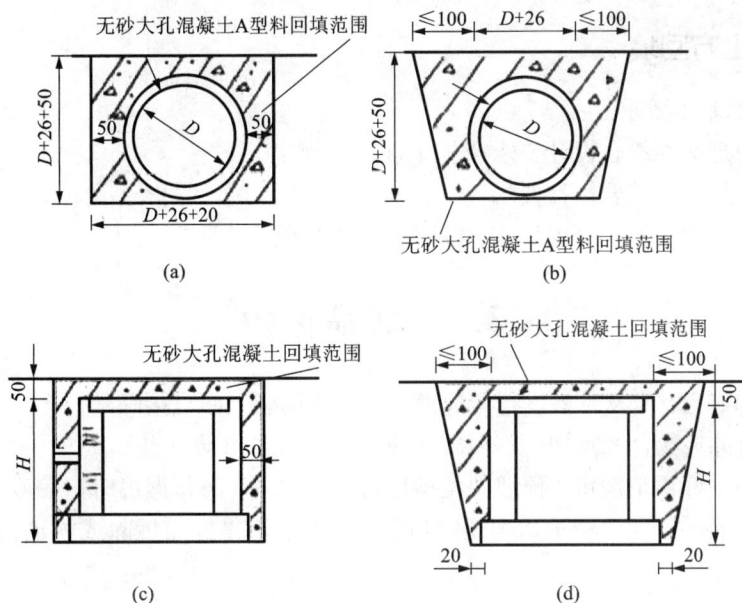

(a)

(b)

(c)

(d)

图 3－2　涵洞、通道回填(单位：cm)

3. 八字墙墙背回填

先用砂浆封好底部后,再用无砂大孔混凝土 A 型料满槽回填。但应注意底部做出排水横坡,以利于涵背内的水排出。

4. 桥台台背回填

桥台台背分为两种,分别为 U 型桥台台背回填和埋置式桥台的回填。

U 型桥台台背回填:在 U 型桥台台背中先用无砂大孔混凝土 A 型料满槽回填,回填高300 cm(自基底算起),然后再用上路床填料回填至台背顶,上路床填料与台背周边接触处应再挖 30 cm 宽回填无砂大孔混凝土 A 型料,以保证台背周边的压实度。

埋置式桥台的回填:沿桥台基础周边用无砂大孔混凝土 A 型料满槽回填,回填高度与基础同高,回填顶宽不大于 100 cm,基础顶面以上用路床填料回填,桥台肋板周围 30 cm 厚的无砂大孔混凝土 A 型料应在上路床填料分层压实至适当高度后再开挖进行回填;为确保能用压路机对回填料进行压实,桥台盖梁应在回填完成后再浇筑。压路机碾压时,应注意桥台是否有变形现象。

3.6　质量标准

3.6.1　土方开挖

(1)基本要求:基槽标高、边坡坡度、开槽断面、基底土质必须符合设计要求。且基底严禁扰动。

(2)实测项目见表 3－1。

3.6.2 土方回填

土方回填的基本要求有：

（1）基底处理必须符合设计要求或施工规范的规定。

（2）回填土料必须符合设计要求。

（3）回填土必须按规定分层压实，各层压实度符合设计要求

3.7 成品保护

（1）钢筋绑好后，应及时搭设行走通道，不得在钢筋上面直接踩踏行走。

（2）模板拆除或物件吊运时，不得破坏施工缝接口或撞动止水带。

（3）注意保护好预留洞口、预埋件及预埋管线的位置，防止振捣时挤偏或凹入混凝土中。

（4）模板拆除必须在混凝土达到规定强度后进行，不得提前拆除或松动模板的连接件及螺栓。

（5）已浇筑完毕的底板或顶板混凝土上表面要加以覆盖保护，混凝土必须在其强度达到 2.5 MPa 以后方准上人施工。

（6）为防止路基被雨水浸泡和边坡被雨水冲刷，路基施工中的每层表面应做成 2%～4% 的排水横坡，路基边缘培土埂，路基边坡上应施工临时排水急流槽。临时急流槽每 30～50 m 一道，道路低点和桥梁两侧锥坡边缘应增设临时急流槽，并随着路基施工向上延伸。

（7）已经完工的路基不应作为施工道路，施工中的重型车辆应尽量通过施工便道行驶，防止碾压路床。

3.8 安全环保措施

3.8.1 安全操作要求

（1）用电安全：现场配电系统应实行分级配电。各类电气设备在使用中应实行两级漏电保护，所有电气设备的外露导电部分，均应做保护接零。

（2）机械安全：

①现场各类机械设备应设专人负责保养、维修和看管，使用中严格遵守机械安全操作规程。施工机电设备应放置在防雨、防砸的地点，周围不得堆放易燃、易爆物品及其他杂物。

②混凝土泵输送管道应有牢固支撑，尽量减少弯头，各接头连接牢固；输送前要试运行，检修时要卸压

③木加工机械的安全防护装置应齐全可靠，各部件连接紧固。

（3）安全防护：

①基坑上口、水池上口及预留洞口的临边部位均需设置防护栏杆。基坑出入口和危险地段在夜间施工时，应派专人负责指挥，并设置警示灯或反光标志。

②在有盖水池内作业时，池内应保证良好通风。

③各工种进行上、下立体交叉作业时，不得在同一垂直方向上操作，应保持必要的安全

距离或搭设临时护头棚防护,护头棚顶隔离层应满铺50 mm厚松木大板或钢脚手板。

④进行高空作业时,作业人员必须系好安全带,穿防滑胶鞋,操作时安全带与固定结构可靠连接,避免人、物坠落事故的发生。

⑤模板拆除时应严格按相关操作规程进行,严禁抛掷,大模板拆除时要有防倾、防变形措施。

⑥进行钢材焊接或其他有毒、易燃材料施工时,作业人员必须佩戴手套及面罩,焊接人员施焊戴好护目镜,并在现场配备灭火器。

3.8.2 安全技术措施

(1)安全技术交底:施工前编制专项安全技术交底,明确施工部位、安全操作要点及注意事项,逐层做好对相关施工管理人员和操作人员的安全交底工作。

(2)吊装作业:吊车起吊重物前,应认真检查起吊物品是否捆绑牢固,索具和吊钩是否受力合理,松散材料必须采用密闭容器承装运送;吊车作业半径内不得有人逗留;五级及五级以上大风应停止吊装作业。

3.8.3 环保措施

(1)水泥及其他飞扬的细粒散体材料,应存放在专用库房或棚内。装卸这些材料时应轻搬轻放,避免扬尘。有毒、易燃物品全部盛入密闭容器内,并入库存放,严禁露天堆放。

(2)施工运输车辆在出门前,应将车轮冲扫干净,避免带出的泥土污染周边环境。冲洗混凝土运输车辆的污水,必须通过排水沟集中至沉淀池内经沉淀合格后方可排出。

3.9 质量记录

(1)原材料出厂合格证书及试验报告。

(2)土工击实报告、回填土试验记录。

(3)钢筋连接试验报告。

(4)混凝土配合比申请单、混凝土开盘鉴定、混凝土浇筑申请单和浇筑记录。

(5)混凝土养护测温记录,混凝土抗压强度报告单、抗渗试验报告、混凝土试块强度统计、评定记录。

(6)隐蔽工程验收记录。

(7)工程定位测量记录和测量复核记录。

(8)施工过程质量控制记录(过程测量复核记录、填土压实度实验记录、石方路基施工记录)。

(9)路床完工后的质量检测纪录(路床中线、高程、宽度检查记录,平整度测量记录,密实实验记录,弯沉测定纪录表和弯沉统计评定表,压实度统计评定表,厚度统计评定表,工序质量检验评定表)。

4 多雨潮湿地区、水稻田及沼泽地区路基施工工艺标准

4.1 总则

4.1.1 适用范围

本标准适用于多雨潮湿地区、水稻田及沼泽地区高速公路路基施工，其他等级公路同等条件可参照执行。

4.1.2 编制参考标准及规范

（1）中华人民共和国行业标准《公路工程技术标准》（JTG B01—2014）.

（2）中华人民共和国行业标准《公路路基设计规范》（JTG D30—2015）.

（3）中华人民共和国行业标准《公路路基施工技术规范》（JTG F10—2006）.

（4）中华人民共和国行业标准《公路土工试验规程》（JTG E40—2007）.

（5）中华人民共和国行业标准《高速公路交通安全设施设计规范》（JTG D81—2006）.

（6）中华人民共和国行业标准《高速公路交通安全设施施工技术规范》（JTG F71—2006）.

（7）中华人民共和国行业标准《公路工程质量检验评定标准》（JTG F80/1—2017）.

（8）中华人民共和国行业标准《公路排水设计规范》（JTG/T D33—2012）.

（9）中华人民共和国行业标准《公路养护技术规范》（JTJG H10—2009）.

（10）中华人民共和国行业标准《公路软土地基路堤设计与施工技术细则》（JTG/T D31-02—2013）.

（11）中华人民共和国行业标准《公路工程岩石试验规程》（JTG E41—2005）.

（12）中华人民共和国行业标准《公路工程集料试验规程》（JTG E42—2005）.

（13）中华人民共和国行业标准《公路工程施工安全技术规程》（JTG F90—2015）.

（14）中华人民共和国行业标准《公路工程名词术语》（JTJ 002—87）.

（15）北京城建集团.《路桥市政工程施工工艺标准》.

（16）杨文渊，钱绍武.《道路施工工程师手册》.

（17）宋金华.《高等级道路施工技术与管理》.

（18）刘吉士，阎洪河.《公路路基施工技术》.

（19）王书斌，杜群乐.《公路路基施工要点与质量控制》.

（20）文德云.《公路施工技术》.

（21）黄晓明，张晓冰.《公路建设质量通病分析与防治》.

（22）杨文渊，钱绍武.《公路工程质检工程师手册》.

4.2　术语

特殊路基：位于特殊土（岩）地段、不良地质地段或受水、气候等自然因素影响强烈的路基。

4.3　施工准备

4.3.1　技术准备

（1）路基施工前，应做好充分准备，测量淤泥深度，注意解决可能出现的路基盆形沉降、失稳和路桥沉降差等问题，并做周密部署，制订各项有关措施，报送有关部门批准后开工。

（2）根据现场情况和工程等级、规模，需作试验路段时，应修筑地基处理试验路段。

4.3.2　材料准备

根据当地条件及工程要求，确定填料、土工布及取土位置。填筑路堤用土宜设置集中取土场，必须在路堤两侧取土时，取土坑内缘距坡脚填高 2 m 以内的路堤，不得小于 20 m，填高 5 m 的路堤，宜大于 40 m。

4.3.3　主要机具

（1）排水机械：水泵等。

（2）土方工程机械：推土机、铲运机、挖掘机、平地机、装载机。

（3）运输机械：自卸汽车。

（4）压实机械：压路机、强夯、内燃夯锤、蛙式打夯机、振动平板夯。

（5）测量和检验实验设备：全站仪或经纬仪、水准仪、灌砂筒、环刀、平整度检测仪等。

4.3.4　作业条件

（1）场地已清理、平整，临时施工便道已修筑完毕，施工用水、电满足施工要求。

（2）地上及地下障碍物等已处理完毕。

（3）临时排水、防水设施已施工完毕。

4.3.5　劳动力组织

施工前必须做好施工组织设计，劳动力配置准备。

4.4　工艺设计和控制要求

4.4.1　技术要求

4.4.1.1　路堤填筑施工方法

（1）核对设计文件，用测量仪器进行施工放样。

（2）基底处理。

①挖沟：施工前沿工程用地两侧筑硬，在埂内挖纵、横向排水沟。沟底保持不小于0.5%的坡度并接通出水口。沟深0.5～1.0 m，保证及时排除地表水，疏干表土，有盲沟地段，排水沟挖在盲沟设计位置，尺寸满足盲沟尺寸。

②排水：条件允许的部位，地面水直接通过排水沟排尽。困难地点在合适位置挖集水坑。采用人工舀水配合吸水泵排水。

③晒干：晒至地基土含水量接近其最佳含水量。

④清表碾压：地表疏干后，采用机械配合人工清除表层不良土层，经平整、碾压检查验收合格后进行路基填筑。

⑤地面无法疏干，含水量过大不能压实时，挖去湿土，换填好土或砂砾，然后压实。

（3）路基分层填筑：施工方法与一般路基填筑相同。

4.4.1.2　路堑开挖施工方法

（1）核对设计横断面，用全站仪、水准仪、进行测量放线。

（2）人工在边坡顶开挖线5 m外筑埂，挖截水沟和横向排水沟，沟底保持不小于0.5%的坡度并接通出口。沟深0.5～1.0 m，保证排除地表水疏干表土。

（3）晒至机械能在原地面行走，采用机械配合人工原地面清理。

（4）采用挖掘机配合推土机、自卸汽车进行路堑开挖，每开挖2 m检测一次边坡。

（5）挖至设计标高后，基底压实度达不到要求时，采用机械翻松，晾晒，分层平整，或根据土质情况，分别进行处理后，经碾压达到规定压实度为止。

（6）人工刷坡，进行边坡防护和排水沟施工。排水沟与填方段边沟互相衔接，并通向出水口。

4.4.2　材料质量要求

沼泽地区下层路堤，应采用渗水材料填筑，路堤沉陷到软土泥沼部分，不得采用不渗水材料填筑；其中用于砂砾垫层的最大粒径不宜大于5 cm，小于0.074 mm的颗粒含量不大于3%，有机质含量不大于1%，压实后最大干密度100%时，渗透系数应大于5 m/s。

4.4.3　职业健康安全要求

（1）机械操作人员应熟悉本机械操作规程，持证上岗，不得擅离岗位。

（2）施工属于露天作业，作业人员必须做好夏季防暑、冬季防冻工作。

4.4.4　环境要求

（1）污水应经沉淀后，才能排入当地的污水排放系统。

（2）水稻田地区，尽量保持正常的灌溉系统。

4.5　施工工艺

4.5.1　工艺流程

多雨潮湿地区、水稻田及沼泽地区路堤施工流程如图4－1所示。

排水疏干　→　基底处理　→　路基压实　→　检测验收

图4－1　多雨潮湿地区、水稻田及沼泽地区路堤施工流程

多雨潮湿地区、水稻田及沼泽地区路堑施工流程如图4－2所示。

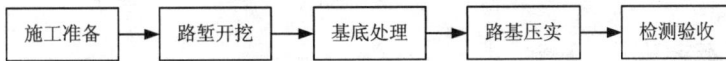

施工准备　→　路堑开挖　→　基底处理　→　路基压实　→　检测验收

图4－2　多雨潮湿地区、水稻田及沼泽地区路堑施工流程

4.5.2　操作工艺

4.5.2.1　路堤

1. 排水疏干

在筑路施工前必须在全路幅范围两侧先筑土埂，并开挖排水沟，将水引出（必要时抽除积水）接通出水口，使地面水及时得到排除，保持基底干燥。

2. 基底处理

应根据软土和淤泥物理力学性质、埋层深度、路堤高度、材料条件、公路等级等因素分别采取合适措施（如换土抛石挤淤超载预压、反压护道、渗水及灰土垫层、砂井、袋装砂井、土工织物、塑料排水板、碎石桩、深层加固等），为加强效果，各项措施可配合使用。

3. 路基压实

（1）路堤必须分层填筑，填筑路堤分层搭接，上下层应相互错开，搭接阶梯（错台）宽度一般不宜小于2 m，并分层压实。

（2）软土地段路基填筑，应考虑提前安排施工，以使路堤完成后得以留有沉降期，设计有明确要求时，应按要求执行；设计无规定时，一般不应少于六个月，沉降期内不应在路堤上进行任何工程。

（3）铺筑路面结构之前，必须使路基沉降已基本趋于稳定，地基固结度能满足设计要求，如设计无规定时，应达到93%以上。

4.5.2.2　路堑

1. 施工准备

（1）在开工之前应做好施工测量工作，内容包括导线、中线及水准点的复测，水准点的增设，横断面的检查、补测与绘制等。原有导线点不能满足施工要求时，应进行加密，保证在道路施工的全过程中，相邻导线点间能相互通视。对有碍施工的导线点，施工前可以采用交点法或其他的固定方法加以固定。

(2)挖截水沟和横向排水沟，做好排水工作。

2.路堑开挖

开挖方法同一般路基施工，需及时检测边坡的稳定性。

3.基底处理

进行土工试验，确认基底土是否符合填料要求，如不符要求，需及时上报并确定处理方法。

4.路基压实

路基压实同一般路基路堑施工。

4.6 质量标准

4.6.1 基本要求

(1)在路基用地和取土坑范围内，认真清除地表植被、杂物、积水、淤泥和表土，处理坑塘，并对基底进行认真压实和处理，满足规范和设计要求。

(2)必须采用设计或规范规定的适用土料作为路基填料，路基填料强度(CBR)应符合规范和设计要求。

(3)路基必须分层填筑压实，每层表面平整，路拱合适，排水良好。

(4)施工临时排水系统应与设计排水系统结合，勿使路基附近积水，避免冲刷边坡。

4.6.2 实测项目

实测项目详见表 1-4。

4.6.3 外观鉴定

(1)路基表面平整、边坡直顺。

(2)路基边坡坡面平顺稳定，不得亏坡，曲线圆滑。

(3)取土坑、弃土堆、护坡道、碎落台的位置适当，外形整齐、美观，防止水土流失。

(4)设计植草的路段无明显缺陷。

(5)上边坡不得有松石。

4.7 成品保护

(1)路基成型后，严禁非施工车辆在路基上行驶。

(2)做好路基排水设施，保证路基边坡不受雨水冲刷。

(3)路基边坡和路堑边坡应采取措施，做到边施工边维护。

4.8　安全环保措施

4.8.1　安全操作要求

(1)作业地点挂警告牌,禁止行人和车辆随意通行。

(2)填土时,车辆要有专人指挥,注意施工机械车辆和过往行人的安全。

4.8.2　环保措施

(1)在施工区、生活区设置废弃物暂存处置场所,根据废弃物种类堆放。

(2)垃圾和渣土等废弃物运至环保部门认可的指定地点。

(3)污水不得直接排入河流和湖泊,排污管道要畅通,无渗漏现象,且远离取水井,防止污染周围水源。

(4)施工区采取洒水降尘措施,以保持地表土湿润。大风天气不得进行灰土作业。

4.9　质量记录

(1)地基处理检测记录(击实试验报告、地基密实度试验报告)。

(2)回填材料试验检验记录。

(3)压实度和路基弯沉检测记录。

(4)中间测量检验记录(高程、中线、宽度等)。

(5)隐蔽工程检查记录。

(6)工序质量评定表。

5 黄土地区路基施工工艺标准

5.1 总则

5.1.1 适用范围

本标准适用于湿陷性黄土地区高速公路路基填筑，也可供其他等级公路路基施工参考。

5.1.2 编制参考标准及规范

（1）中华人民共和国行业标准《公路路基施工技术规范》（JTG D30—2015）.

（2）中华人民共和国行业标准《公路土工试验规程》（JTG E40—2007）.

（3）中华人民共和国行业标准《高速公路交通安全设施设计规范》（JTG D81—2006）.

（4）中华人民共和国行业标准《高速公路交通安全设施施工技术规范》（JTG F71—2006）.

（5）中华人民共和国行业标准《公路路基施工技术规范》（JTG F10—2006）.

（6）中华人民共和国行业标准《公路工程质量检验评定标准》（JTG F80/1—2017）.

（7）中华人民共和国行业标准《公路养护技术规范》（JTJG H10—2009）.

（8）中华人民共和国行业标准《公路软土地基路堤设计与施工技术规范》（JTG/T D31-02—2013）.

（9）中华人民共和国行业标准《公路软土地基路堤设计与施工技术规范》（JT G/T D31-02—2013）.

（10）中华人民共和国行业标准《公路工程岩石试验规程》（JTG E41—2005）.

（11）中华人民共和国行业标准《公路工程集料试验规程》（JTG E42—2005）.

（12）中华人民共和国行业标准《公路工程施工安全技术规程》（JTG F90—2015）.

（13）中华人民共和国行业标准《公路工程名词术语》（JTJ 002—87）.

（14）北京城建集团.《路桥市政工程施工工艺标准》.

（15）杨文渊，钱绍武.《道路施工工程师手册》.

（16）宋金华.《高等级道路施工技术与管理》.

（17）刘吉士，阎洪河.《公路路基施工技术》.

（18）王书斌，杜群乐.《公路路基施工要点与质量控制》.

（19）文德云.《公路施工技术》.

（20）黄晓明，张晓冰.《公路建设质量通病分析与防治》.

(21)杨文渊,钱绍武.《公路工程质检工程师手册》.

5.2 术语

5.2.1 湿陷性黄土

湿陷性黄土是指在自重或一定压力下受水浸湿后,土体结构迅速破坏,并产生显著下沉现象的黄土。

5.3 施工准备

5.3.1 技术准备

(1)认真审核施工图和设计说明书,进行图纸会审,会审记录经有关人员签认。

(2)编制实施性的施工组织设计和分项工程施工方案,开工报告已办理完毕。

(3)做好施工测量工作,其内容包括导线、中线、水准点复测,横断面检查与补测,增设水准点等。

(4)确定取土场,并对路堤填料进行复查和取样。

(5)对用作填料的土进行下列试验项目:

①液限、塑限、塑性指数、天然稠度或液性指数试验。

②颗粒大小分析试验。

③含水量试验。

④密度试验。

⑤相对密度试验。

⑥土的击实试验。

⑦路基填料强度试验

⑧土的有机质含量试验及易溶盐含量试验。

⑨黄土的湿陷性判定、自重湿陷性判定及湿陷等级。

(6)试验段施工

①应采用不同的施工方案做试验路段,从中选出路基施工的最佳方案,指导全线施工。

②试验路段位置应选择在地质条件、断面形式均具有代表性的地段,路段长度不宜小于100 m。

③通过试验来确定不同填料采用不同机具压实的最佳含水量、适宜的松铺厚度和相应的碾压遍数、最佳的机械组合和施工组织。一般使用松铺厚度300 mm进行试验,以确保压实层的均匀。

④试验段所用的材料和机具应与施工所用材料和机具相同。

⑤试验路段施工应加强对有关指标的检测;试验完成后,应及时写出试验报告。如发现路基设计有缺陷时,应提出变更设计意见。

5.3.2 材料准备

路堤填料、复合土工膜、土工网格、土工钉、石灰等。

5.3.3 主要机具

（1）机械：主要有推土机、装载机、挖掘机、平地机、自行式羊足压路机、振动压路机、自卸汽车、洒水车等。

（2）工具及检测设备：小推车、铁锹、环刀、灌砂筒、弯沉仪、靠尺、钢尺等。

5.3.4 作业条件

（1）场地已清理、平整，临时施工便道已修筑完毕，施工用水、电满足施工要求。

（2）路基沿线黄土陷穴及需做地基处理的路段已查明。

（3）地上及地下障碍物等已处理完毕。

（4）临时排水、防水设施已施工完毕。

5.3.5 劳动力组织

施工前必须做好施工组织设计，劳动力配置准备。

5.4 工艺设计和控制要求

5.4.1 技术要求

非潮湿陷性黄土且无地下水的地基可按一般土质路堤进行基底处理。一般湿陷性黄土地基，应采取措施拦截，排除地表水。地下排水构造物与地面排水沟渠必须采取防渗措施，路侧严禁积水。具有强湿陷性或高湿陷性的黄土地基应按设计要求处理。处理强湿陷性或较高压缩的黄土地基常用以下几种方法。

1.灰土和素土垫层法

（1）将基底以下湿陷性土层全部挖除或挖至预计的深度，然后以灰土或素土分层回填夯实。垫层厚度一般为1~3 m。它消除了垫层范围内的湿陷性，减轻或避免了地基因附加压力产生的湿陷，可以使地基的自重湿陷表现不出来。这种方法施工简易，效果显著，是一种常用的地基浅层处理或部分湿陷性处理方法，经这种方法处理的灰土垫层的地基承载力可达到300 kPa（素土垫层可达200 kPa），且有良好的均匀性。

（2）施工中应注意的问题：

①地基土的含水量。对于含水量较大，或曾局部基坑进水者，要采取相应的措施（如晾晒等），严格控制灰土（或素土）的最佳含水量，对接近最佳含水量时，宁小勿大，偏大时土体强度会显著下降，变形可能性明显增大。

②垫层处理的宽度要达到规范要求，使碾压设备能充分碾压到位，还使形成的垫层压实度产生差异。

③严把质量关，施工中碾压分层的厚度不宜大于30 cm，并逐层检测压实度，使其达到设

计规范要求。

2. 强夯法

(1)强夯法亦称动力固结法,通过重锤的自由落下,对土体进行强力夯实,以提高其强度,降低其压缩性,该法设备简单,原理直观,适用广泛,特别是对非饱和土加固效果显著。这种方法加固地基速度快,效果好,投入少,是当前最经济简便的地基加固方法之一。

(2)施工中注意的问题:

①首先在设计阶段,应考虑湿陷性黄土处于哪一种类别、等级以及场地等因素,因为强夯的夯击能量、夯点布置、夯击深度、夯击次数和遍数等因场地而异,土的含水量、孔隙比及夯击的单位面积影响加固深度。在经过试夯后确定出设计参数,确定施工设计方案,因此不经试夯确定施工参数直接施工往往会给工程造成后患。

②由于强夯影响深度内土的含水量差异,会导致局部处理效果不佳,对于此种情况必须采取土的增湿或减湿措施,以免出现橡皮土情况。如有此种情况,应立即停止夯击,当晾晒一定时间后,在夯击坑内加入碎石类的粗骨料,继续夯击。

③施工中在关键工序上严把质量关,因为强夯设计方案提供后,锤重、落距、夯点布置等是固定的,而唯一可能被人为改变的是夯击次数,因在试夯时根据最后夯击的沉降量来确定夯击次数的,当别的参数已确定后,它就成为影响处理的唯一因素,所以施工中应以它为质量控制的关键工序管理点。

④强夯结束后,检测的重点是判定它的有效加固深度是否达到设计要求,因为有效加固深度的第一标准应是消除湿陷性,也就是以 $\delta_s < 0.015$ 作为判别指标。所以检验手段应采用探井取不扰动土试样进行检测。当这一指标达到要求后,一般情况下对承载力的要求等也均可满足。

3. 深层搅拌桩法

(1)深层搅拌桩是复合地基的一种,近几年在黄土地区应用比较广泛,可用于处理含水量较高的湿陷性弱的黄土。它具有施工简便、快捷、无振动、基本不挤土、低噪声等特点。深层搅拌桩的固化材料有石灰、水泥等,一般都采用后者作固化材料。其加固机理是将水泥掺入黏土后,与黏土中的水分发生水解和水化反应,进而与具有一定活性的黏土颗粒反应生成不溶于水的稳定的结晶化合物,这些新生成的化合物在水或空气中发生凝硬反应,使水泥有一定的强度,从而使地基土达到承载的要求。

深层搅拌桩的施工方法有干法施工和湿法施工两种,干法施工就是"粉喷桩",其工艺是用压缩空气将固化材料通过深层搅拌机械喷入土中并搅拌而成。因为输入的是水泥干粉,因此必然对土的天然含水量有一定的要求,如果土的含水量较低时,很容易出现桩体中心固化不充分、强度低的现象,严重的甚至根本没有强度。因此,应用粉喷桩的土层中含水量应超过30%,在饱和土层或地下水位以下的土层中应用更好。

湿法施工是将水泥搅拌成浆后注入土中的方法。水泥浆通过柱塞式泥浆泵强制注入,除非特殊情况很少断浆,施工中一般采用预搅下沉时就喷浆的工艺,因此桩体的均匀性比干法施工好。但喷浆增加了水泥土的含水量,强度会受到一定影响,实际应用时需根据土的工程性质,尤其是含水量情况作出适当的选择。

(2)施工中应注意的问题:

①必须在设计或施工中采取有效措施来保证搅拌桩复合地基各参数能达到各自的设计

值,否则设计的可靠度会降低,如桩端为硬土,或桩长超过临界桩长时,(桩间土承载力拆减系数)取值高于规定,就必须采取设置褥垫层或其他方法使桩间土发挥较高的强度;选用较高的桩体强度时,就必须采取增加水泥用量、掺加外加剂、复搅等措施,才能保证设计与预期的实际结果比较一致。

②施工中为达到强度要求,有必要进行复搅。复搅是在桩的一部分或桩的全长重复搅拌一次,其作用是改善桩体的均匀性,如第一次注浆不均匀时,可通过复搅调节,提高桩长方向上的均匀程度,同时,也使桩截面内的均匀性得到改善。现场不同桩段有不同的水泥掺入比,使不同桩段有不同的桩身强度。

③加强施工管理,因为桩体的固化材料需由压缩空气作载体,而气体流速、流量受土层情况的影响,人工难以调节,所以施工机械应采用带有自动控制喷浆、喷粉的装置,以消除施工中一些人为因素,便于监督检查,避免由于喷浆和喷粉不均匀或者喷浆量、喷粉量未达到设计要求而发生断桩问题。

④现场施工中应勤于检查,严格监督。深层搅拌桩属于一种柔性桩,桩身检测较困难,施工时质量有疏忽,就可能发生断桩现象。目前用低应变动测法检测搅拌桩的质量得到了肯定,可用此法或结合抽芯取样检测法控制质量。

5.4.2　材料质量要求

(1)湿陷性黄土,其湿陷系数大于等于 0.015,按湿陷性质不同分为非自重湿陷性黄土和自重湿陷性黄土。新、老黄土均适用于路基填筑。新黄土为良好的填料,在有条件的地方,可优先选用新黄土。老黄土透水性差,干湿难以调节,大块土料不易粉碎。所有填料应进行野外取土试验,符合表 1-4 的规定时,方可使用。

(2)复合土工膜:采用涤纶长丝纺黏非织型复合土工膜,为二布一膜结构。其使用应符合《公路土工合成材料应用技术规范》JTJ/T019 的有关规定。

(3)土工网格:采用硬质平网,其纵、横向抗拉强度、最大延伸率应满足《技术规范》的有关规定。

(4)土工钉:采用 φ18 钢筋,长度为 1.2 m,用于加固陡坎和填挖结合部。插钉 A:采用普通 φ18 钢筋;插钉 B:采用普通 φ6 钢筋。以上两种插钉均用于固定土工网格。

(5)石灰:生石灰 CaO、MgO 含量不小于 80%,未消化残渣含量不大于 15%。

(6)膨胀螺钉、高强螺栓及钢板条:用于对桥头台背土工网格进行固定,其技术指标应满足设计要求。

5.4.3　职业健康安全要求

(1)土方施工机械操作人员应熟悉本机械操作规程,持证上岗,不得擅离岗位。严禁酒后操作机械,严禁机械带故障运转或超负荷运转。

(2)驾驶室或操作室内严禁存放易燃、易爆物品。

5.4.4　环境要求

(1)路基施工必须遵守国家有关土地管理法规,应节约用地,保护耕地和农田水利设施。

(2)路基施工应保护生态环境,尽量少破坏原有植被地貌。清除的杂物,必须分类予以妥善处理，不得倾弃于河流水域中。

5.5 施工工艺

5.5.1 工艺流程

黄土地区路基施工垫层法工艺流程如图 5-1 所示。

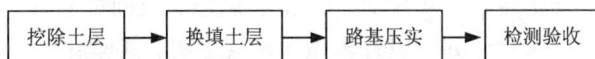

挖除土层 → 换填土层 → 路基压实 → 检测验收

图 5-1 黄土地区路基施工垫层法工艺流程

黄土地区路基施工强夯法工艺流程如图 5-2 所示。

试夯确定设计参数 → 强夯设计 → 夯点布设 → 强夯 → 检测验收

图 5-2 黄土地区路基施工强夯法工艺流程

5.5.2 操作工艺

(1)测量放线：参照《公路路基施工技术规范》(JTGF 10—2006)进行测量放线。

(2)清表：参照本书"路基土方路基施工工艺标准"相关章节进行。

(3)处理地下陷穴。

①根据施工前调查提供的陷穴，进一步提供陷穴的共计来源、水量、发展方向及对路基可能造成的危害，采取相应的技术措施进行处理。

②对通过路基路床的陷穴，要向上游追踪至发源地点。在发源地点把陷穴进口封堵好并引排周围地表水，使其不再向陷穴进口流入。

③对已有的陷穴，可以采用灌砂、灌浆、开挖回填等措施。开挖的方法可以采用导洞竖井和明挖等。具体措施的适用范围处理方法及要求见表 5-1 地下陷穴回填措施。

表 5-1 地下陷穴回填措施

措施名称	适用范围	处理方法及要求
灌砂法	小而直的陷穴	以干砂灌实整个陷穴
灌浆法	洞身不大，但洞壁起伏，曲折较大，并离路基中线较远的小陷穴	先将陷穴出口用草袋装土填塞，再在陷穴顶部每隔 4~5 m 钻孔作为灌浆孔，待灌还的土浆凝固收缩后，再在各孔作补充灌浆，一般重复 1~3 次，必要时可灌水泥砂浆

续表 5 – 1

措施名称	适用范围	处理方法及要求
开挖回填夯实法	各种埋深较浅的陷穴	填料一般用就地黄土分层夯实
导洞和竖井法	较大较深的陷穴	由洞内向外逐步回填夯实，在回填前应将陷穴内虚土和杂物彻底清除，当接近地面 0.5 m 时，应将老黄土或新黄土加 10% 的石灰拌匀回填夯实

④处理好的陷穴，其土层表面均用 3 ：7 灰土填筑夯实或铺填老黄土等不透水材料加以改善，其厚度应按设计要求执行。如其设计未做明确规定时，其厚度不宜小于 300 mm，并将流向陷穴的附近地面水引离，防止形成地表积水及水流集中冲刷。

⑤黄土陷穴的处理范围，应视具体情况而定，宜在路基填方或挖方边坡外，上侧 50 m，下侧 10～20 m。若陷穴倾向路基，虽在 50 m 以外，仍应作适当处理。对串珠状陷穴应彻底进行处治。

⑥黄土陷穴的处理方案、工作量等应由施工单位会同建设、设计及监理单位认可，并履行相关手续后执行。

(4)地基加固：

①当地基土层具有强湿陷性或较高的压缩性，且容许承载力低于路堤自重压力时，应考虑地基在路堤自重和活载作用下所产生的压缩下沉。可分别采用重型压路机碾压、重锤夯实、强夯、灰土桩挤密加固、换填土等措施，以提高地基承载力，减少下沉量。

②地基加固验收符合设计及规范要求后，方可进行路基施工。

(5)路基施工：

①排水、防水设施。

(A)在路堑顶部及路堤的靠山侧做好排水工程，将地表水、地下水引入有防渗层的水沟内排走。

(B)若基底为非湿陷性黄土，且无地下水活动时，做好两侧的施工排水、防水设施。

(C)若地基为湿陷性黄土，应采取拦截、排除地表水的措施，防止地表水下渗，减少地基地层湿陷性下沉。其地下排水构造物与地面排水沟渠必须采取防渗措施。

(D)高路堤路基施工期间，应在两侧或一侧(超高段)设临时阻水、拦水设施，以防雨水冲毁边坡。

②一般路堤填筑。

(A)施工中严格控制碾压时黄土的含水量在最佳含水量的 +3% 范围内，并不低于最佳含水量，有利于保证实际碾压含水量在要求范围之内。

(B)要求在路堤填筑施工过程中，加强含水量的检测，当含水量达到要求后，随即碾压；当含水量过小时，采用洒水车对土体进行补充，再进行碾压；若含水量过大时，不要急于碾压，应进行翻松晾晒至所需含水量再进行，必要时可掺入适量石灰处理，降低含水量，掺石灰后应将土和石灰拌匀。

(C)路堤填至设计高程后，应根据设计及时修筑外侧边缘的拦水沟、截水沟和急流槽，将水引至坡脚以外。

③特殊路基(陡坎、高填方)填筑:应做好填挖界面的结合部,挖好向内倾斜的台阶。如结合面陡立,无法挖成台阶时,应根据不同断面,采用土工钉加强结合。

(A)陡坎高度或填挖结合部高差 $H \geqslant 8$ m,路堤全幅填筑的情况按图处理。过程如下:

(a)在清表碾压后的地基表面先填筑两层素土,采用试验段松铺厚度,压实度标准以设计和规范要求为准。

(b)在新老土结合处钉进一排土工钉,间距为 1 m,打入老土 600 mm,外部留 600 mm。

(c)重复(a)、(b)两个步骤。

(d)当填筑高程达到老土平台高度时,在结合处加铺一层土工网格,采用插钉 A、B 进行固定。

(e)按设计及规范要求填筑到设计标高。

(B)陡坎高度或填挖结合部高差 H 大于等于 8 m,路堤非全幅填筑的情况按如下过程处理。

(a)将高边坡进行修整,做成 6~8 m 的台阶,台阶高宽之比为 1:1。

(b)碾压后的地基表面先填筑两层素土,采用试验段松铺厚度,压实度在 90% 以上。

(c)在新老土结合处楔进一排土工钉,间距为 1 m,打入老土 600 mm,外部留 600 m。

(d)重复前两个步骤。

(e)铺设土工网格的方法与(1)相同。

(C)高填法:冲沟深度大于 20 m,路段长度大于 20 m 的路段按如下方法处理。

(a)在冲沟底部,依照路基施工技术规范要求填筑,要求压实度达 90% 以上。

(b)当填筑标高达到路基 90 区、93 区分界线时,加铺一层土工网格,固定方法如前。

(c)当填筑标高达到路基 93 区、95 区分界线时,加铺一层土工网格,固定方法如前。

(d)当填筑高度达到路基设计标高时,加铺一层土工网格,固定方法如前。

(D)冲沟深度大于 20 m,路段长度小于 12 m 的情况,按如下过程处理:

(a)在冲沟底部,依照路基施工技术规范要求填筑,要求压实度达 90% 以上.

(b)当填筑标高达到路基 90 区、93 区分界线时,加铺一层土工网格,长度通铺至挖方段内部 1 m(施工中做 1 m 的平台)。

(c)当填筑标高达到路基 93 区、95 区分界线时,加铺一层土工网格,固定方法如前。

(d)当填筑高度达到路基设计标高时,加铺一层土工网格,长度通铺至挖方段内部,比下层土工网格多伸出 1 m。

(e)对高度大于 20 m 的路堤,应按设计预留竣工后路堤自重压密固结产生的压缩下沉量。

(E)桥涵台背回填。

(a)桥梁台背填土高度小于 5 m 或大于 10 m 时,土工网格的铺设应在换填范围底基层以下 1.5 m 的深度范围,每 500 mm 铺设一层,共铺设三层;当填土高度 5 m ≤ H ≤ 10 m 时,台背应通铺,加筋范围应延伸到锥坡边缘。

(b)桥梁台背处治不在原地面上进行,必须对原地面整平、压实,并铺设 300 mm 灰土垫层后,再铺设土工网格。

(c)土工网格铺设时应使用人工拉紧,不允许出现卷曲或褶皱,必要时用插钉将其固定在填土表面。

（d）土工网格强度高的地方向垂直路基轴线方向铺设，相邻两幅网格的搭接宽度不得小于 200 mm，搭接部位用延伸率较小的尼龙绳呈"Z"字形穿绑。

（e）铺设土工加筋材料的土层应平整，严禁表面有坚硬凸出物，施工时为防止对土工材料造成损伤，在土工加筋材料铺设后不得使用施工机械对土工网格进行直接碾压，应先松铺300 mm 回填土后再进行碾压。

（f）土工网格摊铺后要及时填筑填料，避免阳光长时间暴晒；土工网格的存储也要避免日光直接照射或被雨水淋泡。

（g）加筋材料与台背的连接应采用经防锈处理的膨胀螺钉、高强螺钉与钢板条锚固，其中膨胀螺栓每 2 m 一个，高强螺栓每 1 m 一个。

（F）路堑施工。

（a）路堑路床土质应符合设计要求，密实度不足时，应采取措施碾压至要求的压实度。

（b）路堑施工前，应做好堑顶地表排水导流工程。路堑施工期间，开挖作业面应保持干燥。

（c）路堑施工中，如边坡地质与设计不符，可提出修改边坡坡度。

5.5.3 季节性施工

5.5.3.1 雨季施工

（1）湿陷性黄土地区高速公路路堤填筑不宜在雨季进行施工。

（2）必须进行施工时，应选择路基沿线属丘陵、山岭地形，排水性好的地段，并避开雨天。除施工车辆外，应严格控制其他车辆在施工场地通行。临时排水、防水设施必须保证通畅、并设专人进行监管，及时排除积水。

（3）台背填筑应选择透水性好的碎石、卵石、砂砾等作为填料。

（4）利用挖方作填方时，应随挖随填，及时压实，并严格控制填土含水量。

5.5.3.2 路基冬期施工

土堤填筑不宜在冬期施工，如遇特殊情况，应编制冬期施工方案，保证路基填筑质量。

5.6 质量标准

5.6.1 基本要求

（1）CBR 和路基压实度应符合规范和设计规定。

（2）路基必须分层填筑压实，每层表面平整，路拱坡度满足排水要求。

（3）施工时排水系统应与设计排水系统结合，勿使路基附近积水，避免冲刷边坡。

5.6.2 压实度标准

实测项目见表 1－4、表 1－5。

5.6.3 外观鉴定

（1）路基表面平整，边线直顺。

（2）路基边坡坡面平顺、不得亏坡，曲线圆滑。

(3)取土坑、弃土堆、护坡道、碎落台的位置得当,外形整齐、美观。

5.7　成品保护

(1)路基施工中填土宽度应大于路基宽度 500 mm,压实宽度应大于路基宽度。刷边坡应安排在路基施工完成后进行,并应立即防护。

(2)路基施工中每层的表面应做成2%~4%的排水横坡,路基边缘培土埂,路基边坡上应做临时排水急流槽。临时急流槽每30~50 m一道,道路低点和桥梁两侧锥坡边缘应适当增设。临时急流槽应随着路基施工方向向上延伸。

(3)土方路基在雨后没有晾干以前,应采取断路措施,禁止车辆进入。

(4)已经完工的路基禁止用作施工道路,施工中的重型车辆应通过施工便道行驶。

(5)在黄土路基填筑达到设计标高,经检测合格后,应尽快进行路面结构层的施工。如跨冬期施工,应铺筑一层松土,待可以进行填筑时,用推土机将该层松土铲除,并进行充分碾压,当压实度达到95%后,方可进行稳定层施工。

5.8　安全环保措施

5.8.1　安全操作要求

(1)根据施工现场实际情况,制订出切实可行的技术安全措施,并向有关人员进行详细交底。

(2)土方施工机械操作人员应熟悉本机械操作规程,持证上岗,不得擅离岗位。严禁酒后操作机械,严禁机械带故障运转或超负荷运转。

(3)驾驶室或操作室内严禁存放易燃、易爆物品。

(4)机械设备在施工现场停放时,应选择安全的停放地点,关闭好驾驶室,拉上制动阀。坡道上停放时,要用三角木或石块抵住车轮。夜间应有人看管。

(5)在路基沿线与公路、街道、交通繁忙道路的交通路口及施工便道地面起伏较大、转弯急的地方,必须有专人警戒,并设立适当的交通标志,防止交通事故。

(6)高陡边坡外开挖施工应与装运作业面相互错开,严禁上、下双重作业。

(7)路基碾压作业时,必须保证前后无人才能启动机械。并根据土质情况,派专人巡视边坡稳定情况。靠近路堤边缘作业时,应根据路堤高度留有必要的安全距离,一般不少于500 mm。

(8)在已查明或正在进行处理的陷穴洞口周围设安全围挡,并设警示牌和信号灯,直至陷穴处理完毕。

5.8.2　环保措施

(1)路基清表后的施工垃圾应及时运到指定地点。

(2)施工产生的废水、废油等有害物质以及生活污水,不得随意排放,应集中处理以防污染水质和土壤。

(3)在距居民区较近的施工区，尽可能不在夜间进行地基处理作业，以免噪声扰民。

(4)对施工范围内的运输道路，要经常洒水保持湿润，避免扬尘。

5.9 质量记录

质量记录有施工测量记录，地基处理记录，回填材料试验记录，施工过程质量控制记录，质量测查、评定记录，单位工程质量评定表、工程部位质量评定表和工序质量评定表。

施工测量记录：

(1)工程定位测量记录。

(2)测量复核记录。

(3)路基放样记录。

(4)每填筑层(或开挖)标高记录。

地基处理记录：

(1)处理后地基承载力试验报告。

(2)处理后地基土工试验报告。

(3)隐蔽工程验收记录。

回填材料试验记录：

(1)液限、塑限、塑性指数、天然稠度或液性指数记录。

(2)颗粒大小分析试验记录。

(3)含水量试验记录。

(4)密度试验记录。

(5)相对密度试验记录。

(6)土的击实试验记录。

(7)土的强度试验(CBR值)记录。

(8)土的有机质含量试验及易溶盐含量试验记录。

(9)湿陷性黄土各项验收记录。

施工过程质量控制记录：

(1)压实度检测记录。

(2)特殊路段加筋土施工记录。

质量测查、评定记录：

(1)路床中线、高程、宽度检查记录。

(2)平整度检测记录。

(3)密实度试验记录及压实度统计评定表。

6 盐渍土地区路基施工工艺标准

6.1 总 则

6.1.1 适用范围

本标准适用于盐渍土地区高速公路路基施工,其他等级公路同等地质条件可参照执行。

6.1.2 编制参考标准及规范

(1)中华人民共和国行业标准《公路路基设计规范》(JTG D30—2015)。

(2)中华人民共和国行业标准《公路土工试验规程》(JTG E40—2007)。

(3)中华人民共和国行业标准《高速公路交通安全设施设计规范》(JTG D81—2006)。

(4)中华人民共和国行业标准《高速公路交通安全设施施工技术规范》(JTG F71—2006)。

(5)中华人民共和国行业标准《公路工程质量检验评定标准》(JTG F80/1—2017)。

(6)中华人民共和国行业标准《公路排水设计规范》(JTG/T D33—2012)。

(7)中华人民共和国行业标准《公路养护技术规范》(JTJG H10—2009)。

(8)中华人民共和国行业标准《公路软土地基路堤设计与施工技术规范》(JTG/T D31 - 02—2013)。

(9)中华人民共和国行业标准《公路工程岩石试验规程》(JTG E41—2005)。

(10)中华人民共和国行业标准《公路工程集料试验规程》(JTG E42—2005)。

(11)中华人民共和国行业标准《公路工程施工安全技术规程》(JTG F90—2015)。

(12)中华人民共和国行业标准《公路工程名词术语》(JTJ 002—87)。

(13)北京城建集团.《路桥市政工程施工工艺标准》。

(14)杨文渊,钱绍武.《道路施工工程师手册》。

(15)宋金华.《高等级道路施工技术与管理》。

(16)刘吉士,阎洪河.《公路路基施工技术》。

(16)王书斌,杜群乐.《公路路基施工要点与质量控制》。

(17)文德云.《公路施工技术》。

(18)黄晓明,张晓冰.《公路建设质量通病分析与防治》。

(19)杨文渊,钱绍武.《公路工程质检工程师手册》。

(20)李铁强.《浅谈盐渍土地区公路路基的处理与施工》。

6.2　术语

6.2.1　盐渍土

盐渍土是指易溶盐含量大于规定值的土。

6.3　施工准备

6.3.1　技术准备

(1)认真审核施工图和设计说明书，进行图纸会审，会审记录经有关方面签认。

(2)编制实施性的施工组织设计和分项工程施工方案，开工报告已办理完毕。

(3)做好施工测量工作，其内容包括导线、中线、水准点复测，横断面检查与补测，增设水准点等。

(4)确定取土场，并对路堤填料进行复查和取样。

(5)鉴定路基填料含盐量。

6.3.2　材料准备

当无其他适用填料时，盐渍土可用作路基填料，但土中易溶盐允许含量有一定要求，即：总含盐量不得大于5%，其中氯盐含量不得大于5%，硫酸盐含量不得大于2%，碳酸盐含量不得大于0.5%，施工时应注意含盐量的均匀性，不得夹有盐块和含盐植物的根茎。

6.3.3　主要机具

(1)机械：主要有推土机、铲运机、装载机、挖掘机、平地机、自行式羊足压路机、振动压路机、自卸汽车、洒水车等。

(2)工具及测试设备：小推车、铁锹、环刀、灌砂筒、弯沉仪、靠尺、钢尺等。

6.3.4　作业条件

(1)路基填料含盐量已查明。

(2)场地已清理、平整，临时施工便道已修筑完毕，施工用水、电满足施工要求。

(3)地上及地下障碍物已处理完毕。

(4)临时排水、防水设施已施工完毕。

6.3.5　劳动力组织

施工前必须做好施工组织设计、劳动力配置准备。

6.4 工艺设计和控制要求

6.4.1 技术要求

(1)合理安排施工季节。宜安排在地下水位最低的季节施工。

(2)施工时应测试土壤含盐量和含水量。如设计无特殊措施,不得使用含盐量超过规定容许值的填料。取土坑表层含盐量超过容许值时,应予铲除堆于坑的外侧。填料含水量不应大于最佳含水量,雨天不得取土填筑。

(3)盐渍土地区应分层取样,取样位置为地表层下 0.05 m、0.25 m 各取一组,0.25 m 以下每隔 0.25 m 取一组,至 1 m 为止。如 1 m 以下含盐量仍然很大,可适当加深。因表层盐分在干旱季节聚积最多,故取样应在干旱季节。

(4)各取土坑、场应加强含盐量均匀性的测试。填土路床每取土 500 m³、路床底面以下每取土 1000 m³ 应至少做一组试件,每组取 3 个土样;取土不足上列数量时,亦应作一组试件。

(5)由于盐渍土地区地形一般比较平坦低洼,水沟纵坡小,排水困难,加之土中含盐多、地下水浅,排水沟边坡容易坍塌破坏,养护修复比较困难,在采用长大排水沟时应根据当地条件和其他措施慎重选择。

(6)用各类盐渍土填筑的路堤,路床以下填土的压实系数至少应达到 0.9。当填料的氯盐含量大于 5% 时,填层压实系数应另按设计要求加大压实度。

6.4.2 材料质量要求

材料质量主要要求详见表 6-1。

表 6-1 盐渍土地区路基填料允许含盐量

路面等级	填料允许含盐量/%		
	氯盐渍土及亚氯盐渍土	硫酸盐渍土及亚硫酸盐渍土	碳酸盐渍土
次高级路面	≤8	≤2	≤0.5
高级路面	≤5	≤1	≤0.5

6.4.3 职业健康安全要求

(1)施工现场必须做好交通安全工作,设专人指挥车辆、机械。交通繁忙的路口应设立标志,并有专人指挥。夜间施工,路口及基准桩附近应设置警示灯或反光标志,专人管理灯光照明。

(2)施工机械设备应有专人负责保养、维修和看管,确保安全。施工现场的电线、电缆应尽量放在无车辆、人、畜通行的部位。各种机械操作手、电工必须持证上岗,同时加强对司机、电工的教育。

（3）现场操作人员必须按规定佩戴防护用具。机械燃料操作时，其防火应按有关规定执行。

6.4.4 环境要求

（1）各种临时设施和场地，如堆料场、材料加工场等，一般宜远离居民区（其距离不宜小于 1000 m），而且应设于居民区主要风向的下风处。当无法满足时，应采取适当的防尘及消毒等措施。

（2）运输粉状材料应采用袋装或其他密封方法运输，不得散装散卸。施工运输道路，宜采取防止尘土飞扬的措施。

6.5 施工工艺

6.5.1 工艺流程

盐渍土地区路基施工工艺流程如图 6 - 1 所示。

```
路基临时排水 → 基底处理 → 隔离层的设置 → 路基压实 → 检测验收
```

图 6 - 1 盐渍土地区路基施工工艺流程

6.5.2 操作工艺

6.5.2.1 路基临时排水

施工过程中应及时合理地布置好排水系统，路基及其附近不应有积水现象。排水困难地段或取土坑有被淹没可能时，应在路基一侧或两侧取土坑外设置高 0.4 ~ 0.5 m、顶宽 1 m 的纵向防水坑。

6.5.2.2 基底处理

盐渍土路基基底的处理应视含盐量、含水量及地下水位而定。

从含盐量方面看，由于一般盐渍土地区土的含盐量往往表层最大，故当路堤底部表层盐渍土含有过量盐分（含盐量大于8%）或表土松软有盐壳时，应在填筑前，将路堤基底与取土坑范围内的表层过盐渍土铲除，铲除深度应根据土的试验资料决定，一般为 0.1 ~ 0.3 m。如路堤高度小于 1.5 m 时，除将基底含盐量较重的表土挖除外，应换填渗水性土，其厚度对高速公路、一级公路不应小于 1.0 m，其他公路不应小于 0.8 m。

从含水量及地下水位方面看，当含水量超过液限的土层在 1 m 以内时，必须全部换填渗水性土；如含水量界于液限和塑限之间时，应铺 0.1 ~ 0.3 m 的渗水性土后，再填黏性土；如含水量在塑限以下时，可直接填筑黏性土。当清除软弱土体达到地下水位以下时，则应铺填渗水性土，并应高出地下水位 0.3 m 以上，再填黏性土。在修建高级路面或次高级路面的地段，除路床填料符合规定要求外，还应在路堤下部设置封闭性隔水层（材料如沥青砂、防渗薄膜、聚丙烯薄膜编织布等）以隔断地下水的上升后患。

基底的换填作业还有一定的要求。清除表层后地表应做成由路基中心向两侧约2%的横坡，整平压实，沿横坡均匀铺平，以利排水；铲除的表层过盐渍土应堆置在较远处，最好堆置在低处，以免水流浸渍后，又流回到路基范围内。铲除后的回填应按规定采用可用的盐渍土。

6.5.2.3 隔离层的设置

盐渍土路基宜采用路堤形式。路堤最小高度参见表6-2所示。若达不到表中规定时，应设置隔离层，防止含盐的毛细水上升。

表6-2 盐渍土地区路堤最小高度

土质类别	高出地面/m		高出地下水位或地表长期积水位/m	
	弱、中盐渍土	强、过盐渍土	弱、中盐渍土	强、过盐渍土
砾类土	0.4	0.6	1.0	1.1
砂类土	0.6	1.0	1.3	1.4
黏性土	1.0	1.3	1.8	2.0
粉性土	1.3	1.5	2.1	2.3

注：①二级公路最小高度可为表中数值的1.2~1.5倍。

在内陆盆地干旱地区或路面设计为高级或次高级地段，应在路堤下部设置封闭性防水隔离层。隔离层可采用不透水材料如沥青砂、防渗薄膜、聚丙烯淋膜编织布等，以隔断气态水、毛细水上升。

隔离层铺设前应清除植物根茎，将基底做成2%的横坡，整平压实，沿横坡均匀铺平。

在强盐渍化细粒料黏性土或粉性土地区，为截断路堤下部的含盐毛细水、气态水而设置的封闭性隔离层，宜在路床顶以下80 cm深度处。倘有盐胀问题存在，则隔离层应设在产生盐胀的深度以下，在采用塑料薄膜作隔离层时，为防止薄膜被压挤破，宜在隔离层上下分别铺一层10~15 cm厚的砂或黏土保护。

6.5.2.4 路基压实

为了防止盐分的转移和保证路基的稳定，盐渍土路基的压实标准应尽可能地提高一些。要求达到重型压实标准。

路基应分层压实，每层填土厚度，对黏性土不得大于20 cm；对砂性土不得大于30 cm。

碾压时应严格控制含水量，不应大于最佳含水量1个百分点。在干旱缺水地区，对路基填土可采用加大压实功的办法进行压实，并应设法（如远运）洒水，使路基表层20 cm厚的土层在碾压时为最佳含水量，当无法达到最佳含水量时，至少应达到最佳含水量的70%以上。

当填土含水量过大时，施工中除按设计挖好该地区的排水沟外，可在取土坑附近挖临时排水沟，以截断地表水和降低地下水位。此外也可延长施工段落，在取土坑内分层挖土，分段填土暴晒，分段夯压。

6.6　质量标准

6.6.1 基本要求

（1）路基填料含盐量标准如表6-1所示。

（2）不得采用设计或规范规定的适用土料作为路基填料，路基填料强度（CBR）应符合规范和设计要求。

（3）路基必须分层填筑压实，每层表面平整，路拱合适，排水良好。

（4）施工临时排水系统应与设计排水系统结合，勿使路基附近积水，避免冲刷边坡。

6.6.2　实测项目

实测项目详见表1-4。

6.6.3　外观鉴定

（1）路基表面平整、边坡直顺。

（2）路基边坡坡面平顺稳定，不得亏坡，曲线圆滑。

（3）取土坑、弃土堆、护坡道、碎落台的位置适当，外形整齐、美观，防止水土流失。

（4）设计植草的路段无明显缺陷。

（5）上边坡不得有松石。

6.7　成品保护

（1）路基施工中填土宽度应大于路基宽度500 mm，压实宽度应大于路基宽度，保证施工过程中标准边坡位置外侧有多余土保护。刷边坡应安排在路基施工完成后进行，刷完边坡的部位应立即进行防护或植草施工。

（2）为防止路基被雨水浸泡和边坡被雨水冲刷，路基施工中的每层表面应做成2%～4%的排水横坡，路基边缘培土埂，路基边坡上应施工临时排水急流槽。临时急流槽每30～50 m一道，道路低点和桥梁两侧锥坡边缘应设临时急流槽，方向应随着路基施工向上延伸。

（3）土方路基在雨后没有晾干以前，应采取断路措施，禁止车辆进入。

（4）已经完工的路基不应用作施工道路，施工中的重型车辆应尽量通过施工便道行驶，防止碾压路床。

6.8　安全环保措施

6.8.1　安全操作要求

（1）根据施工现场实际情况，制订出切实可行的技术安全措施，并向有关人员进行详细交底。

（2）土方施工机械操作人员应熟悉本机械操作规程，持证上岗，不得擅离岗位。严禁酒后操作机械，严禁机械带故障运转或超负荷运转。

（3）驾驶室或操作室内严禁存放易燃、易爆物品。

（4）机械设备在施工现场停放时，应选择安全的停放地点，并关闭好驾驶室，拉上制动阀。坡道上停放时，要用三角木或石块抵住车轮。夜间应有人看管。

（5）在路基沿线与公路、街道、交通繁忙道路的交通路口及施工便道地面起伏较大、转弯急的地方，必须有专人警戒，并设立适当的交通标志，防止交通事故。

（6）高陡边坡外开挖施工应与装运作业面相互错开，严禁上、下双重作业。

（7）路基碾压作业时，必须保证前后无人才能启动机械。并根据土质情况，按规定放边坡，派专人巡视边坡稳定情况。靠近路堤边缘作业时，应根据路堤高度留有必要的安全距离，一般不少于 500 mm。

6.8.2　环保措施

（1）路基清表后的施工垃圾应及时运到指定地点。

（2）施工产生的废水、废油等有害物质以及生活污水，不得随意排放，应集中处理以防污染水质和土壤。

（3）在距居民区较近的施工区，尽可能不在夜间进行地基处理作业，以免噪声扰民。

（4）对施工范围内的运输道路，要经常洒水保持湿润，避免扬尘。

6.9　质量记录

（1）地基处理检测记录（击实试验报告、地基密实度试验报告）。

（2）回填材料试验检验记录。

（3）压实度和路基弯沉检测记录。

（4）中间测量检验记录（高程、中线、宽度等）。

（5）隐蔽工程检查记录。

（6）工序质量评定表。

7 多年冻土及季节性冻融地区路基施工工艺标准

7.1 总则

7.1.1 适用范围

本标准适用于多年冻土及季节性冻融地区高速公路路基施工，其他等级公路同等地质条件可参照执行。

7.1.2 编制参考标准及规范

（1）中华人民共和国行业标准《公路路基设计规范》（JTG D30—2015）.

（2）中华人民共和国行业标准《公路土工试验规程》（JTG E40—2007）.

（3）中华人民共和国行业标准《高速公路交通安全设施设计规范》（JTG D81—2006）.

（4）中华人民共和国行业标准《高速公路交通安全设施施工技术规范》（JTG F71—2006）.

（5）中华人民共和国行业标准《公路工程质量检验评定标准》（JTG F80/1—2017）.

（6）中华人民共和国行业标准《公路排水设计规范》（JTG/T D33—2012）.

（7）中华人民共和国行业标准《公路养护技术规范》（JTJG H10—2009）.

（8）中华人民共和国行业标准《公路软土地基路堤设计与施工技术规范》（JTG/T D31－02—2013）.

（9）中华人民共和国行业标准《公路工程岩石试验规程》（JTG E41—2005）.

（10）中华人民共和国行业标准《公路工程集料试验规程》（JTG E42—2005）.

（11）中华人民共和国行业标准《公路工程施工安全技术规程》（JTG F90—2015）.

（12）中华人民共和国行业标准《公路工程名词术语》（JTJ 002—87）.

（13）北京城建集团.《路桥市政工程施工工艺标准》.

（14）杨文渊，钱绍武.《道路施工工程师手册》.

（15）宋金华.《高等级道路施工技术与管理》.

（16）刘吉士，阎洪河.《公路路基施工技术》.

（17）王书斌，杜群乐.《公路路基施工要点与质量控制》.

（18）文德云.《公路施工技术》.

（19）黄晓明，张晓冰.《公路建设质量通病分析与防治》.

(20)杨文渊，钱绍武.《公路工程质检工程师手册》.

(21)康巍，李庆军，吉红梅.《浅谈公路多年冻土地区路基施工》.

(23)李吉胜，张晶，马志华.《路基季节性冻融翻浆病害分析与防治》.

7.2 术语

7.2.1 多年冻土

多年冻土是指冻结状态连续多年的温度低于0℃且含冰的土。

7.3 施工准备

7.3.1 技术准备

(1)检查沿线冻土分布、类型、冻土上下限、地面水、地下水以及有无其他如热融(湖、塘)、冰丘、冰锥等不良地质路基地段情况。

(2)认真审核施工图和设计说明书。

(3)施工组织设计经过审定批复，并做好施工技术及安全交底。

(4)路基施工前应详细检查、核对纵断面图，发现问题及时进行复测。

(5)根据恢复的路线中桩、设计图表、施工工艺和有关规定测设路基用地界桩和路堤坡脚、路堑堑顶、边沟、取土坑、护坡道、弃土堆等具体位置桩。

7.3.2 材料准备

确定路基填料及取土坑位置。

7.3.3 主要机具

(1)土方工程机械：推土机、铲运机、挖掘机、平地机、装载机。

(2)运输机械：自卸汽车。

(3)压实机械：压路机、蛙式打夯机、振动平板夯。

(4)含水量调节机械：旋耕犁、圆盘耙、洒水车、五铧犁。

(5)测量和检验实验设备：全站仪或经纬仪、水准仪、灌砂筒、环刀、平整度检测仪等

7.3.4 作业条件

(1)场地已清理、平整，临时施工便道已修筑完毕，施工用水、电满足施工要求。

(2)路基沿线冻土分布、类型、冻土上下限、地面水、地下水以及其他如热融(湖、塘)、冰丘、冰锥等不良地质已查明。

(3)地上及地下障碍物等已处理完毕。

(4)临时排水、防水设施已施工完毕。

7.3.5　劳动力组织

施工前必须做好施工组织设计，劳动力配置准备。

7.4　工艺设计和控制要求

7.4.1　技术要求

7.4.1.1　多年冻土地段的路基施工

1. 遵循的原则

首先，在有可能出现多年冻土的地段我们要详细调查冻土的类型、分布情况、地面水和地下水的水位及流向、冻土的上下限，并采样检验土质的含水量，将多年冻土加以正确分类，同时施工中应遵循以下原则：

（1）冻土温度低、稳定，宜采取保护多年冻土的原则；冻土温度高，不稳定，融沉又不大时，考虑采取破坏多年冻土的原则（融化原则）。

（2）在厚层地下冰地段，一般应采取保护多年冻土的原则；在少冰冻土和多冰冻土地段，一般可采取破坏多年冻土的原则（融化原则）。

（3）在富冰冻地段，含水量较大，或公路等级较高时，宜采取保护多年冻土原则；当含水量较小，或公路等级较低时，也可采用破坏多年冻土的原则（融化原则）施工。所谓破坏多年冻土是指施工中（尤其是挖方路堑）可以将多年冻土的一部分挖出，回填含水量适中的材料，施工中允许多年冻土少量融化，但回填也应及时。而保护原则是指将原路面表面有机物杂质清除后，不破坏或少破坏季节冻融层，但不得破坏季节冻融层下的多年冻土，而后直接用适当的材料回填路基，这样使得多年冻土没有被暴露，减少了外界环境对多年冻土融化的影响。在施工中，如果发现设计中没有考虑到冻土的存在，而设计填高较低或基底处理不到位的情况应及时与设计部门联系，考虑冻土的存在，进而变更设计或增加基地处理深度，保证路基最小厚度，进而增加路基的稳定性。

2. 路堤施工

基地处理：如果厚填方基底为含冰过多的细粒土，且地下冰层不厚，可挖除并用渗水性土回填压实，再填路基，这样的情况适用于面积不大、冻土层厚度不深的岛状冻土区，回填材料以砂砾和风化砂为宜。当基底为排水困难的低洼沼泽地段时，基底部应设置毛细水隔层，回填材料以低液限黏土为最好，回填高度宜高出（考虑地基沉降后）原地面 0.5 m 以上。当隔离层铺设完毕之后，在其上铺反滤层（如：砂砾、中砂），若低洼沼泽地段生长有塔头草，可利用为保温层，另外多年冻土的施工最好提前进行，并预加沉落度，使得在路面结构修筑之前路基沉降趋于稳定。回填材料：选用保温隔水性均好的细粒土，不准采用冻土块或草皮层及沼泽底含草根的湿土填筑。

碾压：碾压时要控制含水量，不能超过最佳含水量 2%。成型后路床强度应符合设计要求，用不小于 20 t 的压路机或等效碾压机械碾压 2~4 遍，确保表面无轨迹和弹软现象。

排水：保持路基及周围冻土处于冻结状态，排水沟、边沟距坡角应足够远，含冰量大的冻土段，两侧不得出现积水。少冰地段为防止破坏突击热流平衡，排水沟与坡角距离应大于

2 m，对于沼泽段应大于 8 m，饱冰冻土及含土冰层段则不宜修排水沟和截水沟，宜在距坡角 6 m 外修挡水堰，将两侧汇水挡在路基范围以外，减小因水流带来的热融影响。

侧向保护：对于填高不大的多年冻土宜设置具有保湿功能的护坡道和护脚，沿线两侧 20 m 内地面植被应加以保护。

3.路堑施工

路堑施工的原则与路堤大致相同，但要额外注意以下几点：

(1)对于地下水位较高，出现渗水情况的地段，要注意施工中及时设置防渗结构，减小渗水的出现，路堑坡顶避免设置截水沟或排水沟，宜修筑挡土堰，距坡脚距离不小于 6 m。

(2)土质边坡加固铺砌厚度应满足保温层要求。如用草皮铺砌应水平叠砌，错缝嵌紧，缝隙用黏土或草皮填塞严密，连成整体，草皮要及时铺填。

(3)饱水冻土、含冰层等含水量很大的多年冻土路堑段，为防止开挖后基底冻胀翻浆，可根据设计要求换填足够厚度的渗水性土，如：中砂、砂砾等。

7.4.1.2　季节性冻融地区施工

1.路基排水

施工前应根据设计文件对翻浆地段进行现场详细调查，按水文、地质情况，做好场地排水工作。施工中要切实做好排水设施，防止地面水或地下水侵入路基，使路基土体保持干燥，从而减轻冻结时水分聚流的来源，这是预防和处理地面水类和地下水类翻浆的首要措施。施工中应提高路基，增大路基边缘与地下水或地面水间的距离，使路基上部土层保持干燥，在冻结过程中不因过分聚冰而失去稳定，是一种效果显著、简便易行、经济实用的常用措施，主要适用于取土方便的地段。在路线穿过农田地段，为了少占农田，则应与路面结构综合考虑，以确定合理的填土高度。

在有些中、重冰冻地区及粉性土地段，不能单靠提高路基保证道路的稳定性，要与其他措施配合应用。如在路堤填土高度受限制时，可在底槽做 1% ~3% 的横坡，上铺 15~30 cm 厚的砂垫层进行处理。

此外，在填筑路基时，必须选择透水性好的土质(如砂土)，采用分层铺筑、分层压实、分层检测的方法，确保路基的压实质量。

2.铺设隔离层

在路基中一定深度设置隔离层，按使用材料可分为透水性隔离层和不透水性隔离层两类。透水性隔离层一般由碎石、砾石或细砂等组成，铺在聚冰层之下，并在其上、下面反铺草皮，防止隔离层被淤塞；不透水性隔离层，可用两层油毡中间涂沥青铺成，也可在压实整平的土基上直接喷洒一层沥青或渣油，或在土基上铺筑8% ~10%的沥青土或6% ~8%的沥青砂(厚2~3 cm)，还可以在土基上直接铺塑料薄膜等。施工中严防石块或其他尖物刺透不透水隔离层。

隔离层在应用中应注意两点：

①不透水隔离层适用于不透水路面的路基中，在透水路面下只能设透水隔离层。

②在盐渍土地区的翻浆路段，隔离层深度应同时考虑防止盐胀和发生盐渍化等要求。

3.换土处理

采用水稳性好、冰冻稳定性好、强度高的粗颗粒土换填路基上部，以提高土基的强度和稳定性，这是高等级公路中常用的处理方法。

换土主要适用于因受路基标高限制,不允许提高路基,且附近有砂石材料可利用的路段及原有路基土质不良地段。

换填厚度根据地区情况、强度要求及换填材料等因素确定,一般换填40~60 cm,路基就可以基本稳定。

7.4.2 材料质量要求

填料应选用保温隔水性能均较好的细颗粒土;采用黏质土或透水性不良土填筑路堤时,要控制土的湿度,碾压时的含水量不能超过最佳含水量的2%;不得用冻土块或掺有树皮之类的土填筑路基。通过热融(湖、塘)路堤,水下部分必须用渗水良好的土填筑,并应高出最高水位0.5 m。

7.4.3 职业健康安全要求

(1)施工现场必须做好交通安全工作,设专人指挥车辆、机械。交通繁忙的路口应设立标志,并有专人指挥。夜间施工,路口及基准桩附近应设置警示灯或反光标志,专人管理灯光照明。

(2)施工机械设备应有专人负责保养、维修和看管,确保安全。施工现场的电线、电缆应尽量放在无车辆、人、畜通行的部位。各种机械操作手、电工必须持证上岗,同时加强对司机、电工的教育。

(3)现场操作人员必须按规定佩戴防护用具。机械燃料操作时,其放火应按有关规定执行。

7.4.4 环境要求

(1)各种临时设施和场地,如堆料场、材料加工场等,一般宜远离居民区(其距离不宜小于1000 m),而且应设于居民区主要风向的下风处。当无法满足时,应采取适当的防尘及消毒等措施。

(2)运输粉状材料应采用袋装或其他密封方法运输,不得散装散卸。施工运输道路,宜采取防止尘土飞扬的措施。

7.5 施工工艺

7.5.1 工艺流程

多年冻土及季节性冻融地区路基施工工艺流程详见图7-1。

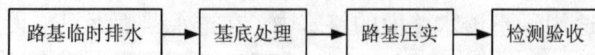

路基临时排水 → 基底处理 → 路基压实 → 检测验收

图7-1 多年冻土及季节性冻融地区路基施工工艺流程

7.5.2　操作工艺

7.5.2.1　路基临时排水

对于多年冻土地区，地表水无法下渗，容易形成地表潮湿或积水，不仅影响路基稳定，而且关系着施工质量和效率。因此，施工前必须做好排水工作。在开挖排水沟或取土坑时，必须防止由于冻土融化而产生的边坡拥塌及影响路基稳定的现象发生，一般不宜开挖过深，致使地下水露出，形成冰锥，危害路基。

对于季节性冻融地区，首先必须注意做好路基排水，保证路基填土高度和压实要求。高速公路和一级公路除考虑强度因素外，还需考虑冻胀对路基、路面的影响。由于施工过程中排水措施不好，或竣工后未能形成完整有效的排水系统，往往导致通车后不久，季节性冻融地区路面损坏。因此，如何防止路基表面水的渗入，降低地下水位，减少路基的原始含水量，切断聚冰过程中水的供给来源等都是至关重要的。

7.5.2.2　基底处理

对于多年冻土地区，当填方基底为含冰过多的细粒土，且地下冰层不厚时，可挖除并用渗水性土回填压实，再填路基。对排水困难沼泽地段应设毛细水隔离层，厚度宜在路堤沉落后至少高出水面 0.5 m，并在其上铺设反滤层。

对于季节性冻融地区，可根据公路等级、冻融程度、地带类型、当地料源采用下述方法：

（1）换填土法。

采用水稳性、冻稳性好，强度高的粗粒土换填路基上部。换填选料原则是：冻胀时路面不致产生有害变形，冻融时路床承载力不致下降，换填厚度应控制在最大冻深的 70% ~ 100%。

（2）隔离层法。

隔离层应设在聚冰层以下，地下水以上适当处，宜高出地下水 25 cm，有效厚度一般为 20 cm。为防淤泥堵塞，上下面宜设防淤层，亦可在上下面反铺草皮或土工织物防淤。隔离层材料可用碎石、砾石、粗砂、土工布等，上下面宜设 3% ~ 4% 拱度。采用何种防淤层，应视道路等级而定。不透水隔离层可选厚 3 cm 含沥青 8% ~ 10% 的沥青土或 6% ~ 8% 的沥青砂或塑料膜等。

（3）隔温层法。

设置在路基上部或路面底基层处，以延缓和减小负气温的影响程度；材料可选炉渣、碎砖，厚度一般为 20 ~ 50 cm。

（4）降低水位法。

在低于现有地下水位的两侧边沟底部设置管沟或渗沟。

（5）土工布排水法。

将过滤型土工布（也可用塑编布）直接铺在土基上，上面铺填 30 ~ 40 cm 砂砾层。

（6）改善路面结构法。

路基路面综合考虑，如设置石灰底基层、二灰砂砾基层、水泥稳定基层、砂砾垫层等可根据计算确定。

上述各法可根据具体情况采用一种或两种以上。

7.6 质量标准

7.6.1 基本要求

(1)路基填料需满足相关要求。

(2)必须采用设计或规范规定的适用土料作为路基填料,路基填料强度(CBR)应符合规范和设计要求。

(3)路基必须分层填筑压实,每层表面平整,路拱合适,排水良好。

(4)施工临时排水系统应与设计排水系统结合,勿使路基附近积水,避免冲刷边坡。

7.6.2 实测项目

实测项目详见表1-4。

7.6.3 外观鉴定

(1)路基表面平整、边坡直顺。

(2)路基边坡坡面平顺稳定,不得亏坡,曲线圆滑。

(3)取土坑、弃土堆、护坡道、碎落台的位置适当,外形整齐、美观,防止水土流失。

(4)设计植草的路段无明显缺陷。

(5)上边坡不得有松石。

7.7 成品保护

(1)路基施工中填土宽度应大于路基宽度500 mm,压实宽度应大于路基宽度,保证施工过程中标准边坡位置外侧有多余土保护。刷边坡应安排在路基施工完成后进行,刷完边坡的部位应立即进行防护或植草施工。

(2)为防止路基被雨水浸泡和边坡被雨水冲刷,路基施工中的每层表面应做成2%~4%的排水横坡,路基边缘培土埂,路基边坡应设置临时排水急流槽。临时急流槽每30~50 m一道,道路低点和桥梁两侧锥坡边缘应增设临时急流槽,方向应随着路基施工向上延伸。

(3)土方路基在雨后没有晾干以前,应采取断路措施,禁止车辆进入。

(4)已经完工的路基不应用作施工道路,施工中的重型车辆应尽量通过施工便道行驶,防止碾压路床。

7.8 安全环保措施

7.8.1 安全操作要求

(1)根据施工现场实际情况,制订出切实可行的技术安全措施,并向有关人员进行详细交底。

（2）土方施工机械操作人员应熟悉本机械操作规程，持证上岗，不得擅离岗位。严禁酒后操作机械，严禁机械带故障运转或超负荷运转。

（3）驾驶室或操作室内严禁存放易燃、易爆物品。

（4）机械设备在施工现场停放时，应选择安全的停放地点，关闭好驾驶室，拉上制动阀。坡道上停放时，要用三角木或石块抵住车轮。夜间应有人看管。

（5）在路基沿线与公路、街道、交通繁忙道路的交通路口及施工便道地面起伏较大、转弯急的地方，必须有专人警戒，设立适当的交通标志，防止交通事故。

（6）高陡边坡外开挖施工应与装运作业面相互错开，严禁上、下双重作业。

（7）路基碾压作业时，必须保证前后无人才能启动机械，并根据土质情况，按规定放边坡，派专人巡视边坡稳定情况。靠近路堤边缘作业时，应根据路堤高度留有必要的安全距离，一般不少于 500 mm。

7.8.2　环保措施

（1）路基清表后的施工垃圾应及时运到指定地点。

（2）施工产生的废水、废油等有害物质以及生活污水，不得随意排放，应集中处理以防污染水质和土壤。

（3）在距居民区较近的施工区，尽可能不在夜间进行地基处理作业，以免噪声扰民。

（4）对施工范围内的运输道路，要经常洒水保持湿润，避免扬尘。

7.9　质量记录

（1）地基处理检测记录（击实试验报告、地基密实度试验报告）。

（2）填料试验检验记录。

（3）压实度和路基弯沉检测记录。

（4）中间测量检验记录（高程、中线、宽度等）。

（5）隐蔽工程检查记录。

（6）工序质量评定表。

8 岩溶地区路基施工工艺标准

8.1 总则

8.1.1 适用范围

本标准适用于岩溶地区高速公路路基施工，其他等级公路同等地质条件可参照执行。

8.1.2 编制参考标准及规范

(1)中华人民共和国行业标准《公路路基设计规范》(JTG D30—2015)。

(2)中华人民共和国行业标准《公路土工试验规程》(JTG E40—2007)。

(3)中华人民共和国行业标准《高速公路交通安全设施设计规范》(JTG D81—2006)。

(4)中华人民共和国行业标准《高速公路交通安全设施施工技术规范》(JTG F71—2006)。

(5)中华人民共和国行业标准《公路工程质量检验评定标准》(JTG F80/1—2017)。

(6)中华人民共和国行业标准《公路排水设计规范》(JTG/T D33—2012)。

(7)中华人民共和国行业标准《公路养护技术规范》(JTJG H10—2009)。

(8)中华人民共和国行业标准《公路软土地基路堤设计与施工技术规范》(JTG/T D31-02—2013)。

(9)中华人民共和国行业标准《公路工程岩石试验规程》(JTG E41—2005)。

(10)中华人民共和国行业标准《公路工程集料试验规程》(JTG E42—2005)。

(11)中华人民共和国行业标准《公路工程施工安全技术规程》(JTG F90—2015)。

(12)中华人民共和国行业标准《公路工程名词术语》(JTJ 002—87)。

(13)北京城建集团.《路桥市政工程施工工艺标准》。

(14)杨文渊，钱绍武.《道路施工工程师手册》。

(15)宋金华.《高等级道路施工技术与管理》。

(16)刘吉士，阎洪河.《公路路基施工技术》。

(17)王书斌，杜群乐.《公路路基施工要点与质量控制》。

(18)文德云.《公路施工技术》。

(19)黄晓明，张晓冰.《公路建设质量通病分析与防治》。

(20)杨文渊，钱绍武.《公路工程质检工程师手册》。

(21)张俭.《岩溶地区的公路施工》。

8.2 术语

8.2.1 岩溶

岩溶是指可溶性岩层被水长期溶蚀而形成的各种地质现象和形态。

8.3 施工准备

8.3.1 技术准备

(1)考察岩溶地质情况,确定溶洞分布情况。

(2)认真审核施工图和设计说明书,进行图纸会审,会审记录经有关方面签认。

(3)编制实施性的施工组织设计和分项工程施工方案,开工报告已办理完毕。

(4)做好施工测量工作,其内容包括导线、中线、水准点复测,横断面检查与补测,增设水准点等。

(5)确定取土场,并对路堤填料进行复查和取样。

8.3.2 材料准备

确定路基填料处理方法及取土坑位置。

8.3.3 主要机具

(1)机械:主要有推土机、铲运机、装载机、挖掘机、平地机、自行式羊足压路机、振动压路机、自卸汽车、洒水车等。

(2)工具及检测设备:小推车、铁锹、环刀、灌砂筒、弯沉仪、靠尺、钢尺等。

8.3.4 作业条件

(1)岩溶地质情况已查明。

(2)场地已清理、平整,临时施工便道已修筑完毕,施工用水、电满足施工要求。

(3)地上及地下障碍物等已处理完毕。

(4)临时排水、防水设施已施工完毕。

8.3.5 劳动力组织

施工前必须做好施工组织设计,劳动力配置准备。

8.4 工艺设计和控制要求

8.4.1 技术要求

8.4.1.1 岩溶泉和冒水洞的处理措施

对岩溶泉水宜以疏导为主,采用因地制宜、因势利导的方法予以疏导。在路基上方的岩溶泉或冒水洞,采用截水沟截流把水引入边沟或涵洞排出路基(图8-1);对位于路基基底的岩溶泉或冒水洞,水量较大时,采用在岩溶泉上修建一道涵洞将水排出路基,且与当地农田灌溉用水相结合(图8-2)。

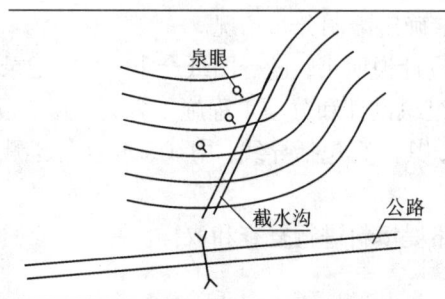

图 8-1 溶洞疏导

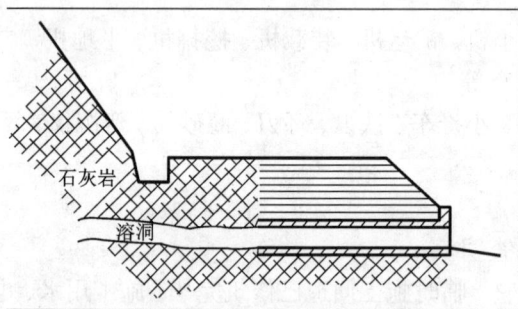

图 8-2 涵洞排溶水

8.4.1.2 落水洞和竖井的处理措施

路线跨过下接溶洞的落水洞和竖井时,不宜采用片石透水路堤跨越,应选桥涵跨越形式。桥涵跨径可根据岩溶洼地汇水面积的流量以及跨越的暗河、溶洞和落水洞等大小而定(图8-3)。

8.4.1.3 溶洞的处理措施

为了防止基底溶洞的坍塌及岩溶水的渗漏,经常采用的加固方法如下。
(1)溶洞洞径大,洞内施工条件好时可采用浆砌片石支墙、支柱及码砌石垛等加固

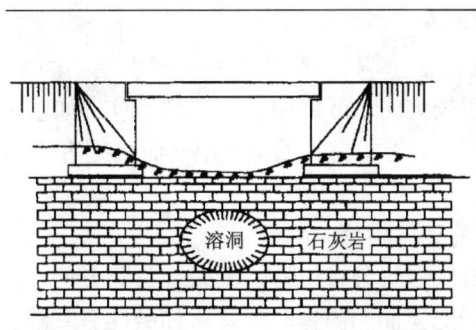

图8-3　桥梁跨越落水洞及溶洞

（图8-4）。如需保持洞内水流畅通，可在支撑工程间设置涵管排水。

（2）深而小的溶洞不便用洞内加固办法时，可采用石盖板或钢筋混凝土盖板加固。

（3）对洞径小、顶板薄或岩层破碎的溶洞，可采用爆破顶板用片石回填的办法，如溶洞较深或须保持排水者，可采用拱跨或板跨的办法。

（4）出露于路基面或构造物基底的溶洞，如需换土加固时，对较浅的可全部换填碎石或片石，对较深的可采用部分换填的办法，换填厚度根据需要而定。

（5）当岩溶内的土不会从旁边的地方被挤出，且土呈可塑或半坚硬状态时，为提高基础承载力可用搅拌桩或石灰桩加固。

（6）路堑边坡上的溶洞，如影响边坡的稳定时，洞内可用片石堵塞，洞外可用干砌片石铺砌、砂浆勾缝或浆砌片石封闭（图8-5）。如溶洞靠近边沟时，浅的溶洞可按上法堵塞封闭，深的溶洞填砌不易，可用钢筋混凝土板封闭，同时应防止边沟水的渗漏。堵塞岩溶水要慎重，水量大而集中，或具有承压性的，如果不截断水源的补给并设法排除，单纯堵水，将达不到预期效果。

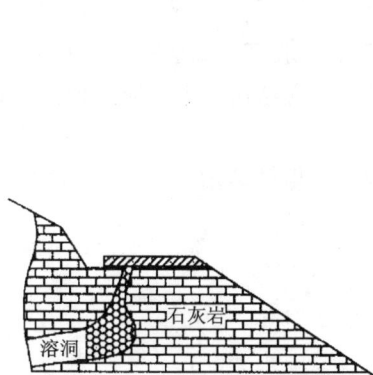

图8-4　浆砌片石加固溶洞

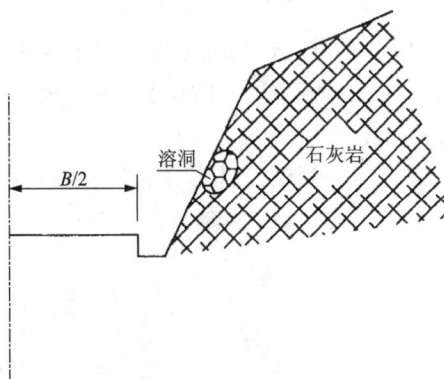

图8-5　溶洞堵塞

（7）对路基下埋深较浅的溶洞，洞顶板较厚和岩石完好而洞径又大的地段，一般可通过采取钻孔注浆治理方案。还可以采用灌砂注浆法（水泥、粉煤灰浆液）施工，为了防止凝固后体积收缩，可在砂中拌和适量的白灰，起吸水和膨胀作用。

8.4.1.4 土洞的处理措施

对路基范围内的地表塌陷(土洞)，首先应查明产生塌陷的原因，以便采取相应的措施。如基岩未出露者，土洞面积较大时，可采用黏土回填夯实；如基岩出露并见空洞洞口时，可先用大块石或混凝土堵塞洞口，再用黏土回填土洞，而且把有土洞的路段混凝土路面改为钢筋混凝土路面。

8.4.1.5 对岩溶裂隙的处理措施

根据物探报告提供的隐伏岩溶分布位置、埋深及裂隙方向，选择出一批表土层薄、裂隙较为发育的岩溶进行重点开挖验证。揭露后的基岩如破碎有裂隙，应将裂隙中的污泥碎石清除，用片石混凝土填平裂隙。如揭露后的基岩虽有裂隙但岩层完整，可不进行处理。重点开挖揭露的目的，是为了验证物探报告的准确性，确保路基的稳定，如物探报告不准确，可责令其返工重新勘测。

8.4.2 材料质量要求

满足路基填料要求。

8.4.3 职业健康安全要求

(1)施工现场必须做好交通安全工作，设专人指挥车辆、机械。交通繁忙的路口应设立标志，并有专人指挥。夜间施工，路口及基准桩附近应设置警示灯或反光标志，专人管理灯光照明。

(2)施工机械设备应有专人负责保养、维修和看管，确保安全。施工现场的电线、电缆应尽量放在无车辆、人、畜通行的部位。各种机械操作手、电工必须持证上岗，同时加强对司机、电工的教育。

(3)现场操作人员必须按规定佩戴防护用具。

8.4.4 环境要求

(1)各种临时设施和场地，如堆料场、材料加工场等，一般宜远离居民区(其距离不宜小于1000 m)，而且应设于居民区主要风向的下风处。当条件无法满足时，应采取适当的防尘及消毒等措施。

(2)运输粉状材料应采用袋装或其他密封方法运输，不得散装散卸。施工运输道路，宜采取防止尘土飞扬的措施。

8.5 施工工艺

8.5.1 工艺流程

岩溶地区路基施工工艺流程如图8-6所示。

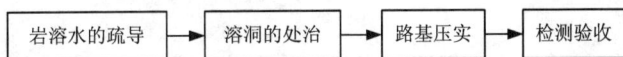

图 8 - 6 岩溶地区路基施工工艺流程

8.5.2 操作工艺

8.5.2.1 岩溶水的疏导

岩溶水文地质复杂,常与地表水文单元分区不一致,不宜盲目封填岩溶泉或冒水洞,宜因势利导将水流引排至涵洞或暗沟后排出路基,才能防止路基基底冒水、水淹、水冲等水毁,避免对基底岩体的进一步溶蚀,影响路基的长期稳定。

8.5.2.2 岩洞的处治

(1)基本原则

对影响路基稳定的溶洞,不论采用何种方法处理,在施工中均不应堵塞溶洞水的出路。

对路基基底的岩溶泉或冒水洞,不论用何种方法排出,均应保证路基最小填土高度内的土石不受浸润;当路面为高级或次高级路面时,应保证不因温差作用而使水汽上升,聚集在路面基层下。

(2)各种情况处理方法

对路基上方岩溶泉或冒水洞,可采用排水沟将水引离路基,不宜堵塞;对路基基底的岩溶或冒水洞,宜设涵洞(管)将水排除;对流量较大的暗洞及消水洞,可用桥涵跨越通过。

对路堑边坡上危及路基稳定的干溶洞,可用干砌(或浆砌)片石堵塞;对于路基基底或挡土墙基底的干溶洞,当洞口不大,深度较浅时,可采用回填夯实;对于洞口较大,深度较深的溶洞,应采用绕避或用桥(涵)跨越;当干溶洞顶板太薄或顶板较破碎时,可采用加固或将顶板炸除以桥(涵)跨越;如顶板较为完整,其厚度大于 5 m 时,可不做处理;当溶洞位于边沟附近而且较深时,可采用钢筋混凝土板封闭,并应防止边沟水渗漏到溶洞内。

为防止溶洞的沉陷或坍塌,以及处理岩溶水引起的病害,可视溶洞的具体情况分别采用内加固(如桩基加固、衬砌加固)、盖板加固、封闭加固(如锚喷加固)等方法。

对影响路基稳定的人工坑洞(如煤洞、古墓、枯井、掏砂坑、防空洞等)应查明后,参照岩溶处置方法进行处理。

8.5.2.3 路基压实

同普通路基压实。

8.5.2.4 检测验收

同普通路基检测验收。

8.6 质量标准

8.6.1 基本要求

(1)路基填料需满足路基填料要求。

（2）不得采用设计或规范规定的不适用土料作为路基填料，路基填料强度（CBR）应符合规范和设计要求。

（3）路基必须分层填筑压实，每层表面平整，路拱合适，排水良好。

（4）施工临时排水系统应与设计排水系统结合，勿使路基附近积水，避免冲刷边坡。

8.6.2　实测项目

实测标准详见表 1 - 4。

8.6.3　外观鉴定

（1）路基表面平整、边坡直顺。

（2）路基边坡坡面平顺稳定，不得亏坡，曲线圆滑。

（3）取土坑、弃土堆、护坡道、碎落台的位置适当，外形整齐、美观，防止水土流失。

（4）设计植草的路段无明显缺陷。

（5）上边坡不得有松石。

8.7　成品保护

（1）路基施工中填土宽度应大于路基宽度 500 mm，压实宽度应大于路基宽度，保证施工过程中标准边坡位置外侧有多余土保护。刷边坡应安排在路基施工完成后进行，刷完边坡的部位应立即进行防护或植草施工。

（2）为防止路基被雨水浸泡和边坡被雨水冲刷，路基施工中的每层表面应做成 2% ~ 4% 的排水横坡，路基边缘培土埂，路基边坡上应施工临时排水急流槽。临时急流槽每 30 ~ 50 m 一道，道路低点和桥梁两侧锥坡边缘应增设临时急流槽，方向应随着路基施工向上延伸。

（3）土方路基在雨后没有晾干以前，应采取断路措施，禁止车辆进入。

（4）已经完工的路基不应用作施工道路，施工中的重型车辆应尽量通过施工便道行驶，防止碾压路床。

8.8　安全环保措施

8.8.1　安全操作要求

（1）根据施工现场实际情况，制订出切实可行的技术安全措施，并向有关人员进行详细交底。

（2）土方施工机械操作人员应熟悉本机械操作规程，持证上岗，不得擅离岗位。严禁酒后操作机械，严禁机械带故障运转或超负荷运转。

（3）驾驶室或操作室内严禁存放易燃、易爆物品。

（4）机械设备在施工现场停放时，应选择安全的停放地点，关闭好驾驶室，拉上制动阀。坡道上停放时，要用三角木或石块抵住车轮。夜间应有人看管。

（5）在路基沿线与公路、街道、交通繁忙道路的交通路口及施工便道地面起伏较大、转弯急的地方，必须有专人警戒，设立适当的交通标志，防止交通事故。

（6）高陡边坡外开挖施工应与装运作业面相互错开，严禁上、下双重作业。

（7）路基碾压作业时，必须保证前后无人才能启动机械。并根据土质情况，按规定放边坡，派专人巡视边坡稳定情况。靠近路堤边缘作业时，应根据路堤高度留有必要的安全距离，一般不少于500 mm。

8.8.2 环保措施

（1）路基清表后的施工垃圾应及时运到指定地点。

（2）施工产生的废水、废油等有害物质以及生活污水，不得随意排放，应集中处理以防污染水质和土壤。

（3）在距居民区较近的施工区，尽可能不在夜间进行地基处理作业，以免噪声扰民。

（4）对施工范围内的运输道路，要经常洒水保持湿润，避免扬尘。

8.9 质量记录

（1）地基处理检测记录（击实试验报告、地基密实度试验报告）。

（2）回填材料试验检验记录。

（3）压实度和路基弯沉检测记录。

（4）中间测量检验记录（高程、中线、宽度等）。

（5）隐蔽工程检查记录。

（6）工序质量评定表。

9   滑坡、崩坍岩堆地区路基施工工艺标准

9.1   总则

9.1.1   适用范围

本标准适用于滑坡、崩坍岩堆地区高速公路路基施工，其他等级公路同等地质条件可参照执行。

9.1.2   编制参考标准及规范

（1）中华人民共和国行业标准《公路路基设计规范》（JTG D30—2015）.

（2）中华人民共和国行业标准《公路土工试验规程》（JTG E40—2007）.

（3）中华人民共和国行业标准《高速公路交通安全设施设计规范》（JTG D81—2006）.

（4）中华人民共和国行业标准《高速公路交通安全设施施工技术规范》（JTG F71—2006）.

（5）中华人民共和国行业标准《公路工程质量检验评定标准》（JTG F80/1—2017）.

（6）中华人民共和国行业标准《公路排水设计规范》（JTG/T D33—2012）.

（7）中华人民共和国行业标准《公路养护技术规范》（JTJG H10—2009）.

（8）中华人民共和国行业标准《公路软土地基路堤设计与施工技术规范》（JTG/T D31 - 02—2013）.

（9）中华人民共和国行业标准《公路工程岩石试验规程》（JTG E41—2005）.

（10）中华人民共和国行业标准《公路工程集料试验规程》（JTG E42—2005）.

（11）中华人民共和国行业标准《公路工程施工安全技术规程》（JTG F90—2015）.

（12）中华人民共和国行业标准《公路工程名词术语》（JTJ 002—87）.

（13）北京城建集团编《路桥市政工程施工工艺标准》.

（14）杨文渊，钱绍武.《道路施工工程师手册》.

（15）北京城建集团.《路桥市政工程施工工艺标准》.

（16）杨文渊，钱绍武.《道路施工工程师手册》.

（17）宋金华.《高等级道路施工技术与管理》.

（18）刘吉士，阎洪河.《公路路基施工技术》.

（19）王书斌，杜群乐.《公路路基施工要点与质量控制》.

（20）文德云.《公路施工技术》.

(21)黄晓明，张晓冰.《公路建设质量通病分析与防治》.

(22)杨文渊，钱绍武.《公路工程质检工程师手册》.

(23)刘少虎.《公路路基滑坡治理》.

9.2   术语

9.2.1   滑坡

滑坡是指斜坡上的岩体或土体在自然或人为因素的影响下沿带或面滑动的现象。

9.2.2   崩塌

崩塌是指高陡斜坡上岩体或土体在重力作用下倒塌、倾倒或坠落的现象。

9.2.3   泥石流

泥石流是指挟带大量泥沙、石块的间歇性洪流。

9.3   施工准备

9.3.1   技术准备

(1)确定滑坡、崩坍岩堆地区地基处理方法。

(2)认真审核施工图和设计说明书，进行图纸会审，会审记录经有关方面签认。

(3)编制实施性的施工组织设计和分项工程施工方案，开工报告已办理完毕。

(4)做好施工测量工作，其内容包括导线、中线、水准点复测，横断面检查与补测，增设水准点等。

(5)确定取土场，并对路堤填料进行复查和取样。

9.3.2   材料准备

准备路基填料及土工布等处理滑坡、崩坍岩堆地区的材料。

9.3.3   主要机具

(1)机械：主要有推土机、铲运机、装载机、挖掘机、平地机、自行式羊足压路机、振动压路机、自卸汽车、洒水车等。

(2)工具及检测设备：小推车、铁锹、环刀、灌砂筒、弯沉仪、靠尺、钢尺等。

9.3.4   作业条件

(1)滑坡、崩坍岩堆地质情况已查明。

(2)场地已清理、平整，临时施工便道已修筑完毕，施工用水、电满足施工要求。

(3)地上及地下障碍物等已处理完毕。

（4）临时排水、防水设施已施工完毕。

9.3.5　劳动力组织

施工前必须做好施工组织设计，劳动力配置准备。

9.4　工艺设计和控制要求

9.4.1　技术要求

滑坡地区路基施工的主要技术要求有：

9.4.1.1　清除滑坡体

对坡高小于 15 m，坡面长小于 50 m 的小型土质边坡，且其无继续向上及两侧扩展的可能时，由于挖方工作量较小，且挖除后可永久消除病害，因此可采用挖除的方法一次根治。

9.4.1.2　封闭治理

如边坡较大且已处于基本稳定状态，滑坡是由雨水引起（仅为局部发生），可采用封闭地表水为主的治理方案。

首先，在封闭前先需引出滑坡体内积水，以增加滑坡体的稳定性。对于处于较深处的积水地下水，通常采用小型地质钻机钻出水平孔，插入透水塑料管将水引出。浅层地下水可以挖截水渗沟，其垂直于水流方向布置，底面用浆砌片石砂浆抹面，沟内填砂卵石，表面浆砌片石封闭.通过渗流排出积水地下水。

其次，清理滑塌坡体，挖走含水量偏大的泥石，对大孤石先进行分解，与土方一并填入滑塌产生的张拉裂缝及滑坡形成的洼地，与原有坡面进行顺坡平整夯实，多余土石方挖走。对坡面高度大于 15 m 的，每隔 10～12 m 高差设置碎落平台，平台宽 2～4 m，以增加坡面的稳定性和应对以后可能发生的零星滑落物。

第三，在滑坡范围以外根据坡面汇水量的大小，设置一道或多道浆砌片石截水沟，并通过急流槽引入邻近排水系统。对坡面出露的泉水做专用排水沟引入排水系统，消除地表水的浸湿渗入。

第四，在夯实的平顺坡面上，采取封闭措施。土质或严重风化的坡面，采用浆砌片石或水泥砂浆抹面封闭，中等风化以下岩石坡面采用喷射混凝土封闭。同时沿坡面纵向设置排水沟，减少地表水的渗入与冲刷作用。

9.4.1.3　治理滑坡体中的地下水

若滑坡是由地下水位的变化或山体内的裂隙水引起的，则首先要根治地下水或岩层中的裂隙水，一般可采用排除深层地下水措施使地下水位降低，具体的排水措施如下：

①钻孔引水。土层和基岩均可采用这种方法，但当钻穿滑动面时，由于滑坡带在经过滑坡运动的揉挤后，十分松散，极易产生塌孔和钻井液漏失。同时对于倾角不同的岩层，还会遇到钻头顶层进或顺层跑，改变钻孔方向致使钻具无法提出。因此施工中要采取适宜的钻井液护壁，并不断校正钻进方向。

②集水井。当地下水存在于连续的地质储水构造中时，我们可在滑坡区外较低注的位置布置集水井，用于集中汇集基岩面附近的地下水。其具有施工安全、布置灵活的优点，集水

井直径一般为 2 m，深度以穿透所需降低水位的地下水层为止。集水井壁上打辐射状的短水平钻孔，使附近的地下水汇集于水井中，辐射水平孔可布设 2~3 层，它不仅可排除深层地下水，亦可排除浅层地下水，然后由泵将水抽出，即可有效地降低地下水位，消除裂隙水的渗流。

9.4.1.4 坡顶卸载与坡脚反压

1. 坡顶卸载

对由边坡上部自身失稳引起的滑坡，我们对坡顶采取挖方卸载就能起到根治的作用。挖方卸载的坡度要根据地质勘查所得到的地层物理力学性质资料确定，较为稳定的可采用 1:1.5，稳定性差的可采用 1:2.5，在卸载完成后要根据暴露坡面地质情况采取排水、防水、加固等综合防护措施，以防造成新的滑坡。

2. 坡脚反压

如滑坡的坡脚处于抗滑段或滑坡体以外，就可在坡脚位置做各种挡墙，墙后将滑坡产生的土石填入，随着回填量的增大，回填物就能具有平衡坡体下滑力的作用，增加坡体的稳定性。但在填方时，在挡土墙后要设置砂石反滤层，挡土墙每 2 m 设置泄水孔，以保证排水畅通。常用的支挡结构有浆砌片石挡墙、钢筋混凝土桩板墙。

9.4.1.5 抗滑桩

对滑移面上下均为较稳定的岩石地层，抗滑桩可以穿过滑坡体在滑坡床的一定深度处锚固，抵抗滑坡推力。在滑坡推力大、滑动面深的情况下，根据地质勘查情况在滑坡体中最有利于抗滑的部位设置抗滑桩，较其他抗滑工程经济、有效，是治理此类滑坡的较好的施工方案。

1. 抗滑桩施工方案优点

(1)抗滑能力大，工程量较小，可单独使用，也能与其他建筑物配合作用。分排设置时，可将巨大的滑体切割成若干分散的单元体，对滑坡起到分而治之的功效。

(2)施工方便，设备简单，具有工程进度快、施工质量好、施工安全的优点。施工时可间隔开挖，不致引起滑坡条件的恶化。因此，对整治已通车路线的滑坡和处在缓慢滑动的滑坡特别有利。

(3)开挖桩孔能校核地下地质情况，检验和修改原有的设计，使其更符合工程实际。

2. 抗滑桩施工要点

施工前在桩背侧做挡土板临时支撑，以防坡面碎落物滚下伤及作业人员。挖孔桩采用钢筋混凝土护壁，在保证内净截面尺寸的同时，外部做成倒锥形，可以有效阻止开挖爆破引起护壁在强烈震动中下滑失效。开挖过程中要注意地质情况变化，保证锚固端处在稳定基岩中。对地下水和有害气体要有足够重视，遇有紧急情况首先要保证作业人员的安全。

由于滑坡推力较大，抗滑桩的截面尺寸一般较大，为 1.5~3 m。桩位平面布置可采用分排间隔设桩或与轻型抗滑挡土墙结合的形式，以分散滑坡推力，减小每级抗滑建筑物的圬工体积。

抗滑桩的设计主要解决桩群的平面布置、桩的锚固深度以及桩的截面形状与强度，这些参数可根据施工中发现的地质情况变化及时申报并予以调整。当作业面存在不稳定因素时，避免采用人工挖孔桩，应采用钻孔桩。

9.4.1.6　挡墙

挡墙是边坡防护与治理中广泛应用的一种构筑物，较多为重力式抗滑挡土墙、锚杆挡土墙，它可以作为单独抗滑结构物，也可以与其他治滑措施结合使用。

1. 重力式抗滑挡墙

在采用重力式挡墙前必须清楚滑坡的性质、滑体结构、滑面层位、层数、滑体的推力及基础的地质情况，否则，易使墙体变形而失效。抗滑挡墙与一般挡墙的主要区别在于：抗滑挡墙的平面布置是根据滑坡范围、推力大小，滑移面位置以及挡墙基础的地质条件等因素确定。其结构尺寸随土压力大小、方向、分布和作用点的不同而不同。

2. 平面位置布置

(1) 对于中小型滑坡，一般将抗滑挡墙布设在锁口处。锁口以下部分另做处理。

(2) 当滑坡中、下部有稳定岩层锁口时，可将抗滑挡墙布设在锁口处。锁口以下部分另做处理。

(3) 滑动面出口在路基面附近，滑坡前缘距路缘有一定的距离时，应尽可能将抗滑挡墙靠近路线，墙后填土加载，增强抗滑力。

(4) 当滑面出口在路堑边坡上时，可按滑床情况决定布设抗滑挡墙的位置；若滑床为完整岩层可采用上挡下护办法；若滑床为不宜设置基础的破碎岩层，可将基础置于坡脚以下，稳定地层内。

(5) 对于多级滑坡，可分级支挡。由于滑坡推力较大，作用点高，因此抗滑挡墙一般具有胸坡缓、外形矮胖的特点。其胸坡常用(1:0.3) ~ (1:0.5)，甚至(1:0.75) ~ (1:1)。抗滑挡墙的基础须埋入完整岩层内不小于 0.5 m，或者埋入稳定坚实的土层内不小于 2 m，并置于可能向下发展的滑移面下方，即应考虑到设置抗滑挡墙后由于滑体受阻，滑移面可能向下延伸。挡墙的合理高度应控制墙后滑体不致沿墙顶滑出。

3. 锚杆挡土墙

目前主要采用柱板式锚杆挡土墙整治滑坡。柱板式锚杆挡土墙由预制(或就地灌注)的钢筋混凝土立柱、槽形挡土板，与钢锚杆(或钢筋束、钢丝束等)联合组成。滑坡推力作用在挡板上，由挡板传给立柱，再由立柱传给锚杆，由锚杆的锚固段所产生的抗拔力来维持结构和墙后岩体的稳定。锚杆挡土墙在石质陡边坡或隧道洞口边坡较为适用，并可根据边坡高度和抗滑要求设计多级锚杆挡土墙。

9.4.1.7　锚杆或锚索加固

对于倾斜岩层的顺层滑动，如果下部岩层具有良好的完整性和强度，就可采用锚杆或锚索方式治理表层岩石下滑。一般锚固层较浅时采用锚杆，较深时采用锚索进行加固。

锚杆加固是采用风动凿岩机垂直岩层钻孔，填入黏结剂，打入锚杆。利用锚杆的抗拔力和抗剪力来阻止表层岩石的下滑。锚杆可采用直径 20 mm 以上螺纹钢，也可采用型钢，锚杆设置密度根据岩层的完整性、抗滑力要求通过计算确定。

垂直于坡面钻孔至稳定锚固地层，一般孔深在 10 m 以上，分为自由段和锚固段，在锚固段需采用扩孔钻头扩孔，插入高强钢绞线。在锚固段压入水泥浆，自由段与锚固段长度一般为 1:1 且不小 5 m。在孔外浇筑钢筋混凝土锚墩或锚梁、锚碇板，待锚索的注浆强度达到设计强度时，将其与孔外钢筋混凝土构造物连接进行张拉，利用自由段的变形产生预应力拉紧外部钢筋混凝土构件，产生主动土压力，抵抗岩层下滑力和增加岩层间的摩擦力，最终使岩层稳定。施工时要注意锚索、锚头的防腐,目前一般采用涂防腐漆外套防腐塑料套的方法。

9.4.2 材料质量要求

材料质量应满足路基填料要求。

9.4.3 职业健康安全要求

(1)施工现场必须做好交通安全工作,设专人指挥车辆、机械。交通繁忙的路口应设立标志,并有专人指挥。夜间施工,路口及基准桩附近应设置警示灯或反光标志,专人管理灯光照明。

(2)施工机械设备应有专人负责保养、维修和看管,确保安全。施工现场的电线、电缆应尽量放在无车辆、人、畜通行的部位。各种机械操作手、电工必须持证上岗,同时加强对司机、电工的教育。

(3)现场操作人员必须按规定佩戴防护用具。

9.4.4 环境要求

(1)各种临时设施和场地,如堆料场、材料加工场等,一般宜远离居民区(其距离不宜小于 1000 m),而且应设于居民区主要风向的下风处。当无法满足时,应采取适当的防尘及消毒等措施。

(2)粉状材料应采用袋装或其他密封方法运输,不得散装散卸。施工运输道路,宜采取防止尘土飞扬的措施。

9.5 施工工艺

9.5.1 工艺流程

滑坡、崩坍岩堆地区路基施工工艺流程如图 9-1 所示。

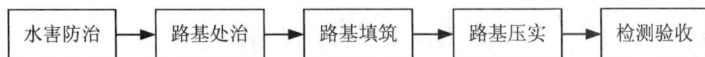

水害防治 → 路基处治 → 路基填筑 → 路基压实 → 检测验收

图 9-1 滑坡、崩坍岩堆地区路基施工工艺流程

9.5.2 操作工艺

9.5.2.1 水害防治

对于滑坡地段,在滑动面 5 m 以外开挖截水沟引排坡面水,截水沟应浆砌。补填夯实坡顶坡面,修建坡面树枝形和相互平行的渗水沟和支撑渗沟,防止表面水渗流入滑动土体,筑铺渗沟、暗沟,截断、引排滑动土体内的地下水和土层滞水,防止其软化成滑动土体。

对于坍塌、岩堆地段,应使地面水及时得到排除,保持基底干燥,同时应处理好渗入水及地下水。

9.5.2.2　路基处治

1. 坍塌地段路基

对于原自然坡面、岩石裂缝较多，岩体破碎严重的挖方边坡坡面以及易受水蚀、风化崩坍的坡面，宜采用喷射水泥砂浆稳定，水泥砂浆厚度在 5～10 cm，气候恶劣地带应在 10 cm 以上。对于高而陡峻的坡面应镶嵌 $\phi2～6@100 \text{ mm} \times 200 \text{ mm}$ 的铁丝挂网，每平米固定 1～2 处，再喷射水泥砂浆稳定，也可用 30 cm 厚浆砌片石封面，每 2 m² 封面应设置一泄水孔。对岩缝较大、节理太过发育的易坍塌岩块，宜用混凝土块、片块石浆砌铺筑处理，厚度在 30～40 mm 以上。

2. 岩堆路基

先清除有塌落危险的危岩，再实施相应的加固防护措施。对较稳定岩堆应设置坡面护墙或挡土墙，并设泄水孔维护岩堆稳定。岩堆路基开挖应尽可能维护原边坡率，避免采用大、中爆破，防止扰动岩体而引起岩体滑移。对于稳定性较差的岩堆路基，应先筑护脚挡墙稳定岩堆脚，再用水泥砂浆分段注入岩体并留出泄水孔；对于较高边坡，应分级筑成台阶边坡，并注浆护面或砌筑护面墙维护岩堆稳定。

3. 滑坡地段

斜坡土体受水侵蚀后强度降低，在重力作用下沿土体内软弱面或软弱带整体下滑形成滑坡。水是形成滑坡体的主要成因，特殊的地形地貌(如圈椅谷坡、河谷坡地、积水坡体、鼻形斜坡、凹岸突蚀)和岩土结构(如页岩、泥岩、泥灰岩、滑石片岩、黏性土、黄土及各种遇水软化岩土)是形成滑坡的基本前提。在未处理滑坡体上加载，如停放施工机械、弃土堆料、修筑路堤等，会加速滑坡的发育。滑坡的防治措施主要是在保证土体无进一步水害基础上，对有滑坡可能、滑动面在发育之中或滑坡尚不严重的土体，采用自上而下刷方减重，修建挡土墙、预应力锚索、钢筋混凝土锚固桩和打入桩，阻止滑坡的进一步发展。墙身基础、桩身、锚索须嵌入滑动面以下可靠深度或硬岩层上。抗滑挡墙墙基和滑坡坡脚支撑工程基础开挖应采用分段跳槽法施工，并应随挖、随填、随铺砌。填方路段发生的滑坡还可以采用反压土方护道，压重平衡滑动土体；沿河路基的滑坡则应通过修建水流调治构造物，如导流堤坝、防洪挡墙，并置基础于冲刷线和滑动面以下可靠深度或硬岩体，阻止滑坡的发生。经处理的滑坡体尚需在路基施工期间监测，确保施工安全和路基稳定。

9.6　质量标准

9.6.1　基本要求

(1)路基填料需满足路基填料要求。

(2)必须采用设计或规范规定的适用土料作为路基填料，路基填料强度(CBR)应符合规范和设计要求。

(3)路基必须分层填筑压实，每层表面平整，路拱合适，排水良好。

(4)施工临时排水系统应与设计排水系统结合，勿使路基附近积水，避免冲刷边坡。

9.6.2　实测项目

实测项目详见表 1-4。

9.6.3 外观鉴定

(1)路基表面平整、边坡直顺。

(2)路基边坡坡面平顺稳定，不得亏坡，曲线圆滑。

(3)取土坑、弃土堆、护坡道、碎落台的位置适当，防止水土流失，外形整齐、美观。

(4)设计植草的路段无明显缺陷。

(5)上边坡不得有松石。

9.7 成品保护

(1)路基施工中填土宽度应大于路基宽度500 mm，压实宽度应大于路基宽度，保证施工过程中标准边坡位置外侧有多余土保护。刷边坡应安排在路基施工完成后进行，刷完边坡的部位应立即进行防护或植草施工。

(2)为防止路基被雨水浸泡和边坡被雨水冲刷，路基施工中的每层表面应做成2%～4%的排水横坡，路基边缘培土埂，路基边坡上应施工临时排水急流槽。临时排水急流槽每30～50 m一道，道路低点和桥梁两侧锥坡边缘应增设临时急流槽，方向应随着路基施工向上延伸。

(3)土方路基在雨后没有晾干以前，应采取断路措施，禁止车辆进入。

(4)已经完工的路基不应用作施工道路，施工中的重型车辆应尽量通过施工便道行驶，防止碾压路床。

9.8 安全环保措施

9.8.1 安全操作要求

(1)根据施工现场实际情况，制订出切实可行的技术安全措施，并向有关人员进行详细交底。

(2)土方施工机械操作人员应熟悉本机械操作规程，持证上岗，不得擅离岗位。严禁酒后操作机械，严禁机械带故障运转或超负荷运转。

(3)驾驶室或操作室内严禁存放易燃、易爆物品。

(4)机械设备在施工现场停放时，应选择安全的停放地点，关闭好驾驶室，拉上制动阀。机械设备在坡道上停放时，要用三角木或石块抵住车轮。夜间应有人看管。

(5)路基沿线与公路、街道、交通繁忙道路的交通路口及施工便道地面起伏较大、转弯急的地方，必须有专人警戒，并设立适当的交通标志，防止交通事故。

(6)高陡边坡外开挖施工应与装运作业面相互错开，严禁上、下双重作业。

(7)路基碾压作业时，必须保证前后无人才能起动机械。并根据土质情况，按规定放边坡，派专人巡视边坡稳定情况。靠近路堤边缘作业时，应根据路堤高度留有必要的安全距离，一般不少于500 mm。

9.8.2 环保措施

(1)路基清表后的施工垃圾应及时运到指定地点。

(2)施工产生的废水、废油等有害物质以及生活污水,不得随意排放,应集中处理以防污染水质和土壤。

(3)在距居民区较近的施工区,尽可能不在夜间进行地基处理作业,以免噪声扰民。

(4)对施工范围内的运输道路,要经常洒水保持湿润,避免扬尘。

9.9 质量记录

(1)地基处理检测记录(击实试验报告、地基密实度试验报告)。

(2)回填材料试验检验记录。

(3)压实度和路基弯沉检测记录。

(4)中间测量检验记录(高程、中线、宽度等〉。

(5)隐蔽工程检查记录。

(6)工序质量评定表。

10　膨胀土地区路基施工工艺标准

10.1　总则

10.1.1　适用范围

本标准适用于膨胀土地区高速公路路基施工，其他等级公路同等地质条件可参照执行。

10.1.2　编制参考标准及规范

(1)中华人民共和国行业标准《公路路基设计规范》(JTG D30—2015).

(2)中华人民共和国行业标准《公路土工试验规程》(JTG E40—2007).

(3)中华人民共和国行业标准《高速公路交通安全设施设计规范》(JTG D81—2006).

(4)中华人民共和国行业标准《高速公路交通安全设施施工技术规范》(JTG F71—2006).

(5)中华人民共和国行业标准《公路工程质量检验评定标准》(JTG F80/1—2017).

(6)中华人民共和国行业标准《公路排水设计规范》(JTG/T D33—2012).

(7)中华人民共和国行业标准《公路养护技术规范》(JTJG H10—2009).

(8)中华人民共和国行业标准《公路软土地基路堤设计与施工技术规范》(JTG/T D31 – 02—2013).

(9)中华人民共和国行业标准《公路工程岩石试验规程》(JTG E41—2005).

(10)中华人民共和国行业标准《公路工程集料试验规程》(JTG E42—2005).

(11)中华人民共和国行业标准《公路工程施工安全技术规程》(JTG F90—2015).

(12)中华人民共和国行业标准《公路工程名词术语》(JTJ 002—87).

(13)北京城建集团.《路桥市政工程施工工艺标准》.

(14)杨文渊，钱绍武.《道路施工工程师手册》.

(15)宋金华.《高等级道路施工技术与管理》.

(16)刘吉士，阎洪河.《公路路基施工技术》.

(17)王书斌，杜群乐.《公路路基施工要点与质量控制》.

(18)文德云.《公路施工技术》.

(19)黄晓明，张晓冰.《公路建设质量通病分析与防治》.

(20)杨文渊，钱绍武.《公路工程质检工程师手册》.

10.2 术语

10.2.1 膨胀土

膨胀土是指含亲水性矿物并具有明显的吸水膨胀与失水收缩特性的高液限黏土。

10.3 施工准备

10.3.1 技术准备

(1)认真审核施工图和设计说明书,并进行图纸会审,会审记录经有关方面签认。

(2)编制实施性的施工组织设计和分项工程施工方案,开工报告已办理完毕。

(3)做好施工测量工作,其内容包括导线、中线、水准点复测,横断面检查与补测,水准点增设等。

10.3.2 材料准备

强性膨胀土稳定性差,难以捣碎压实,不得作为路堤填料;中性膨胀土经过加工,改良处理后可用作填料;弱性膨胀土可作为一般土使用。

10.3.3 主要机具

(1)机械:主要有推土机、铲运机、装载机、挖掘机、平地机、自行式羊足压路机、振动压路机、自卸汽车、洒水车等。

(2)工具及检测设备:小推车、铁锹,环刀、灌砂筒、弯沉仪、靠尺、钢尺等。

10.3.4 作业条件

(1)膨胀土处理方法已确定。

(2)场地已清理、平整,临时施工便道已修筑完毕,施工用水、电满足施工要求。

(3)地上及地下障碍物已处理完毕。

(4)临时排水、防水设施已施工完毕。

10.3.5 劳动力组织

施工前必须做好施工组织设计,劳动力配置准备。

10.4 工艺设计和控制要求

10.4.1 技术要求

膨胀土按黏土矿物分类,可以分为两大类:一类以蒙脱石为主,另一类以伊利土和高岭土为主。蒙脱石黏土在含水量增加时出现膨胀，而伊利土和高岭土则发生有限的膨胀。膨胀土施工主要技术要求如下所述。

10.4.1.1　含水量

膨胀土具有很高的膨胀潜势，膨胀程度与它含水量的大小及变化有关。如果其含水量保持不变，则不会有体积变化。在工程施工中，建造在含水量保持不变的黏土上的构造物不会遭受由膨胀而引起的破坏。当黏土的含水量发生变化，就会立即产生垂直和水平两个方向的体积膨胀。含水量的轻微变化，仅1%~2%的变化量就足以引起有害的膨胀。一般来讲，含水量很低黏土表示有危险。这类黏土能吸收很多的水，导致结构物发生破坏性膨胀。反之，比较潮湿的黏土，由于大部分膨胀已经完成，进一步膨胀将不会很大。但应注意的是，潮湿的黏土，在水位下降或其他的条件变化时，可能变干，表现出来的收缩性也不可低估。

10.4.1.2　干容重

黏土的干容重与其天然含水量是息息相关的，干容重是膨胀土的另一重要指标。$\gamma = 18 \text{ kN/m}^3$的黏土，通常显示很高的膨胀潜势。

10.4.1.3　力学性质

在工程地质中，黏土的膨胀现象很普遍，我们通过土工实验，得出黏土的力学指标，以供土质力学上的计算。通常对膨胀土的力学分析，主要是对其膨胀潜势和膨胀压力的研究后得出的。

1.膨胀潜势

膨胀潜势是指在室内按 AASHO 标准压密实验，把试样在最佳含水量时压密到最大容重后，使有侧限的试样在一定的附加荷载下，浸水后测定的膨胀百分率。膨胀潜势可以用来预测结构物的最大潜在膨胀量。膨胀量的大小主要取决于环境条件，如润湿程度、持续时间和水分的转移方式等。因此，在工程施工中，改造膨胀土周围的环境条件，是解决膨胀土工程问题的一个重要研究点。

2.膨胀力

膨胀力，也就是膨胀压力。通俗地讲，就是试样膨胀到最大限度以后，再加荷载直到其回复到初始体积为止所需的压力。对某种给定的黏土来说，其膨胀压力是常数，它仅随干容重而变化。因此，膨胀力可以方便的用作衡量黏土的膨胀特性的一种尺度。对于未扰动的黏土来讲，干容重是土的原位特征。所以在原位干容重时土的膨胀压力可以直接用来论述膨胀特性。

10.4.1.4　土工实验

膨胀土是影响道路及其他构造物建设的一种特殊土质，在实际工程中，其破坏力是巨大的。解决膨胀土的问题，应着重从影响其力学性质变化的内在因素和外在因素上考虑，从而通过改变土的力学性质达到处理的目的。

10.4.2　材料质量要求

当用弱膨胀土作为填料直接填筑时，除满足一般路基填筑要求外，还应符合下列规定：

(1)液限为40%~70%、塑性指数为18~26。

(2)采用湿土法制作试件，试件的 CBR 值满足表1-2的规定。

(3)不得作为二级及二级以上公路路床、零填及挖方路基0~0.80 m范围内的填料；不得作为三、四级公路上路床、零填及挖方路基 0~0.30 m 范围内的填料。

(4)压实质量应采用表 10-1 的压实度标准。

表 10-1　弱膨胀土压实度标准

填筑部位		路床顶面以下深度/m	压实度/%		
			高速公路、一级公路	二级公路	三、四级公路
路堤	下路床	0.30~0.80	—	—	≥94
	上路堤	0.80~1.50	≥94	≥94	≥93
	下路堤	>1.50	≥94	≥94	≥93
零填及挖方路基		0.30~0.80	—	—	≥93

注：压实度 $=\rho/\rho_{max}$，ρ 为压实后实测干密度，$\rho_{max}=\dfrac{G\cdot S_r}{S_r+G\cdot w}$（式中 G：土粒比重；S_r：饱和度，取 100%；w：压实后实测干密度土样的含水量）。

10.4.3　职业健康安全要求

(1)施工现场必须做好交通安全工作，设专人指挥车辆、机械。交通繁忙的路口应设立标志，并有专人指挥。夜间施工，路口及基准桩附近应设置警示灯或反光标志，专人管理灯光照明。

(2)施工机械设备应有专人负责保养、维修和看管，确保安全。施工现场的电线、电缆应尽量放在无车辆、人、畜通行的部位。各种机械操作手、电工必须持证上岗，同时加强对司机、电工的教育。

(3)现场操作人员必须按规定佩戴防护用具。机械燃料操作时，其放火应按有关规定执行。

10.4.4　环境要求

(1)各种临时设施和场地，如堆料场、材料加工场等，一般宜远离居民区（其距离不宜小于 1000 m），而且应设于居民区主要风向的下风处。当条件无法满足时，应采取适当的防尘及消毒措施。

(2)粉状材料应采用袋装或其他密封方法运输，不得散装散卸。施工运输道路，宜采取防止尘土飞扬的措施。

10.5　施工工艺

10.5.1　工艺流程

膨胀土地区路基施工工艺流程如图 10-1 所示。

施工准备 → 基底处理 → 路基压实 → 检测验收

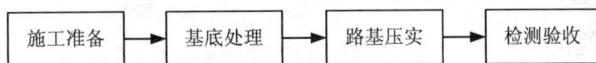

图 10 - 1　膨胀土地区路基施工工艺流程

10.5.2　操作工艺

10.5.2.1　施工准备

膨胀土路基施工应避免在雨季施工，并应加强现场排水，以保证地基和已填筑的土方工程不被水浸泡。

膨胀土路基开挖后，各道工序必须紧密衔接，连续作业，分段完成。路基填筑后，其边坡防护等不能间隔过久或越冬再做路面等以免边坡长期暴露。

10.5.2.2　基底处理

(1)对于高速公路和一级公路，应采取下列措施：

填高不足 1 m 的路堤，必须挖去地表 30 ~ 60 cm 的膨胀土，换填非膨胀土，并按要求压实。

地表为过湿土时，必须挖去湿软土层，换填碎、砾石土，砂砾或挖方坚硬岩石碎渣，也可将土翻开掺适量石灰并按规定压实。

一般不宜用膨胀土作填料填筑路堤，限于条件，只能用膨胀土填筑时，必须经过处理，使膨胀土满足填料要求，路堤填成后应立即做浆砌护坡封闭边坡。

用膨胀土填筑路堤，填至离路基面 1 m 时应停止填筑，待至路面前再用非膨胀土填至路面设计标高，并严格按要求压实。

膨胀土路堤施工前，应按规定选择试验路段。

(2)对于膨胀性大而又缺乏非膨胀土的路堤，亦可用土工膜封闭法，封闭形式有三种：

①路基底部封闭，以防止毛细水上升而影响路基稳定。

②路基全封闭，以保持路基土含水量不变。

③路基顶面封闭，以防降水渗入路基。

10.5.2.3　路基压实

膨胀土路基压实宜采用重型压路机在最佳含水量条件下碾压，要求压实度达到轻型击实标准的100%。

10.6　质量标准

10.6.1　基本要求

(1)路基填料需满足路基填料要求。

(2)必须采用设计或规范规定的适用土料作为路基填料，路基填料强度(CBR)应符合规范和设计要求。

(3)路基必须分层填筑压实，每层表面平整，路拱合适，排水性能良好。

（4）施工临时排水系统应与设计排水系统结合，勿使路基附近积水，避免冲刷边坡。

10.6.2　实测项目

实测项目详见表1-4。

10.6.3　外观鉴定

（1）路基表面平整、边坡直顺。
（2）路基边坡坡面平顺稳定，不得亏坡，曲线圆滑。
（3）取土坑、弃土堆、护坡道、碎落台的位置适当，外形整齐、美观，防止水土流失。
（4）设计植草的路段无明显缺陷。
（5）上边坡不得有松石。

10.7　成品保护

（1）路基施工中填土宽度应大于路基宽度500 mm，压实宽度应大于路基宽度，保证施工过程中标准边坡位置外侧有多余土保护。刷边坡应安排在路基施工完成后进行，刷完边坡的部位应立即进行防护或植草施工。

（2）为防止路基被雨水浸泡和边坡被雨水冲刷，路基施工中的每层表面应做成2%～4%的排水横坡，路基边缘培土埝，路基边坡上应施工临时排水急流槽。临时排水急流槽每30～50 m一道，道路低点和桥梁两侧锥坡边缘应增设临时急流槽，方向应随着路基施工向上延伸。

（3）土方路基在雨后没有晾干以前，应采取断路措施，禁止车辆进入。

（4）已经完工的路基不应用作施工道路，施工中的重型车辆应尽量通过施工便道行驶，防止碾压路床。

10.8　安全环保措施

10.8.1　安全操作要求

（1）根据施工现场实际情况，制订出切实可行的技术安全措施，并向有关人员进行详细交底。

（2）土方施工机械操作人员应熟悉本机械操作规程，持证上岗，不得擅离岗位。严禁酒后操作机械，严禁机械带故障运转或超负荷运转。

（3）驾驶室或操作室内严禁存放易燃、易爆物品。

（4）机械设备在施工现场停放时，应选择安全的停放地点，关闭好驾驶室，拉上制动阀，在坡道上停放时，要用三角木或石块抵住车轮。夜间应有人看管。

（5）在路基沿线与公路、街道、交通繁忙道路的交通路口及施工便道地面起伏较大、转弯急的地方，必须有专人警戒，并设立适当的交通标志，防止交通事故。

（6）高陡边坡外开挖施工应与装运作业面相互错开，严禁上、下双重作业。

（7）路基碾压作业时，必须保证前后无人才能启动机械。并根据土质情况，按规定放边坡，派专人巡视边坡稳定情况。靠近路堤边缘作业时，应根据路堤高度留有必要的安全距离，一般不少于 500 mm。

10.8.2　环保措施

（1）路基清表后的施工垃圾应及时运到指定地点。

（2）施工产生的废水、废油等有害物质以及生活污水，不得随意排放，应集中处理以防污染水质和土壤。

（3）在距居民区较近的施工区，尽可能不在夜间进行地基处理作业，以免噪声扰民。

（4）对施工范围内的运输道路，要经常洒水保持湿润，避免扬尘。

10.9　质量记录

（1）地基处理检测记录（击实试验报告、地基密实度试验报告）。

（2）回填材料试验检验记录。

（3）压实度和路基弯沉检测记录。

（4）中间测量检验记录（高程、中线、宽度等）。

（5）隐蔽工程检查记录。

（6）工序质量评定表。

11 红砂岩地区路基施工工艺标准

11.1 总则

11.1.1 适用范围

本标准适用于高速公路红砂岩填筑路基施工，其他等级公路同等地质条件可参照执行。

11.1.2 编制参考标准及规范

（1）中华人民共和国行业标准《公路路基设计规范》（JTG D30—2015）.

（2）中华人民共和国行业标准《公路土工试验规程》（JTG E40—2007）.

（3）中华人民共和国行业标准《高速公路交通安全设施设计规范》（JTG D81—2006）.

（4）中华人民共和国行业标准《高速公路交通安全设施施工技术规范》（JTG F71—2006）.

（5）中华人民共和国行业标准《公路工程质量检验评定标准》（JTG F80/1—2017）.

（6）中华人民共和国行业标准《公路排水设计规范》（JTG/T D33—2012）.

（7）中华人民共和国行业标准《公路养护技术规范》（JTJG H10—2009）.

（8）中华人民共和国行业标准《公路软土地基路堤设计与施工技术规范》（JTG/T D31 - 02—2013）.

（9）中华人民共和国行业标准《公路工程岩石试验规程》（JTG E41—2005）.

（10）中华人民共和国行业标准《公路工程集料试验规程》（JTG E42—2005）.

（11）中华人民共和国行业标准《公路工程施工安全技术规程》（JTG F90—2015）.

（12）中华人民共和国行业标准《公路工程名词术语》（JTJ 002—87）.

（13）北京城建集团.《路桥市政工程施工工艺标准》.

（14）杨文渊，钱绍武.《道路施工工程师手册》.

（15）宋金华.《高等级道路施工技术与管理》.

（16）刘吉士，阎洪河.《公路路基施工技术》.

（17）王书斌，杜群乐.《公路路基施工要点与质量控制》.

（18）文德云.《公路施工技术》.

（19）黄晓明，张晓冰.《公路建设质量通病分析与防治》.

（20）杨文渊，钱绍武.《公路工程质检工程师手册》.

11.2 术语

11.2.1 红砂岩

红砂岩是指富含铁的氧化物而呈红色、深红色或褐色，开挖后，随着时间的推移，在大气、阳光特别是雨水的作用下易崩解的泥岩、砂质泥岩、泥质砂岩、砂岩及页岩等沉积岩类的岩石。

11.3 施工准备

11.3.1 技术准备

(1)确定红砂岩分类及处理方法。

(2)认真审核施工图和设计说明书，进行图纸会审，会审记录经有关方面签认。

(3)编制实施性的施工组织设计和分项工程施工方案，开工报告已办理完毕。

(4)做好施工测量工作，其内容包括导线、中线、水准点复测，横断面检查与补测，水准点增设等。

11.3.2 材料准备

红砂岩作填料时，填筑前需经过处理，满足路基填料要求。

11.3.3 主要机具

(1)机械：主要有推土机、铲运机、装载机、挖掘机、平地机、自行式羊足压路机、振动压路机、自卸汽车、洒水车等。

(2)工具及检测设备：小推车、铁锹、环刀、灌砂筒、弯沉仪、靠尺、钢尺等。

11.3.4 作业条件

(1)红砂岩处理方法已确定。

(2)场地已清理、平整，临时施工便道已修筑完毕，施工用水、电满足施工要求。

(3)地上及地下障碍物等已处理完毕。

(4)临时排水、防水设施已施工完毕。

11.3.5 劳动力组织

施工前必须做好施工组织设计，劳动力配置准备。

11.4　工艺设计和控制要求

11.4.1　技术要求

11.4.1.1　红砂岩的特性

从结构上，红砂岩可分为粉状碎屑结构和泥状结构两类。泥状结构的红砂岩含黏土矿物高岭石、蒙脱石及伊利石等较多，由于蒙脱石和伊利石的亲水性较强，导致此类红砂岩在大气环境或干湿循环作用下，岩块易崩解碎裂，颗粒软化，强度降低，成为一种不良的路基填料。

11.4.1.2　红砂岩的工程分类

从工程使用上，红砂岩按其崩解性分为三类，即红砂岩在烘干后浸水 24 h 崩解成泥状、渣状或粒状者，称为一类岩；崩解成块状者，称为二类岩；不崩解者，称为三类岩。

三类红砂岩由于它的不崩解性，在工程中与普通岩石一样使用，不做任何处理。一、二类红砂岩由于它的崩解性，不能直接用于高速公路路基填筑，必须经过处治后才能使用。

以下所指的红砂岩均为一、二类红砂岩。

11.4.1.3　红砂岩的处治原则

1.路堤施工

一、二类红砂岩经过干湿循环的过程，发生崩解软化，变为一种介于粉性黏土与粉土之间的土粒，即红砂土。红砂土各项路用性能指标均能满足高速公路填料的要求，因此，由红砂岩形成的红砂土可以用作高速公路的路基填料。

红砂岩填筑路堤的处治原则是充分利用红砂岩的崩解性能，采取有效措施促使红砂岩变成红砂土。

2.路堑施工

红砂岩的崩解过程为物理变化，通过施工工艺即可达到红砂岩变为红砂土的目的。该施工工艺核心为：预崩解→耙压→碾压。

（1）预崩解是指将用作路基填料的红砂岩在填筑之前预先进行崩解处理。其处理方法是在料场将爆破出来的红砂岩实施天然（日晒雨淋）或人工（洒水）的预崩解处理，使其水活性消除或基本消失，大颗粒减小，残存的颗粒得以软化，强度降低，然后再运往路堤施工。

（2）耙压是指用推土机将运至工点的红砂岩填料推平，并借助推土机的履带将粗颗粒压碎，再以推土机后挂的松土齿耙松，并耙出较大颗粒，再推、压大颗粒，如此反复多遍，直至大颗粒基本压碎为止。这种推平压碎—耙松选粗—再推平压碎，反复循环的施工过程称为耙压。

（3）碾压为了形成密实不透水的红砂岩压实体，必须使用大吨位振动压路机碾压密实。依靠巨大的振动压实能使碾压层中大部分红砂岩颗粒形成泥状物和粉状物，包裹着尚存的残余颗粒，构成红砂岩压实体的独特结构。这种独特结构不仅保证了路堤内尚存的红砂岩块不受外部雨雪和水分的影响，而且使路堤有足够的强度。

11.4.1.4　红砂岩填筑路基注意事项

（1）在施工前应对红砂岩进行膨胀试验。红砂岩一般不具有明显膨胀性，具有轻度膨胀性。若选用的红砂岩填料试验确定为膨胀岩(或膨胀土),则应尽可能避免使用,或采取经监理工程师认可后的处治措施后方可使用。

(2)路床顶面30 cm厚度范围内不得用红砂岩填筑,应用CBR值不小于8%、密实度较好的材料填筑并严格压实。

(3)一、二类红砂岩填筑路基不得浸水或受洪水长期浸淹。

(4)构造物台背不允许采用红砂岩填筑。

(5)对于强度较低的一类红砂岩须添加一定比例的石灰,以提高其强度和稳定性,但必须掺入经消解的粉末状熟石灰。

11.4.2 材料质量要求

填料质量应满足路基填料要求。

11.4.3 职业健康安全要求

(1)施工现场必须做好交通安全工作,并设专人指挥车辆、机械。交通繁忙的路口应设立标志,并有专人指挥。夜间施工,路口及基准桩附近应设置警示灯或反光标志,专人管理灯光照明。

(2)施工机械设备应有专人负责保养、维修和看管,确保安全。施工现场的电线、电缆应尽量放在无车辆、人、畜通行的部位。各种机械操作手、电工必须持证上岗,同时加强对司机、电工的教育。

(3)现场操作人员必须按规定佩戴防护用具。机械燃料操作时,其放火应按有关规定执行。

11.4.4 环境要求

(1)各种临时设施和场地,如堆料场、材料加工场等,一般宜远离居民区(其距离不宜小于1000 m),而且应设于居民区主要风向的下风处。当条件无法满足时,应采取适当的防尘及消毒等措施。

(2)粉状材料应采用袋装或其他密封方法运输,不得散装散卸。施工运输道路,宜采取防止尘土飞扬的措施。

11.5 施工工艺

11.5.1 工艺流程

路堤、路堑施工工艺图框如图11-1所示。

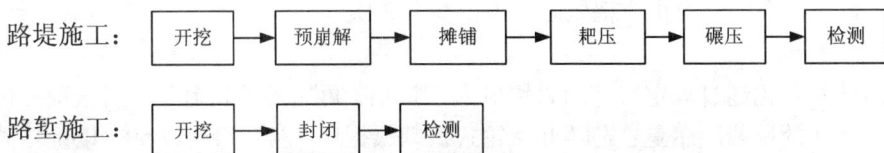

路堤施工: 开挖 → 预崩解 → 摊铺 → 耙压 → 碾压 → 检测

路堑施工: 开挖 → 封闭 → 检测

图11-1 路堤、路堑施工工艺流程

11.5.2　操作工艺

11.5.2.1　临时排水

施工过程中应及时合理地布置好排水系统,不应使路基及其附近有积水现象。排水困难地段或取土坑有被淹没可能时,应在路基一侧或两侧取土坑外设置高 0.4~0.5 m、顶宽 1 m 的纵向排水沟。

路堑施工要做好现场排水工作,尤其是开挖接近设计标高时,严禁施工场地积水,以免渗水。

11.5.2.2　红砂岩路堤施工

1. 红砂岩开挖

强度高的红砂岩多以爆破方式开挖,宜采用小型及松动爆破,一般炮眼孔距与孔深不宜大于 2 m。一次爆破量应大于路堤 15~20 d 所需的填筑量,爆破后的红砂岩颗粒越小越好,以增加红砂岩与空气和水的接触面积,加速崩解软化过程,减少红砂岩在料场的崩解处理时间及填筑压实功能。强度低的红砂岩可用挖掘机直接开挖。

2. 预崩解

预崩解处理的方法较简单,将爆破开挖出的红砂岩填料在料场放置一定的时间,裸露于大气、阳光和雨水中,在自然因素的作用下,使其进一步崩解破碎。当晴天气温较高时,可每天浇水一次,以加速其崩解。按此方法处理后,一般在 8~20 d 后(气温高所需时间短,气温低所需时间长),即可将红砂岩填料运往施工工地进行填筑。

在预崩解处理过程中,时间足够长时红砂岩可直接转为红砂土,时间不够长时能使红砂岩强度迅速下降,然后采用施工机械将其碾碎成红砂土。

3. 摊铺

碾压层最大松铺厚度不得超过 30 cm,经过现场碾压试验,有确切把握时,可放宽到 40 cm,最大粒径不大于松铺厚度的 2/3。

为了保证碾压松铺厚度满足上述规定值,施工时,可预先在路基施工层面上用石灰线画出正方形格子,卸料时每一方格内倾倒一车。方格的边长 L 可按下式计算:

$$L = \sqrt{Q/h}$$

式中:L——方框边长,m;

Q——每辆车所装载的方数,m^3;

h——松铺厚度;

4. 耙压

为了保证最大粒径不超过规定值,必须在松铺时增加一道耙压工序。"压"主要是指压碎而不是压密。其做法用推土机将运至施工地点的红砂岩填料推平,并借助推土机的履带将粗颗粒压碎,再以推土机后挂的松土齿耙松,并耙出较大颗粒,再推、压大颗粒,如此反复多遍,直至大颗粒基本压碎为止。耙压遍数不得少于 3 次。

5. 碾压

耙压后的粒径仍超过规定尺寸的岩块应人工拣出,再用平地机赶平,当松铺厚度合格后开始碾压。碾压的一般顺序是:先以 40 t 轮式振动碾振压一遍,然后以 50 t 以上拖式振动碾(或同等吨位的振动凸块碾或振动羊足碾)振压 3~4 遍,再以 40 t 振动碾振压两遍。也可通过现场试验确定振动压路机的碾压顺序和最佳碾压遍数。

红砂岩路基施工机械要求配有大马力的推土机及大吨位的振动压路机,就效果而言用大吨位的凸块碾、羊足碾最好。

经过预崩解、耙压后的红砂岩填料已不再是岩石,而是红砂土或土石混合状态,因此碾压前应注意检查填料的含水量,含水量必须控制在最佳含水量 ±1% 的范围中。当含水量不足时,应以洒水车洒水,洒水后仍需要再翻松拌匀或静置一段时间后再碾压;填料含水过多则应翻晒。红砂岩填料的最佳含水量约在 8%～12% 范围内。

若红砂岩填料已在路堤上摊铺时,应保证下雨前将红砂岩填料按上述规定碾压密实。对于被雨水和雪水浸湿的松散填料,应翻晒数天,经检查含水量适中时,耙松拌和,并按上述规定碾压密实。

施工中,为利于雨天路基横向排水,每一碾压层都应做成不小于 4% 的路拱横坡。

6. 检测

红砂岩路基的施工质量控制是保证红砂岩作为路堤填料成功与否的关键。由于红砂岩具有独特的工程特性,其施工质量控制方法与一般路基施工质量控制有所不同,除保证其压实质量外,还需控制其泥化程度。

(1) 泥化标准。

泥化程度的判断可根据红砂岩填料碾压后的外观来确定。应要求泥化合格的红砂岩碾压层表面必须平整光滑,与红色低液限黏土的碾压密实层外表相似,且只有外观合格的红砂岩碾压层才能进行压实质量的其他控制和检测。

(2) 压实质量。

红砂岩路基的压实质量是保证红砂岩路堤强度和水稳性的关键,因此,红砂岩路基以压实度作为质量控制的主要指标,其压实度标准无特殊要求,可按现行公路路基施工技术标准执行。

红砂岩路基压实度的检测可采用灌砂法、水袋法及核子密度仪等检测方法。但以灌砂法为主,其他方法为辅。

11.5.2.3 红砂岩路堑施工

1. 开挖

红砂岩路堑开挖多以爆破为主,爆破施工要求应满足石方爆破中的有关规定。靠近边坡两侧宜采用减弱松动爆破或光面爆破,以利于边坡稳定,减少边坡修整工作量。强度低的红砂岩可直接用挖掘机开挖。

一、二类红砂岩路堑施工要做好现场排水工作,尤其是开挖接近设计标高时,严禁施工现场积水,以免渗水导致路堑基地承载力下降。

2. 封闭

为了不破坏路堑基地的承载力,当一、二类红砂岩路堑开挖接近设计标高时,应准备足够的封面材料,选择晴朗的天气进行上路床 0～30 cm 范围内的突击施工,并及时封闭作业面。

在进行路堑上路床 0～30 cm 范围内填筑时,上路床 0～80 cm 范围内应保证为新鲜岩层。若此岩层被破坏,如崩解、软化等,必须挖松,按填土的要求重新压实,并达规定压实度。

3. 检测

因封层不属于红砂岩材料，可按常规方法进行检测。

11.5.2.4 掺灰红砂岩路堤施工

一类红砂岩应掺配石灰填筑路堤施工。熟石灰中的钙离子（Ca−）属高价阳离子，而具有泥状结构的一类岩中蒙脱石和伊利石等亲水性黏土矿物的含量较高，因此在一类岩中掺配一定比例熟石灰后，可通过离子置换作用，减少红砂岩中的黏土矿物颗粒表面结合水膜厚度，对一类岩的浸水崩解性和膨胀性具有一定的改良作用。此外，石灰还能起到固化的作用。红砂岩填筑路基施工方法如下：

先将红砂岩填料按前述方法进行工前处理，按确定的比例掺入熟石灰，要求石灰必须撒布均匀，并摊铺，松铺厚度由试验路段确定的松铺系数控制。

用路拌机进行搅拌，在拌和过程中砸碎填料，使填料最大粒径不超过 2 cm，当然越细越好。经充分拌和均匀后进行含灰量试验和含水量测试（含水量一般在 10% 左右），检验合格后，才能进行碾压。

碾压机械宜选用 12 t 和 40 t 压路机，并应做到先轻后重，先边后中；碾压路径搭接宽度不少于 100 cm；碾压速度宜控制在 0.45 m/s 左右，每层压实后厚度不超过 15 cm。

如填料工前处理较好，一般情况下碾压遍数为轻型压路机碾压 1～2 遍，重型压路机碾压 4～5 遍即可达到密实度要求。

11.5.2.5 红砂岩边坡施工

1. 路基上边坡

三类红砂岩的上边坡防护同普通岩石。一、二类红砂岩边坡应充分考虑其崩解的特性采用喷浆等封闭性措施，隔绝空气、雨水对边坡的侵蚀。

2. 路基下边坡

验收合格的红砂岩路基下边坡应该是红砂土，可作生态防护。但红砂土十分贫瘠，必须添加足够的肥料进行改良，才能供植物生长。

11.6 质量标准

11.6.1 基本要求

（1）压实质量是保证红砂岩路堤强度和水稳定性的关键，因此红砂岩路基施工中仍应以压实度作为主要的质量控制指标，其压实度标准仍可按现行《公路路基设计规范》进行。

（2）红砂岩路基压实度的检测可采用灌砂法、水袋法、灌水法及核子密度仪法等。具体操作方法按《公路土工试验规程》执行。其中，水袋法与灌砂法的检测精度较一致，但灌砂法、水袋法应用更为简单，一般可作主要的检测手段；核子密度仪法检测速度快，使用方便，便于大面积检测；灌水法由于较繁琐，一般不使用。

（3）红砂岩路基每一层碾压完成后，应首先进行目测，要求经碾压完成后的土层表面均匀光滑、平整，并达到规定的路拱横坡度要求。然后，按施工单位自检和监理部门抽检进行检测，自检频率一般为每层 400 m² 不少于一个检测点；抽检频率一般为每层 800 m² 不少于一个检测点。

(4)路基沉降观测：路基完成后，应根据路基不同填筑高度，地基情况，断面地形情况，填料掺配情况(如石灰、黏土、砂等)，施工处置方法，设立观测断面。

11.6.2　实测项目

实测项目详见表1-4。

11.6.3　外观鉴定

(1)路基表面平整、边坡直顺。

(2)路基边坡坡面平顺稳定，不得亏坡，曲线圆滑。

(3)取土坑、弃土堆、护坡道、碎落台的位置适当，外形整齐、美观，防止水土流失。

(4)设计植草的路段无明显缺陷。

(5)上边坡不得有松石。

11.7　成品保护

(1)路基施工中填土宽度应大于路基宽度300~500 mm，压实宽度应大于路基宽度，保证施工过程中标准边坡位置外侧有多余土保护。刷边坡应安排在路基施工完成后进行，刷完边坡的部位应立即进行防护或植草施工。

(2)为防止路基被雨水浸泡和边坡被雨水冲刷，路基施工中的每层表面应做成2%~4%的排水横坡，路基边缘培土埂，路基边坡上应施工临时排水急流槽。临时急流槽每30~50 m一道，道路低点和桥梁两侧锥坡边缘应增设临时急流槽，方向应随着路基施工向上延伸。

(3)土方路基在雨后没有晾干以前，应采取断路措施，禁止车辆进入。

(4)已经完工的路基不应用作施工道路，施工中的重型车辆应尽量通过施工便道行驶，防止碾压路床。

(5)若红砂岩路堤因雨雪或其他原因需中途长期停工时，路堤表面及边坡应加以修整并压实。路堤表面宜加铺厚度为30 cm的低液限黏土封层，并压实至要求的压实度；路拱横坡不小于4%，防止路堤表面积水；挖掘并修筑临时排水沟，以确保路堤边脚不滞水。

11.8　安全环保措施

11.8.1　安全操作要求

(1)根据施工现场实际情况，制订出切实可行的技术安全措施，并向有关人员进行详细交底。

(2)土方施工机械操作人员应熟悉本机械操作规程，持证上岗，不得擅离岗位。严禁酒后操作机械，严禁机械带故障运转或超负荷运转。

(3)驾驶室或操作室内严禁存放易燃、易爆物品。

(4)机械设备在施工现场停放时，应选择安全的停放地点，关闭好驾驶室，拉上制动阀。坡道上停放时，要用三角木或石块抵住车轮。夜间应有人看管。

(5)在路基沿线与公路、街道、交通繁忙道路的交通路口及施工便道地面起伏较大、转弯急的地方，必须有专人警戒，并设立适当的交通标志，防止交通事故。

(6)高陡边坡外开挖施工应与装运作业面相互错开，严禁上、下双重作业。

(7)路基碾压作业时，必须保证前后无人才能启动机械，并根据土质情况，按规定放边坡，派专人巡视边坡稳定情况。靠近路堤边缘作业时，应根据路堤高度留有必要的安全距离，一般不少于500 mm。

11.8.2 环保措施

(1)路基清表后的施工垃圾应及时运到指定地点。

(2)施工产生的废水、废油等有害物质以及生活污水，不得随意排放，应集中处理以防污染水质和土壤。

(3)在距居民区较近的施工区，尽可能不在夜间进行地基处理作业，以免噪声扰民。

(4)对施工范围内的运输道路，要经常洒水保持湿润，避免扬尘。

11.9 质量记录

(1)地基处理检测记录(击实试验报告、地基密实度试验报告)。

(2)回填材料试验检验记录。

(3)压实度和路基弯沉检测记录。

(4)中间测量检验记录(高程、中线、宽度等)。

(5)隐蔽工程检查记录。

(6)工序质量评定表。

12　换填土处理软土路基施工工艺标准

12.1　总则

12.1.1　适用范围

本标准适用于高速公路软土路基处理施工，其他等级公路同等条件可参照执行。

12.1.2　编制参考标准及规范

(1)中华人民共和国行业标准《公路路基设计规范》(JTG D30—2015).

(2)中华人民共和国行业标准《公路土工试验规程》(JTG E40—2007).

(3)中华人民共和国行业标准《高速公路交通安全设施设计规范》(JTG D81—2006).

(4)中华人民共和国行业标准《高速公路交通安全设施施工技术规范》(JTG F71—2006).

(5)中华人民共和国行业标准《公路工程质量检验评定标准》(JTG F80/1—2017).

(6)中华人民共和国行业标准《公路排水设计规范》(JTG/T D33—2012).

(7)中华人民共和国行业标准《公路养护技术规范》(JTJG H10—2009).

(8)中华人民共和国行业标准《公路软土地基路堤设计与施工技术规范》(JTG/T D31 – 02—2013).

(9)中华人民共和国行业标准《公路工程岩石试验规程》(JTG E41—2005).

(10)中华人民共和国行业标准《公路工程集料试验规程》(JTG E42—2005).

(11)中华人民共和国行业标准《公路工程施工安全技术规程》(JTG F90—2015).

(12)中华人民共和国行业标准《公路工程名词术语》(JTJ 002—87).

(13)北京城建集团.《路桥市政工程施工工艺标准》.

(14)杨文渊，钱绍武.《道路施工工程师手册》.

(15)宋金华.《高等级道路施工技术与管理》.

(16)刘吉士，阎洪河.《公路路基施工技术》.

(17)王书斌，杜群乐.《公路路基施工要点与质量控制》.

(18)文德云.《公路施工技术》.

(19)黄晓明，张晓冰.《公路建设质量通病分析与防治》.

(20)杨文渊，钱绍武.《公路工程质检工程师手册》.

12.2 术语

12.2.1 软土

软土是淤泥(muck)和淤泥质土(mucky soil)的总称,是指滨海、湖沼、谷地、河滩沉积的天然含水量高、孔隙比大、压缩性高、抗剪强度低的细粒土。具有天然含水量高、天然孔隙比大、压缩性高、抗剪强度低、固结系数小、固结时间长、灵敏度高、扰动性大、透水性差、土层层状分布复杂、各层之间物理力学性质相差较大等特点。

12.2.2 路基

路基是指按照路线位置和一定技术要求修筑的带状构造物,是路面的基础,承受由路面传来的行车荷载。

12.3 施工准备

12.3.1 技术准备

(1)路基换填施工前,应做好充分准备,熟悉相关规范要求和施工图纸,对施工作业队进行详细交底。

(2)组织有关人员对弃土场的位置、道路交通、地质水文状况等进行全面的调查、核对。如弃土场征地面积不够应及时进行补征,以免延误工期。

(3)做好现场布置,拉通施工便道,修筑临时设施,施工前所有机械设备必须安装调试好,并保证较好的完好率,确保施工机械及运输车辆能正常工作。

(4)完成测量放样及原地面高程复测,清淤换填开工之前,会同现场监理工程师和试验监理工程师对该段进行触探试验,确定清淤深度,在开工报告中制订各种针对性的保证措施,报送有关部门批准后开工。

(5)根据现场情况和工程等级、规模,判断需作试验路段时,应修筑软土基地换填处理试验路段。

12.3.2 材料准备

根据当地条件及工程要求,确定取土位置。换填用土可采用集中取土场取土,也可使用合格的主线路基挖方土,必须在路堤两侧取土时,取土坑内缘距坡脚距离对于填高 2 m 以内的路堤,不得小于 20 m,填高 5 m 的路堤,宜大于 40 m。

12.3.3 主要机具

(1)排水机械:水泵等。

(2)土方工程机械:推土机、铲运机、挖掘机、装载机。

(3)运输机械:自卸汽车。

(4)压实机械：压路机。

(5)测量和检验实验设备：全站仪或经纬仪、水准仪、触探仪、平整度检测仪等。

12.3.4　作业条件

(1)场地已清理、平整，临时施工便道已修筑完毕，施工用水、电满足施工要求。

(2)地上及地下障碍物等已处理完毕。

(3)临时排水、防水设施已施工完毕。

12.3.5　劳动力组织

施工前必须做好施工组织设计，劳动力配置准备。

12.4　工艺设计和控制要求

12.4.1　技术要求

(1)清淤前对原地面进行高程测量，要打好方格网，方格网间距 10 m × 10 m 或 5 m × 5 m，然后测量每格网点上的标高，每个测站点应往返闭合，且精度不小于 $6\sqrt{n}$。

(2)清淤深度的确定，应在换填段开沟排水后连续 3 个晴天后测定，采用荷兰轻型触探仪进行检测，并根据填土高度、填料类型、要求的地基承载力及相应的锤击数，确定换填深度。

(3)清淤到位后，会同监理工程师对基底进行承载力检测，满足设计及规范要求后才能开始回填，在该段隐蔽工程覆盖前拍摄影像资料，作为工程计量的依据。

(4)回填应分层填筑分层压实，使之达到规定的压实度。

12.4.2　材料质量要求

换填料应选用水稳性或透水性好的材料，沼泽地区应采用渗水材料填筑，路堤沉陷到软土泥沼中部分不得采用不渗水材料填筑，换填土要有较好的压密特性。

12.4.3　职业健康安全要求

(1)机械操作人员应熟悉本机械操作规程，持证上岗，不得擅离岗位。

(2)施工属于露天作业，必须做好作业人员夏季防暑、冬季防冻工作。

12.4.4　环境要求

(1)施工前必须对可能产生的污染和对环境的影响作出评价，制订防治措施，并经相关部门批准后方可施工。

(2)如施工范围内发现有珍稀、濒危的野生动植物，具有重大科学文化价值的地质构造、溶洞和化石分布区、冰川、火山、温泉等自然遗迹，以及古树名木，应当采取措施加以保护。

(3)工程建设应当结合当地自然环境的特点，保护植被、水域或自然景观。

12.5 施工工艺

12.5.1 工艺流程

换填土处理软土路基施工工艺图框如图 12-1 所示。

测量放样 → 淤泥清理 → 分层填筑 → 分层碾压 → 检测验收

图 12-1 换填土处理软土路基施工工艺流程

12.5.2 操作工艺

12.5.2.1 测量放线

根据路基填土高度及坡度放出坡脚线,确定清淤范围,用石灰洒线,避免欠挖或超挖。

12.5.2.2 淤泥清理

(1)在清淤前排除地面水,在换填段两侧筑埝,在埝内开挖纵向尺寸不小于 0.6 m×0.6 m、横向尺寸不小于 0.4 m×0.4 m 的纵向临时排水沟,沟底应保持不小于 0.5% 的坡度并接通出水口,临时排水沟深度应保证能及时排除地面水以及疏干地表水。

(2)用挖掘机直接挖除淤泥的挖运方式,将淤泥挖装至自卸汽车上,运至弃淤场。

(3)自然横坡或纵坡陡于 1∶5 时,将原地面挖成台阶,台阶宽度应满足压实设备施工所需的最小宽度,且不小于 2 m,台阶顶做成 2%~4% 的内倾斜坡,并压实。清淤后,坑底如有渗水,在坑四周开挖排水沟和积水井,再用抽水机抽干积水。

12.5.2.3 分层填筑

(1)按填土(石)路基的要求进行施工。回填时按路面平行线分层控制填料标高;分层摊铺,分层碾压。填料分层松铺厚度不大于 50 cm,每层填料铺设的宽度,每侧超过路堤的设计宽度 50 cm。

(2)填筑采取横断面全宽、纵向分层填筑方式。当原地面高低不平时,先从最低处分层填筑。人工铺填粒径 25 cm 以上的石料时,先铺大块石料,大面向下,小面向上,摆平放稳,再用小石子找平,石屑塞缝,最后压实;人工铺填块径 25 cm 以下的石料时,可直接分层摊铺,分层碾压。

(3)为节省摊铺平整时间,用大型推土机先将填料进行大致推平,个别不平整处,人工配合用细石块、石屑进行找平。在运送填料时,控制卸料密度,按方格法划好方格后,方可卸料。

(4)填筑区段完成一层卸料后,用挖掘机配合推土机摊铺平整,做到填铺面在纵向和横向平顺均匀,以保证压路机压轮表面能基本均匀地接触地面进行碾压,达到碾压效果。在摊铺的同时,进行初步压实,并保证压路机压到路缘时不致发生滑坡。

12.5.2.4 分层碾压

(1)填料采用振动压路机进行碾压,压实时应先两侧后中间,压实路线应纵向相互平行,反复碾压。第一遍静压，然后先慢后快，由弱振到强振，行驶速度宜先慢后快，最快行驶速度控制在 4 km/h。横向接头压轮重叠 0.4 ~ 0.5 m，做到压实均匀，没有漏压、死角。

（2）对因地形条件造成的压实死角应特别注意碾压密实，可采用挖机修筑台阶，压路机纵横向反复碾压的方式，使压路机能够有效地对压实死角进行碾压。

（3）回填压实度由碾压遍数进行控制，压实标准以石料间密实状态为判定标准，按振动压路机碾压 2 ~ 6 遍进行初步控制；现场以碾压后无明显标高差异，压实层顶面稳定，不再下沉（无轨迹）时，可判定为密实状态。填筑自检合格后报监理工程师抽检，合格签证后再填筑上一层。每填筑一层都进行测量定线，绝不准盲目施工。

12.6　质量标准

12.6.1　基本要求

（1）在路基用地和取土坑范围内，认真清除地表植被、杂物、积水、淤泥和表土，处理坑塘，并对基底进行认真压实和处理，满足规范和设计要求。

（2）必须采用设计或规范规定的适用土料作为路基填料，路基填料强度（CBR）应符合规范和设计要求。

（3）换填必须分层填筑压实，每层表面平整，路拱合适，排水良好。

（4）施工临时排水系统应与设计排水系统结合，勿使路基附近积水，避免冲刷边坡。

12.6.2　实测项目

实测项目详见表 1 – 4。

12.6.3　外观鉴定

（1）路基表面平整、边坡直顺。

（2）路基边坡坡面平顺稳定，不得亏坡，曲线圆滑。

（3）取土坑、弃土堆、护坡道的位置适当，外形整齐、美观，防止水土流失。

12.7　成品保护

（1）换填完成后，严禁非施工车辆在路基上行驶。

（2）做好路基排水设施，保证换填路基不受雨水冲刷或浸泡。

（3）在雨后没有晾干以前，应采取断路措施，禁止车辆进入。

12.8　安全环保措施

12.8.1　安全操作要求

（1）开挖前必须做好安全管理，在显眼处布置安全标志，及时修整施工便道，保证便道畅通，保障施工人员、车辆以及机械的安全。

（2）土方施工机械操作人员应熟悉本机械操作规程，持证上岗，不得擅离岗位。严禁酒后操作机械，严禁机械带故障运转或超负荷运转。

（3）机械设备在施工现场停放时，应选择安全的停放地点，关闭好驾驶室，拉上制动阀。坡道上停放时，要用三角木或石块抵住车轮。夜间应有人看管。

（4）在路基沿线与公路、街道、交通繁忙道路的交通路口及施工便道地面起伏较大、转弯急的地方，必须有专人警戒，并设立适当的交通标志，防止交通事故。

（5）回填碾压作业时，必须保证前后无人才能启动机械。

（6）开挖的淤泥，要严格按照组织设计堆放或及时运走，不得堆于基坑外侧，以免地面堆载超荷引起土体位移或支撑破坏。

（7）挖土机械不得在施工中碰撞支撑，以免引起支撑破坏或拉损。

（8）挖土中发现管道、电缆及其他埋设物及时报告，不得擅自处理。

（9）回填过程需有专人负责施工指挥及施工安全工作，如果由机械和人员配合回填，必须注意人员安全，做好警示标志。

12.8.2　环保措施

（1）施工平面布置尽量利用永久征地，减少对耕地或林木的破坏，避免水土流失，保持生态平衡。

（2）施工期间始终保持工地的良好排水状态，修建有足够泄水断面的临时排水泄道，并与永久性排水设施相连接，不形成淤积和冲刷。

（3）在施工区、生活区设置废弃物暂存处置场所，根据废弃物种类堆放，不在工地燃烧各种垃圾及废弃物。垃圾等废弃物运至环保部门认可的指定地点。

（4）污水不得直接排入河流和湖泊，排污管道要畅通，且远离取水井，无渗漏现象，防止污染周围水源。

（5）在距居民区较近的施工区，尽可能不在夜间进行地基处理作业，以免噪声扰民。

（6）施工作业产生的灰尘，除在场地作业的人员配备必要专用劳保用品外，随时进行洒水以使灰尘污染减至最小程度。大风天气不得进行灰土作业。

12.9　质量记录

（1）地基处理检测记录（击实试验报告、地基密实度试验报告）。

（2）回填材料试验检验记录。

（3）压实度和路基弯沉检测记录。

（4）中间测量检验记录（高程、中线、宽度等）。

（5）隐蔽工程检查记录。

（6）工序质量评定表。

13　砂垫层处理软土路基施工工艺标准

13.1　总则

13.1.1　适用范围

本标准适用于高速公路软土路基处理施工，其他等级公路同等条件可参照执行。

13.1.2　编制参考标准及规范

（1）中华人民共和国行业标准《公路路基设计规范》（JTG D30—2015）.

（2）中华人民共和国行业标准《公路土工试验规程》（JTG E40—2007）.

（3）中华人民共和国行业标准《高速公路交通安全设施设计规范》（JTG D81—2006）.

（4）中华人民共和国行业标准《高速公路交通安全设施施工技术规范》（JTG F71—2006）.

（5）中华人民共和国行业标准《公路工程质量检验评定标准》（JTG F80/1—2017）.

（6）中华人民共和国行业标准《公路排水设计规范》（JTG/T D33—2012）.

（7）中华人民共和国行业标准《公路养护技术规范》（JTJG H10—2009）.

（8）中华人民共和国行业标准《公路软土地基路堤设计与施工技术规范》（JTG/T D31 –02—2013）.

（9）中华人民共和国行业标准《公路工程岩石试验规程》（JTG E41—2005）.

（10）中华人民共和国行业标准《公路工程集料试验规程》（JTG E42—2005）.

（11）中华人民共和国行业标准《公路工程施工安全技术规程》（JTG F90—2015）.

（12）中华人民共和国行业标准《公路工程名词术语》（JTJ 002—87）.

（13）北京城建集团.《路桥市政工程施工工艺标准》.

（14）杨文渊，钱绍武.《道路施工工程师手册》.

（15）宋金华.《高等级道路施工技术与管理》.

（16）刘吉士，阎洪河.《公路路基施工技术》.

（17）王书斌，杜群乐.《公路路基施工要点与质量控制》.

（18）文德云.《公路施工技术》.

（19）黄晓明，张晓冰.《公路建设质量通病分析与防治》.

（20）杨文渊，钱绍武.《公路工程质检工程师手册》.

13.2　术语

13.2.1　砂

砂,也可称为沙,在施工中称为细集料,按直径不同分为:粗砂、中砂和细砂,通过细度模数 M_f 定:粗砂 $M_f=3.1-3.7$,中砂 $M_f=2.2-3.0$,细砂 $M_f=1.6-2.2$。

13.2.2　垫层

垫层指的是设于基层以下的结构层,其主要作用是隔水、排水、防冻以改善基层和土基的工作条件。

13.3　施工准备

13.3.1　技术准备

(1)项目部应组织相关的现场管理及技术人员实地考察,根据实际情况结合设计图纸,制订技术要求,编制施工方案,对施工作业队进行详细交底。

(2)完成业主交付的 GPS 点、DC 点的复测,为准确施工提供保障。

(3)修筑好进场便道及临时排水系统,提供施工前提条件,保证原有水渠的畅通。准备好水、电等供应设备,保证施工顺利进行。

(4)制作标识牌、安全警示牌、对危险地段做好围护,确保施工现场的安全。

(5)做好现场布置,拉通施工便道,修筑临时设施,施工前所有机械设备必须安装调试好,并保证较好的完好率,确保施工机械及运输车辆能正常工作。

(6)根据现场情况和工程等级、规模,需作试验路段时,应修筑软土路基砂垫层处理试验路段。

13.3.2　材料准备

施工前应根据当地条件及工程要求,就近选取合格的砂场供应砂石,以确保施工进度和质量。

13.3.3　主要机具

(1)排水机械:水泵等。

(2)土方工程机械:推土机、挖掘机、装载机。

(3)运输机械:自卸汽车。

(4)压实机械:压路机。

(5)养护机械:洒水车。

(6)测量和检验实验设备:全站仪或经纬仪、水准仪、平整度检测仪等。

13.3.4　作业条件

(1)场地已清理、平整,临时施工便道已修筑完毕,施工用水、电满足施工要求。

(2)地上及地下障碍物等已处理完毕。

(3)临时排水、防水设施已施工完毕。

13.3.5　劳动力组织

施工前必须做好施工组织设计,劳动力配置准备。

13.4　工艺设计和控制要求

13.4.1　技术要求

(1)砂石均需机械拌和均匀后方可分层夯填。

(2)施工前要统一放置标高及清除干净基底的杂草浮土,同时应严禁搅动下卧层及周边土质层。

(3)为防止下雨造成边坡塌方,施工作业前应在基层内及四周做好排水措施,从而确保边坡稳定。

(4)如基底尚存在较小厚度淤泥质土,为防止碾压时冒出泥浆或脱层,可在施工前往该处抛石挤密,或将基层压入置换再作底层。

(5)分层厚度可控制在 500 mm 以内。

(6)应严格执行铺筑砂操作工艺要求,分层不得过厚,压的遍数应足够,洒水应充足等,以防砂地基大面积下沉。

(7)接搓、留搓应按规定搭接和夯实,对边角处的夯打不得遗漏,以防局部下沉。

(8)应配专人及时处理砂窝、石堆等问题,做到砂级配良好。

(9)在地下水位以下的地基,其最下层的铺筑砂厚度可适当增加 50 mm。

(10)砂垫层厚度不宜小于 100 mm,冻结的天然砂不得使用。

(11)基底的土质必须符合设计要求,砂地基承载力必须符合设计要求。

(12)坚持分层检查砂地基的质量,每层纯砂检查点的干砂质量密度必须符合规定,否则不能进行上层的施工。

13.4.2　材料质量要求

(1)垫层材料宜采用无杂物的中、粗砂,含泥量应小于 5%;也可采用天然级配砂砾料,其最大粒径应小于 50 mm,砾石强度不低于四级(即洛杉矶法磨耗率小于 60%)。

(2)砂石垫层的填料,应选用质地坚硬的粒料,不应混入风化料、软岩破碎料或其他有机杂物。

(3)当采用天然级配的砂砾石时,应级配良好,其颗粒的不均匀系数最好不小于 10,曲率系数 Cu 为 1~3;当采用人工级配砂、砾(碎)石混合料时,应通过相对密度试验对不同的砂、石比例进行试验,优化级配,找出最佳砂石比,使其干密度达到最大值,粗、细颗粒间结合紧密,共同传递、分散压力。

(4)压实系数或纯砂检查的干砂质量密度必须符合设计要求和施工规范的规定。

13.4.3　职业健康安全要求

(1)机械操作人员应熟悉本机械操作规程,持证上岗,不得擅离岗位。

(2)施工属于露天作业,必须做好作业人员夏季防暑、冬季防冻工作,配置充足的劳保用品。

13.4.4　环境要求

(1)施工前必须对可能产生的污染和对环境的影响作出评价,制订防治措施,并经相关部门批准后方可施工。

(2)如施工范围内发现有珍稀、濒危的野生动植物,具有重大科学文化价值的地质构造、溶洞和化石分布区、冰川、火山、温泉等自然遗迹,以及古树名木,应当采取措施加以保护。

(3)工程建设应当结合当地自然环境的特点,保护植被、水域或自然景观。

(4)砂垫层施工要做好防排水工作,不应因施工导致冲刷或淤积等情况出现。

(5)施工废料、废方要按环保部门要求进行处理,不得造成环境污染。

(6)要注意控制扬尘和减少噪声污染。

13.5　施工工艺

13.5.1　工艺流程

处理地基表面→分层铺填砂→洒水→夯实或振实→检测验收

13.5.2　操作工艺

13.5.2.1　处理地基表面

将地基上表面的浮土、淤泥、杂物清除干净,平整地基,并妥善保护、基坑边坡,防止塌土混入砂垫层中。

13.5.2.2　分层铺筑砂

(1)基坑内预先设好 5 m×5 m 网格标桩,控制每层砂垫层的铺设厚度。

(2)铺筑砂的每层厚度,一般为 200~250 mm,不宜超过 300 mm。

(3)由于垫层标高不尽相同,施工时应分段施工,接头处应做成斜坡,每层错开 0.5 m~1.0 m,充分压实。并酌情增加质量检查点。

13.5.2.3　洒水

铺筑级配砂在夯实振压前应根据其干湿程度和气候条件,适当地均匀洒水以保持砂的最佳含水量,以利于夯实振压。

13.5.2.4　夯实或振实

应根据砂石的不同条件,可选用夯实或压实的方法。铺筑的砂石应级配均匀。如发现砂窝或石子成堆现象,应将该处砂子或石子挖出,分别填入级配好的砂石。铺筑级配砂石在夯实碾压前，应根据其干湿程度和气候条件，适当地洒水以保持砂石的最佳含水量，一般为 8% ~ 12%。夯实或碾压的遍数，由现场试验确定。采用压路机碾压不少于4遍，其轮距搭接不小于50 cm，边缘、转角和检查井周围应用人工打夯机补夯密实。

13.5.2.5 检测验收

(1)施工时应分层找平，夯实密实，砂地基应设置纯砂检查点，取样间距不大于3 m，采用容积不小于200 cm^{3}的环刀用压入法取样，测定干砂的质量密度。也可用贯入度大小，检查砂地基的质量，检查结果应满足设计要求的控制值。下层密实度经检验合格后，方可进行上层施工。

(2)最后一层夯、压密实后，表面应拉线找平，并符合设计标高。

13.5.2.6 季节性施工

冬季施工时，不得采用夹有冰块的砂和冻结的天然砂，并应采取措施防止砂内水分冻结。温度在 -10℃ 以下时，不宜施工。

雨期施工时，应有防雨排水措施，防止地表水流入坑(槽)内造成塌方或基土破坏。基坑(槽)或管沟回填应连续进行，尽快完成。

13.6 质量标准

13.6.1 基本要求

规格和质量必须符合设计要求和规范规定；适当洒水，分层压实；砂垫层宽度应宽出路基边脚0.5 ~ 1.0 m，两侧端以片石护砌；砂垫层厚度及其上铺设的反滤层应符合设计要求。

13.6.2 实测项目

砂垫层实测项目如表13 - 1所示。

表13 - 1 砂垫层实测项目

项次	检查项目	规定值或允许偏差	检查方法和频率
1	砂垫层厚度	不小于设计	每200 m检查4处
2	砂垫层宽度	不小于设计	每200 m检查4处
3	反滤层设置	符合设计要求	每200 m检查4处

13.6.3 外观鉴定

砂石垫层拌和、填筑应均匀，表面不应有砂窝、石堆等质量缺陷。

13.7 成品保护

(1)回填砂时，应注意保护好现场轴线桩、标高桩，并应经常复测。

（2）夯压时，应注意不要破坏基坑底面和侧面土的强度，对结构性强的基底土，在垫层最下层宜先铺设150～200 mm厚松砂，再用木夯仔细夯实。

（3）地基范围内不应留有孔洞。完工后如无技术措施，不得在影响其稳定的区域内进行挖掘工程。

（4）施工中必须保证边坡稳定，防止坍塌。

（5）级配砂成活后，如不连续施工，应适当洒水湿润。

（6）砂铺夯完毕后，严禁小车及人员在砂垫层上面行走，必要时应在上面铺板行走。

13.8　安全环保措施

13.8.1　安全操作要求

（1）施工前必须做好安全管理，在显眼处布置安全标志，及时修整施工便道，保证便道畅通，保障施工人员、车辆以及机械的安全。

（2）土方施工机械操作人员应熟悉本机械操作规程，持证上岗，不得擅离岗位。严禁酒后操作机械，严禁机械带故障运转或超负荷运转。

（3）机械设备在施工现场停放时，应选择安全的停放地点，关闭好驾驶室，拉上制动阀。坡道上停放时，要用三角木或石块抵住车轮。夜间应有人看管。

（4）在路基沿线与公路、街道、交通繁忙道路的交通路口及施工便道地面起伏较大、转弯急的地方，必须有专人警戒，并设立适当的交通标志，防止交通事故。

（5）碾压作业时，必须保证前后无人才能启动机械。

（6）施工过程需有专人负责施工指挥及施工安全工作，如果由机械和人员配合回填，必须注意人员安全，做好警示标志。

13.8.2　环保措施

（1）施工平面布置尽量利用永久征地，减少对耕地或林木的破坏，避免水土流失，保持生态平衡。

（2）施工期间始终保持工地的良好排水状态，修建有足够泄水断面的临时排水泄道，并与永久性排水设施相连接，不形成淤积和冲刷。

（3）在施工区、生活区设置废弃物暂存处置场所，根据废弃物种类堆放，不在工地燃烧各种垃圾及废弃物。垃圾等废弃物运至环保部门认可的指定地点。

（4）污水不得直接排入河流和湖泊，排污管道要畅通，且远离取水井，无渗漏现象，防止污染周围水源。

（5）在距居民区较近的施工区，尽可能不在夜间进行地基处理作业，以免噪声扰民。

（6）施工作业产生的灰尘，除在场地作业的人员配备必要专用劳保用品外，随时进行洒水以使灰尘公害减至最小程度。大风天气不得进行灰土作业。

（7）运输砂时必须覆盖，不得沿途遗撒；材料应遮盖存放，避免扬尘。

13.9　质量记录

（1）地基处理检测记录（击实试验报告、地基密实度试验报告）。

（2）材料试验检验记录。

（3）压实度检测记录。

（4）中间测量检验记录（高程、中线、宽度等）。

（5）隐蔽工程检查记录。

（6）工序质量评定表。

14　反压护道施工工艺标准

14.1　总则

14.1.1　适用范围

本标准适用于高速公路软土路基处理施工,其他等级公路同等条件可参照执行。

14.1.2　编制参考标准及规范

(1)中华人民共和国行业标准《公路路基设计规范》(JTG D30—2015).

(2)中华人民共和国行业标准《公路土工试验规程》(JTG E40—2007).

(3)中华人民共和国行业标准《高速公路交通安全设施设计规范》(JTG D81—2006).

(4)中华人民共和国行业标准《高速公路交通安全设施施工技术规范》(JTG F71—2006).

(5)中华人民共和国行业标准《公路工程质量检验评定标准》(JTG F80/1—2017).

(6)中华人民共和国行业标准《公路排水设计规范》(JTG/T D33—2012).

(7)中华人民共和国行业标准《公路养护技术规范》(JTJG H10—2009).

(8)中华人民共和国行业标准《公路软土地基路堤设计与施工技术规范》(JTG/T D31 - 02—2013).

(9)中华人民共和国行业标准《公路工程岩石试验规程》(JTG E41—2005).

(10)中华人民共和国行业标准《公路工程集料试验规程》(JTG E42—2005).

(11)中华人民共和国行业标准《公路工程施工安全技术规程》(JTG F90—2015).

(12)中华人民共和国行业标准《公路工程名词术语》(JTJ 002—87).

(13)北京城建集团.《路桥市政工程施工工艺标准》.

(14)杨文渊,钱绍武.《道路施工工程师手册》.

(15)宋金华.《高等级道路施工技术与管理》.

(16)刘吉士,阎洪河.《公路路基施工技术》.

(17)王书斌,杜群乐.《公路路基施工要点与质量控制》.

(18)文德云.《公路施工技术》.

(19)黄晓明,张晓冰.《公路建设质量通病分析与防治》.

(20)杨文渊,钱绍武.《公路工程质检工程师手册》.

14.2 术语

14.2.1 反压护道

反压护道指的是为防止软弱地基产生剪切、滑移，保证路基稳定，对积水路段和填土高度超过临界高度路段在路堤一侧或两侧填筑起反压作用的具有一定宽度和厚度的土体。公路施工过程中针对积水路段和路基填方较高等薄弱路段，实行路段外侧填筑反压护道，使路堤下的泥炭向外侧隆起的趋势得到平衡，以提高路堤在施工中的滑动破坏安全系数，达到路堤稳定的目的。

14.3 施工准备

14.3.1 技术准备

（1）反压护道施工前，应做好充分准备，熟悉相关规范要求和施工图纸，对施工作业队进行详细交底。

（2）做好现场布置，拉通施工便道，修筑临时设施，施工前所有机械设备必须安装调试好，并保证较好的完好率，确保施工机械及运输车辆能正常工作。

（3）检测石料的抗压强度和路床顶面填土强度 CBR 值，并进行其他土工试验项目检测。

（4）完成测量放样及原地面高程复测，在开工报告中制订各种针对性的保证措施，报送有关部门批准后开工。

（5）根据现场情况和工程等级、规模，需作试验路段时，应修筑软土路基处理反压护道试验路段。

14.3.2 材料准备

根据当地条件及工程要求，确定取土位置，应选择与主线路基填筑相同的土石材料来源，填筑用土（石）可采用集中取土场取土（石），也可使用合格的主线路基挖方土（石），必须在路堤两侧取土（石）时，取土坑内缘距坡脚距离对于填高 2 m 以内的路堤，不得小于 20 m，填高 5 m 的路堤，宜大于 40 m。

14.3.3 主要机具

（1）工程机械：挖掘机、装载机、自卸汽车、大型推土机、压路机、晒水车等。

（2）施工测量仪器和试验检测设备：全站仪、水准仪、经纬仪、灌砂筒、三米靠尺、钢尺等。

14.3.4 作业条件

（1）施工前由业主办理土地征用手续，并经设计、建设和施工部门核对地质资料，检查路基土壤与工程地质勘查报告、设计图纸是否符合，有无破坏原状土壤结构或发生较大扰动现象。

（2）对施工范围内的地上地下障碍物进行拆迁、改移或加固。清除淤泥及杂物，对原地面的坑、洞、墓穴等按技术规范要求回填密实。

（3）施工用水、用电已接通，运输便道已修理完毕。

（4）临时排水、防水设施已施工完毕。

14.3.5　劳动力组织

施工前必须做好施工组织设计，劳动力配置准备。

14.4　工艺设计和控制要求

14.4.1　技术要求

（1）水流的处理。在工程师要求的地方或工作保护及施工需要时，承包商要提供必要的除水、排水或隔离水流的设施。承包商要提供在雨季前必需的、可发挥适当排水作用的临时性或永久性排水边沟。

（2）在施工时应首先修筑排水边沟，在施工中由于动迁影响没有办法修边沟排水，也应该在路堤外适当位置设置临时积水井将水排出，这样才能保持路堤干燥、避免形成翻浆路堤。在要施工的区域内的农田灌溉至少要在施工前2个月停止。所有表水都要排除并修筑临时或永久性边沟以保证该区域保持干燥。

（3）路线从改道后的原有沟渠区域内通过时，要清除所有的有机物和松软的沉积物。用合格的稳定土予以回填。

（4）反压护道施工宜与路堤同时填筑。分开填筑时，必须在路堤达到临界高度前完成反压护道施工。

（5）在填筑前首先对原有地面进行清理，对于存在的不平之处应首先予以整平，然后进行碾压（填前碾压）达到规范要求的压实度。对于坡度较大的填筑地段应首先从低处填起，分层填筑，并应在原有坡面上修筑台阶，以利于新旧土的结合，台阶宽度应在1米左右，厚度应根据分层填筑的厚度加以确定。

14.4.2　材料质量要求

材料质量参照主线路基填料要求，采用填石施工时，填料粒径应不大于500 mm，并不宜超过层厚的2/3，不均匀系数宜为15～20。

14.4.3　职业健康安全要求

（1）施工现场必须做好交通安全工作，设专人指挥车辆、机械。交通繁忙的路口应设立标志，并有专人指挥。夜间施工，路口附近应设置警示灯或反光标志，专人管理灯光照明。

（2）施工机械设备应有专人负责保养、维修和看管，确保安全。施工现场的电线、电缆应尽量放在无车辆、人、畜通行的部位。各种机械操作手、电工必须持证上岗，同时加强对司机、电工的教育。

（3）现场操作人员必须按规定佩戴防护用具。机械燃料操作时，其防火应按有关规定执行。

（4）施工属于露天作业，必须做好作业人员夏季防暑、冬季防冻工作。

14.4.4　环境要求

（1）施工前必须对可能产生的污染和对环境的影响作出评价，制订防治措施，并经相关部门批准后方可施工。

（2）如施工范围内发现有珍稀、濒危的野生动植物，具有重大科学文化价值的地质构造、溶洞和化石分布区、冰川、火山、温泉等自然遗迹，以及古树名木，应当采取措施加以保护。

（3）工程建设应当结合当地自然环境的特点，保护植被、水域或自然景观。

（4）各种临时设施和场地，如堆料场、材料加工场等，一般宜远离居民区（其距离不宜小于 1000 m），而且应设于居民区主要风向的下风处。当条件无法满足时，应采取适当的防尘及消毒等措施。

（5）施工运输道路，宜采取防止尘土飞扬的措施。

14.5　施工工艺

14.5.1　工艺流程

14.5.1.1　填土反压护道施工工艺流程

测量放线→临时排水设施→场地清理与填前碾压→填料运输与卸土→推平与翻拌晾晒→碾压→压实度检测

14.5.1.2　填石反压护道施工工艺流程

测量放线→填料装运→石料填筑→摊铺整平→碾压成型→压实度检测

14.5.2　操作工艺

14.5.2.1　填土反压护道施工

（1）测量放线

①在开工之前应做好施工测量工作，内容包括导线、中线及水准点的复测，水准点的增设。

②原有导线点不能满足施工要求时，应进行加密，保证在道路施工的全过程中，相邻导线点间能相互通视。对有碍施工的导线点，施工前可以采用交点法或其他的固定方法加以固定。

③导线和水准点的复测必须和相邻施工段进行闭合。

④计算每一桩号对应的路基宽度，放出路基边线。为了保证边坡的压实度，在每侧路基设计边线外加宽一定值作为填筑边线，此值由设计定，一般 300～500 mm。中线桩随填方上传。

⑤在施工测量完成前不得进行施工。如果遇到不适用的材料，要予以挖除。在挖除之前，对不适用材料的范围先行测量，经监理工程师确认批准后方可施工，并在挖完成后及回

填之前重新测量。

(2)临时排水设施

①路基排水按"截、导、排"的原则进行处理,并尽可能与设计排水系统相结合,勿使路基附近积水。

②施工时,先在征地线边缘堆置400 mm高的土埂,挡住外界地表水,并在土埂内侧挖临时排水沟,将水排入路基外的现状渠。

(3)场地清理与填前碾压

①场地清理

(A)在填筑前,将取土场和路基范围内的树木、垃圾、有机物残渣及原地面杂草等不适用材料清除,并排除地面积水。对妨碍视线、影响行车的树木、灌木丛等会同有关部门协商后在施工前进行砍伐、移植处理。

(B)施工范围内的树根要全部挖除,清除下来的垃圾、废料、树根及表土等不适用材料堆放在监理工程师指定的地点。

(C)凡监理工程师指定要保留的植物与构造物,要妥善加以保护。

(D)对路基范围内的树根坑、障碍物及建筑物移去后的坑穴,用经设计工程师与监理工程师批准的材料填至周围标高。回填分层压实,密实度不小于95%。

②填前碾压

场地清理与拆除完成后,进行填前碾压,使基底达到规定的压实度。

(4)填料运输与卸土

①填料运输顺序应符合以下规定:

(A)不同性质的土应分别填筑,不得混填,每种填料层累计厚度应在500 mm以上。

(B)强度较小的土应填在下层,不受潮湿、冻融影响而改变体积的优良土应填在上层。

②采用自卸车运土至作业面上,由专人指挥卸车,根据自卸车装土量及土的松铺厚度确定卸车距离。土堆应形成梅花型,用推土机推平后,使松铺厚度大致相同。松铺厚度由试验段确定,最大厚度不应超过300 mm。路床顶面最后一层的压实厚度不应小于80 mm。

(5)推平与翻拌晾晒

①用推土机将土大致推平,松铺厚度经检验合格后,进行含水量检测。

②若含水量过大,采用圆盘耙、五铧犁进行翻拌晾晒。

③填料含水量不足时,采用洒水车洒水再用拌和设备拌和均匀。

④当含水量达到最佳含水量的±2%范围内由推土机进行推平,然后用平地机刮平。

(6)碾压

①碾压前应再次检测松铺厚度、平整度和含水量。

②首先用压路机静压一遍,再用平地机刮一遍,然后根据试验路段得到的压实工序和碾压遍数用压路机进行碾压,直至达到密实度要求。

③压路机振动频率应控制在30~45 Hz的范围,过大的振动频率也会降低压实效果。压路机的振幅应控制在0.7~1.8 mm,在达到试验段的碾压遍数后,应检查压实度效果。

④碾压时第一遍应不振动静压,然后先慢后快,由弱振到强振。压路机最大行驶速度不宜超过4 km/h。碾压时直线段由两边向中间,小半径曲线段由内侧向外侧纵向进退式进行。碾压时轨迹重叠0.3 m,达到无漏压,无死角,确保碾压均匀。

⑤振动压路机碾压后的表层比较疏松，为了消除这种缺陷，振动碾压完成后应慢速静压一遍。

⑥碾压完成后进行密实度检测，若合格，进行下一道工序；若不合格，重复碾压工序。

14.5.2.2 填石反压护道施工

（1）测量放线：做好导线、中线及水准点的复测工作，原有导线点不能满足施工要求时，应对其加密，以保证在施工过程中，相邻导线点间能够通视。根据设计文件和图纸，对导线点、水准点进行复核；对中线及其各点的高程和横断面进行测量；对路基设计进行复核；对设计路线线形要素用中桩和边桩进行现场标志。

（2）填料装运：确定填料运输路线，专人指挥车辆。在铲运过程中，注意粗细料的均匀搭配，避免出现大粒径石料分开运输用于石方路基填筑的现象。同一岩性的石料不应与其他岩性的石料混合运输。

（3）石料填筑

①填石路基的石料如其岩性相差太大，应将不同岩性的填料分层或分段填筑。如路堑或隧道基岩为不同岩种互存，允许用挖出的混合石料填筑路基，但石料强度和粒径必须符合要求。

②用强风化石料或软质岩石填筑路基时，应按土质路堤施工规定，先进行 CBR 值检验，符合要求时按填土路基技术规定施工。

③当填筑石料级配较差、粒径较大、填层较厚、石块间空隙较大时，可于每层表面空隙间填入石渣、石屑或中、粗砂，再以压力水将其冲入下部，使空隙填满为止。

④路基边坡坡脚应采用大于 300 mm 的硬质石料码砌。当设计无规定，路基设计高度不大于 6 m 时，其码砌厚度不应小于 1 m；当设计高度大于 6 m 时，码砌厚度不应小于 2 m。

（4）摊铺整平

①填石护道施工应该分层填筑、分层压实。分层松铺厚度不宜大于 0.5 m；采用重型压路机压实填石路基时，松铺厚度可加厚至 1 m。

②根据石料粒径大小及组成采用相应摊铺方法：大粒径石料采用渐进式摊铺法铺料，运料汽车在新填的松料上呈梅花形先低后高、先两侧后中央逐渐向前卸料，推土机随时摊铺整平。其主要优点为：容易整平，容易控制填石料的厚度，为自卸车和机械振动碾压提供较好工作面。对细料含量较多的石料宜采用后退法铺料。运料汽车在已压实的层面上后退卸料，形成梅花形密集料堆，采用推土机摊铺整平。松铺厚度不大于 0.5 m，石料最大粒径不超过层厚的 2/3。大面积路基填石可采用两台推土机并列作业，两机铲刀相距 150～300 mm，每次作业长度以 20～50 m 为宜。

③填石路基在压实前，应摊铺平整，局部不平整处人工配合机械以细石屑找平。

（5）碾压成型

摊铺完成的石料表面应平整，无明显大石料露头，表面无明显孔洞、空隙，无多余的填石料堆放。一般采用 18 t 以上的重型振动压路机进行分层碾压，先静压一遍，根据试验段总结的碾压遍数由弱振到强振碾压数遍，最后再静压一遍，碾压速度控制在 1～2 km/h。碾压时直线段由两边向中间，小半径曲线段由内侧向外侧纵向进退式进行。横向接头对于振动压路机一般重叠 0.4～0.5 m，对于三轮压路机一般重叠后轮宽的 1/2；前后相邻区段纵向应重叠 1.0～1.5 m，达到无漏压，无死角，确保碾压均匀。

(6)压实度检测

一般采用 18 t 以上振动压路机进行压实试验,按照试验段确定的遍数和摊铺厚度,当压实层顶面稳定,碾压无轨迹时,可判断为密实状态;否则应重新碾压。

14.6 质量标准

14.6.1 基本要求

(1)在路基用地和取土坑范围内,认真清除地表植被、杂物、积水、淤泥和表土,处理坑塘,并对基底进行压实处理,使其满足设计和规范要求。

(2)必须采用设计或规范规定的适用土料作为路基填料,路基填料强度(CBR)应符合规范和设计要求。

(3)施工临时排水系统应与设计排水系统结合,勿使路基附近积水,避免冲刷边坡。

14.6.2 实测项目

反压护道实测项目如表 14 – 1 所示。

表 14 – 1 反压护道实测项目

项次	检查项目	规定值或允许偏差
1	厚度	不小于设计
2	宽度	不小于设计
3	压实度(%)	90

14.6.3 外观鉴定

反压护道表面平整、边坡直顺。

14.7 成品保护

(1)施工完成后,严禁重型车辆在反压护道上行驶。

(2)做好排水设施,保证反压护道不受雨水冲刷或浸泡。

14.8 安全环保措施

14.8.1 安全操作要求

(1)施工前必须做好安全管理,在显眼处布置安全标志,及时修整施工便道,保证便道畅通,保障施工人员、车辆以及机械的安全。

（2）土方施工机械操作人员应熟悉本机械操作规程，持证上岗，不得擅离岗位。严禁酒后操作机械，严禁机械带故障运转或超负荷运转。

（3）机械设备在施工现场停放时，应选择安全的停放地点，关闭好驾驶室，拉上制动阀。坡道上停放时，要用三角木或石块抵住车轮。夜间应有人看管。

（4）在路基沿线与公路、街道、交通繁忙道路的交通路口及施工便道地面起伏较大、转弯急的地方，必须有专人警戒，并设立适当的交通标志，防止交通事故。

（5）碾压作业时，必须保证前后无人才能启动机械。

（6）施工过程需有专人负责施工指挥及施工安全工作，如果由机械和人员配合布料，必须注意人员安全，做好警示标志。

14.8.2 环保措施

（1）施工平面布置尽量利用永久征地，减少对耕地或林木的破坏，避免水土流失，保持生态平衡。

（2）施工期间始终保持工地的良好排水状态，修建有足够泄水断面的临时排水泄道，并与永久性排水设施相连接，不形成淤积和冲刷。

（3）在施工区、生活区设置废弃物暂存处置场所，根据废弃物种类堆放，不在工地燃烧各种垃圾及废弃物。垃圾等废弃物运至环保部门认可的指定地点。

（4）污水不得直接排入河流和湖泊，排污管道要畅通，且远离取水井，无渗漏现象，防止污染周围水源。

（5）在距居民较近的施工区，尽可能不在夜间进行施工作业，以免噪声扰民。

（6）施工作业产生的灰尘，除在场地作业的人员配备必要专用劳保用品外，随时进行洒水以使灰尘公害减至最小程度。大风天气不得进行灰土作业。

14.9 质量记录

（1）地基处理检测记录（击实试验报告、低级密实度试验记录、地基密实度试验报告）。

（2）回填材料试验检验记录。（击实试验报告、土的实验报告、石料试验报告）。

（3）压实度检测记录。（过程测量复核记录、填土压实度实验记录、石方路基施工记录）。

（4）中间测量检验记录（高程、宽度等）。

（5）隐蔽工程检查记录。

（6）工序质量评定表。

15 土工材料处理软土路基施工工艺标准

15.1 总则

15.1.1 适用范围

本标准适用于高速公路软土路基处理施工，其他等级公路同等条件可参照执行。

15.1.2 编制参考标准及规范

(1)中华人民共和国行业标准《公路路基设计规范》(JTG D30—2015).

(2)中华人民共和国行业标准《公路土工试验规程》(JTG E40—2007).

(3)中华人民共和国行业标准《高速公路交通安全设施设计规范》(JTG D81—2006).

(4)中华人民共和国行业标准《高速公路交通安全设施施工技术规范》(JTG F71—2006).

(5)中华人民共和国行业标准《公路工程质量检验评定标准》(JTG F80/1—2017).

(6)中华人民共和国行业标准《公路排水设计规范》(JTG/T D33—2012).

(7)中华人民共和国行业标准《公路养护技术规范》(JTJG H10—2009).

(8)中华人民共和国行业标准《公路软土地基路堤设计与施工技术规范》(JTG/T D31 – 02—2013).

(9)中华人民共和国行业标准《公路工程岩石试验规程》(JTG E41—2005).

(10)中华人民共和国行业标准《公路工程集料试验规程》(JTG E42—2005).

(11)中华人民共和国行业标准《公路工程施工安全技术规程》(JTG F90—2015).

(12)中华人民共和国行业标准《公路工程名词术语》(JTJ 002—87).

(13)北京城建集团.《路桥市政工程施工工艺标准》.

(14)杨文渊,钱绍武.《道路施工工程师手册》.

(15)宋金华.《高等级道路施工技术与管理》.

(16)刘吉士,阎洪河.《公路路基施工技术》.

(17)王书斌,杜群乐.《公路路基施工要点与质量控制》.

(18)文德云.《公路施工技术》.

(19)黄晓明,张晓冰.《公路建设质量通病分析与防治》.

(20)杨文渊,钱绍武.《公路工程质检工程师手册》.

15.2　术语

15.2.1　土工材料

土工材料是土木工程应用的合成材料的总称。作为一种土木工程材料，它是以人工合成的聚合物(如塑料、化纤、合成橡胶等)为原料制成的各种类型的产品，置于土体内部、表面或各种土体之间，发挥加强或保护土体的作用。土工材料分为土工织物、土工膜、土工特种材料和土工复合材料等类型。

15.3　施工准备

15.3.1　技术准备

(1)土工材料处理软土路基施工前，应做好充分准备，熟悉相关规范要求和施工图纸，对施工作业队进行详细交底。

(2)做好现场布置，拉通施工便道，修筑临时设施，施工前所有机械设备必须安装调试好，并保证较好的完好率，确保施工机械及运输车辆能正常工作。

(3)完成测量放样及原地面高程复测，在开工报告中制订各种针对性的保证措施，报送有关部门批准后开工。

(4)根据现场情况和工程等级、规模，需作试验路段时，应修筑土工材料处理软土路基试验路段。

15.3.2　材料准备

根据当地条件及工程要求，就近联系生产厂家，选用的土工材料技术、质量指标应满足设计要求。土工合成材料在存放以及铺设过程中应避免长时间暴晒或暴露。与土工合成材料直接接触的填料中严禁含强酸性、强碱性物质。

15.3.3　主要机具

土工材料处理软土路基与路基填筑同步施工，本工艺本身无须太多机械，需要工程机械为推土机、铲运机、挖掘机、装载机、自卸汽车、压路机等。需要测量和检验实验设备为全站仪或经纬仪、水准仪、皮尺等。

15.3.4　作业条件

(1)场地已清理、平整，临时施工便道已修筑完毕，施工用水、电满足施工要求。

(2)地上及地下障碍物等已处理完毕。

(3)临时排水、防水设施已施工完毕。

15.3.5　劳动力组织

施工前必须做好施工组织设计，劳动力配置准备，根据本工程特性，可安排土方施工队负责施工。

15.4 工艺设计和控制要求

15.4.1 技术要求

(1)纵横向填挖交界处,当地面横坡大于1:2.5且填方高度大于8.0 m时,为避免交界处路基不均匀沉降,在填挖交界处开挖2%~4%向内倾斜的台阶,台阶宽度不得小于3.0 m,同时在路床以下铺设3层土工格栅,格栅伸入挖方段的长度不得小于4.0 m;格栅伸入填方段的要求为:与路堤格栅拉通布置,若设计中路堤无土工格栅,格栅伸入填方区长度不得小于15 m。

(2)下承层应平整,摊铺时应拉直、平顺,紧贴下承层,不得扭曲、折皱。在斜坡上摊铺时,应保持一定松紧度。

(3)铺设土工合成材料,应在路堤每边各留一定长度,回折覆盖在已压实的填筑层面上,折回外露部分应用土覆盖。

(4)土工合成材料的连接方式采用搭接时,搭接长度宜为300~600 mm;采用缝接时,缝接宽度应不小于50 mm,缝接强度应不低于土工合成材料的抗拉强度;采用黏结时,黏合宽度应不小于50 mm,黏合强度应不低于土工合成材料的抗拉强度。

(5)施工中应采取措施防止土工合成材料受损,出现破损时应及时修补或更换。

(6)双层土工合成材料上、下层接缝应错开,错开长度应大于500 mm。

15.4.2 材料质量要求

土工合成材料技术、质量指标应满足设计要求。土工格栅的材料应具有质量轻、整体连续好、抗拉强度较高、耐腐蚀和抗微生物侵蚀性好、施工方便等优点。高强土工材料其技术要求:抗拉强度不少于80 kN/m,应变小于4%。普通土工格栅采用双向土工格栅,其抗拉强度均大于50 kN/m,延伸率小于10%。

15.4.3 职业健康安全要求

(1)机械操作人员应熟悉本机械操作规程,持证上岗,不得擅离岗位。
(2)施工属于露天作业,必须做好作业人员夏季防暑、冬季防冻工作。

15.4.4 环境要求

(1)施工前必须对可能产生的污染和对环境的影响作出评价,制订防治措施,并经相关部门批准后方可施工。
(2)如施工范围内发现有珍稀、濒危的野生动植物,具有重大科学文化价值的地质构造、溶洞和化石分布区、冰川、火山、温泉等自然遗迹,以及古树名木,应当采取措施加以保护。
(3)工程建设应当结合当地自然环境的特点,保护植被、水域或自然景观。

15.5 施工工艺

15.5.1 工艺流程

施工准备→分层铺设土工格栅→分层填筑路基→检测验收

15.5.2 操作工艺

15.5.2.1 施工准备

根据设计图表恢复路线中桩、边桩,定出路堤坡脚,土工格栅摊铺的边缘线、锚固沟位置线、路基填土标高线。在边桩放样时,应考虑预加沉落度,在进行边坡放样时,采用竹杆挂线法或坡度样板法,放样同时也须考虑沉降对边坡坡比的影响。同时对铺设土工格栅的地面进行人工整平处理,不得出现大的凹洼和凸起物。

15.5.2.2 分层铺设土工格栅

(1)土工格栅铺设时,对于一般路基段,要求沿路堤横向铺设,且要求强度高的方向垂直于路线中心线;对于桥头台前及台后地段,土工格栅沿路堤纵向和横向两个方向铺设。两边挖宽 50 cm,深 30 cm 的锚固沟,锚固沟应平整直顺。

(2)土工格栅铺设时,应在路堤两侧每边各留不少于 2 m 的锚固长度,宜采用搭接法连接,搭接宽度不少于 50 cm,用铁丝捆扎,并用 U 形钉锚定。

(3)土工格栅铺设时应拉直展平,不允许有褶皱。土工格栅在搭接缝处(搭接 50 cm)设 U 形钉,以把土工格栅与土(砂)路基锚定,顺缝间距为 200 cm。

(4)对于接头处(含层数不同的接合处)的土工格栅铺设,后铺段应伸入前段路基 2 m。

(5)相邻两幅土工格栅的纵向接缝应错开布置,上下层土工格栅的横向接缝也应错开,且错开距离不应小于 50 cm。

(6)上下层土工格栅的填料应摊铺整齐,且碾压密实。

15.5.2.3 分层填筑路基

(1)土工格栅摊铺完毕后应及时填筑填料,以避免其受到阳光过长时间的直接暴晒。一般情况下,间隔时间不应超过 48 h。

(2)土工格栅上的第一层填料填筑时,应采用后卸式卡车沿路基两侧边缘倾卸填料,以形成运输填料的交通便道;卸料高度以不超过 1 m 为宜。填料卸后应及时摊铺。施工便道形成后,再由两侧向中心平行于路堤中心线对称填筑,填筑施工面宜保持"U"形。

(3)当土工格栅上的填筑层厚度不少 60 cm 时,车辆不允许在填筑层上回行,严禁进行大角度拐弯。施工机具重量应进行限制,不允许使用大吨位的自卸车行驶。

15.6 质量标准

15.6.1 基本要求

(1)土工合成材料质量应符合设计要求,无老化,外观无破损,无污染。

（2）土工合成材料应紧贴下承层，按设计和施工要求铺设、张拉、固定。

（3）土工合成材料的接缝搭接、黏接强度和长度应符合设计要求，上、下层土工合成材料搭接缝应交替错开。

15.6.2 实测项目

土工合成材料实测项目如表 15 – 1 所示。

表 15 – 1　土工合成材料实测项目

项次	检查项目	规定值或允许偏差	检查方法和频率
1	下承层平整度、拱度	符合设计施工要求	每 200 m 检查 4 处
2	搭接宽度/mm	+50, 0	抽查 2%
3	搭接缝错开距离/mm	符合设计施工要求	抽查 2%
4	锚固长度/mm	符合设计施工要求	抽查 2%

15.6.3 外观鉴定

（1）土工合成材料重叠平顺。

（2）土工合成材料固定牢固。

15.7　成品保护

（1）施工完成后，严禁非施工车辆在路基上行驶，路基填筑时间不得超过土工材料铺设时间 48 h。

（2）做好路基排水设施，保证路基不受雨水冲刷或浸泡。

（3）在雨后没有晾干以前，应采取断路措施，禁止车辆进入。

15.8　安全环保措施

15.8.1 安全操作要求

（1）施工前必须做好安全管理，在显眼处布置安全标志，及时修整施工便道，保证便道畅通，保障施工人员、车辆以及机械的安全。

（2）土方施工机械操作人员应熟悉本机械操作规程，持证上岗，不得擅离岗位。严禁酒后操作机械，严禁机械带故障运转或超负荷运转。

（3）机械设备在施工现场停放时，应选择安全的停放地点，关闭好驾驶室，拉上制动阀。坡道上停放时，要用三角木或石块抵住车轮。夜间应有人看管。

（4）在路基沿线与公路、街道、交通繁忙道路的交通路口及施工便道地面起伏较大、转弯急的地方，必须有专人警戒，设立适当的交通标志，防止交通事故。

（5）路基碾压作业时，必须保证前后无人才能启动机械。

（6）填筑过程需有专人负责施工指挥及施工安全工作，如果由机械和人员配合施工，必须注意人员安全，做好警示标志。

15.8.2　环保措施

（1）施工平面布置尽量利用永久征地，减少对耕地或林木的破坏，避免水土流失，保持生态平衡。

（2）施工期间始终保持工地的良好排水状态，修建有足够泄水断面的临时排水泄道，并与永久性排水设施相连接，使之不形成淤积和冲刷。

（3）在施工区、生活区设置废弃物暂存处置场所，根据废弃物种类堆放，不在工地燃烧各种垃圾及废弃物。垃圾等废弃物运至环保部门认可的指定地点。

（4）污水不得直接排入河流和湖泊，排污管道要畅通，且远离取水井，无渗漏现象，防止污染周围水源。

（5）在距居民较近的施工区，尽可能不在夜间进行地基处理作业，以免噪声扰民。

（6）施工作业产生的灰尘，除在场地作业的人员配备必要专用劳保用品外，随时进行洒水以使灰尘公害减至最小程度。大风天气不得进行灰土作业。

15.9　质量记录

（1）材料试验检验记录。

（2）压实度检测记录。

（3）中间测量检验记录（高程、宽度等）。

（4）隐蔽工程检查记录。

（5）工序质量评定表。

16　袋装砂井施工工艺标准

16.1　总则

16.1.1　适用范围

本标准适用于高速公路软土路基处理施工,其他等级公路同等条件可参照执行。

16.1.2　编制参考标准及规范

(1)中华人民共和国行业标准《公路路基设计规范》(JTG D30—2015)。

(2)中华人民共和国行业标准《公路土工试验规程》(JTG E40—2007)。

(3)中华人民共和国行业标准《高速公路交通安全设施设计规范》(JTG D81—2006)。

(4)中华人民共和国行业标准《高速公路交通安全设施施工技术规范》(JTG F71—2006)。

(5)中华人民共和国行业标准《公路工程质量检验评定标准》(JTG F80/1—2017)。

(6)中华人民共和国行业标准《公路排水设计规范》(JTG/T D33—2012)。

(7)中华人民共和国行业标准《公路养护技术规范》(JTJG H10—2009)。

(8)中华人民共和国行业标准《公路软土地基路堤设计与施工技术规范》(JTG/T D31 - 02—2013)。

(9)中华人民共和国行业标准《公路工程岩石试验规程》(JTG E41—2005)。

(10)中华人民共和国行业标准《公路工程集料试验规程》(JTG E42—2005)。

(11)中华人民共和国行业标准《公路工程施工安全技术规程》(JTG F90—2015)。

(12)中华人民共和国行业标准《公路工程名词术语》(JTJ 002—87)。

(13)北京城建集团.《路桥市政工程施工工艺标准》。

(14)杨文渊,钱绍武.《道路施工工程师手册》。

(15)宋金华.《高等级道路施工技术与管理》。

(16)刘吉士,阎洪河.《公路路基施工技术》。

(17)王书斌,杜群乐.《公路路基施工要点与质量控制》。

(18)文德云.《公路施工技术》。

(19)黄晓明,张晓冰.《公路建设质量通病分析与防治》。

(20)杨文渊,钱绍武.《公路工程质检工程师手册》。

16.2 术语

16.2.1 袋装砂井

袋装砂井是用透水型土工织物长袋装砂砾石,设置在软土地基中形成排水砂柱,以加速软土排水固结的地基处理方法。该法用于淤泥固结排水、堆荷预压,使沉降均匀。

16.3 施工准备

16.3.1 技术准备

(1)施工前对施工现场进行补充勘察,可以采用静力触探方法加密勘察,查明施工场地软土分布与性质,如果发现与地质条件勘察资料有较大的不相符时,及时通知设计单位对设计进行调整。

(2)熟悉设计文件,组织施工人员学习和掌握有关设计图纸及相关施工技术规范的有关规定,结合本合同段的工程地质和水文气象条件,制订符合实际的施工方案,进行技术交底,技术培训,落实岗位责任制,确保工程质量安全和进度。

(3)场地平整。清除施工现场地上、地下一切障碍物后再予以平整压实。遇有水塘、明沟应先排水和清淤,再分层回填砂性土料并压实。如施工场地过于软弱,不利于桩机行走时,铺设中粗砂作为工作垫层。

(4)修筑好进场便道及临时排水系统,提供施工前提条件,保证原有水渠的畅通。准备好水、电等供应设备,保证施工顺利进行。

(5)制作标识牌、安全警示牌、对危险地段做好围护,确保施工现场的安全。

(6)做好现场布置,拉通施工便道,修筑临时设施,施工前所有机械设备必须安装调试好,并保证较好的完好率,确保施工机械及运输车辆能正常工作。

(7)施工前按设计先施工试验桩,确定具体的施工参数。

16.3.2 材料准备

施工前应根据当地条件及工程要求,就近选取合格的砂场供应砂石,以确保施工进度和质量。

16.3.3 主要机具

(1)施工机械:振动打桩机、挖掘机、铲车、推土机和自卸汽车等。

(2)测量和检验实验设备:全站仪或经纬仪、水准仪和皮尺等。

16.3.4 作业条件

(1)场地已清理、平整,临时施工便道已修筑完毕,施工用水、电满足施工要求。

(2)地上及地下障碍物等已处理完毕。

（3）临时排水、防水设施已施工完毕。

16.3.5　劳动力组织

施工前必须做好施工组织设计，劳动力配置准备。袋装砂井施工的劳动定员要根据机具的台班生产能力大小确定，每个施工班组通常由 6～8 人组成。

16.4　工艺设计和控制要求

16.4.1　技术要求

（1）打设套管前要认真检查套管长度、直径是否与设计相符，管内有无杂物，桩尖活门开启是否灵活、封闭是否良好。

（2）灌制的砂袋要饱满，袋口扎紧。检查外观有无裂缝、缩颈或鼓包现象。

（3）砂井施工长度应考虑袋内砂体积减少，井内的弯曲、超深以及伸入水平碎石垫层内的长度等因素，通过试验确定，防止砂井全部沉入孔内，造成顶部与排水垫层不连接，影响排水效果；砂袋放至设计高程后，每根砂井的长度均须保证伸入砂垫层至少 30 cm，留在井外的长度不小于 50 cm，并不得卧倒。

（4）施工中随时检查套管成孔位置，垂直度是否满足设计要求。施打时设专人观测套管的入土深度，桩机是否出现倾斜或位移，出现问题要及时更正。

（5）砂袋入井，用桩架吊起垂直下井，防止砂袋发生扭转、缩颈、断裂和砂袋磨损。检查砂袋入井过程是否顺利，露出井外砂袋长度是否与理论值相符。

（6）砂井用振动法施工时，导轨垂直，钢套管不弯曲，沉桩时用测锤控制其垂直度。

（7）施工员需认真记录每天施工情况，如每根桩的位置与进尺，注意控制好施插和拔管速度，防止对土层扰动太大。认真检查砂袋质量，是否有损坏、老化、污染，如果发现砂袋质量不符合要求必须立即更换砂袋；检查灌装的砂袋是否符合设计长度与灌砂饱满率要求，查看是否有漏砂现象等，如果不符合设计长度或灌砂率未达到设计的 95% 则继续进行灌砂。

（8）施工中要进一步核定设计要求的施工区域及桩体位置，防止间距拉大或布置不均匀，同时应检查桩机垂直度，井间距允许偏差 ±150 mm，垂直度的允许偏差取桩长 1.5%。

（9）砂袋灌入砂后，露天堆放应有遮盖，切忌长时间暴晒，以免砂袋老化。

（10）拔管时注意垂直起吊，以防止带出或损坏砂袋。套管拔出后要检查砂袋的外露长度、砂袋入土深度是否满足设计要求、是否有跟套管上拔现象。一旦发现砂袋被带出或损坏，当带出长度大于 50 cm 时，应在原孔边缘重打。连续两次将砂袋带出时，应停止施工，查明原因并处理后方可施工。对已施设的袋装砂井要及时向袋内补砂，每隔三天补一次，一般补 2～3 次。

（11）砂垫层表面必须压实整平，土工格栅横向搭接宽度不小于 50 mm，纵向搭接宽度不小于 150 mm。

（12）沉降观测按相关规范执行。

16.4.2　材料质量要求

（1）加强材料的管理与检验，按规定做好砂子质量和含泥量的控制，对砂袋物理力学性质和缝制尺寸要按5%抽样检查，不合格的坚决不用。

（2）砂袋的技术指标应符合施工要求。砂粒应采用风干的中、粗砂，不应含草根、垃圾等杂质，含泥量不得大于3%。灌入砂袋的砂，捣固密实，现场存放的砂袋覆盖，避免阳光暴晒和雨淋，存放期不超过一周。

（3）施工前一定要对砂及砂袋的质量并进行检测，按进货数量分批进行抽检。砂垫层材料采用含泥量不大于5%，细度模数大于3，渗透系数不小于5×10^{-3} cm/s 的净粗砂；土工格栅材料采用单向拉伸塑料土工格栅，材料可为聚丙烯或聚乙烯，技术参数为每延米纵向拉伸屈服力不小于110 kN/m，延伸率不超过10%，纵向5%伸长率时的拉伸力不小于64 kN/m，纵向2%伸长率时的拉伸力不小于32 kN/m。

（4）砂袋内的砂采用中粗砂，中、粗砂中大于0.6 mm 颗粒的含量宜占总重的50%以上，含泥量小于3%，渗透系数大于5×10^{-2} mm/s。砂袋的渗透系数应不小于砂的渗透系数。

16.4.3　职业健康安全要求

（1）机械操作人员应熟悉本机械操作规程，持证上岗，不得擅离岗位。

（2）施工属于露天作业，必须做好作业人员夏季防暑、冬季防冻工作，配置充足的劳保用品。

16.4.4　环境要求

（1）施工前必须对可能产生的污染和对环境的影响作出评价，制订防治措施，并经相关部门批准后方可施工。

（2）如施工范围内发现有珍稀、濒危的野生动植物，具有重大科学文化价值的地质构造、溶洞和化石分布区、冰川、火山、温泉等自然遗迹，以及古树名木，应当采取措施加以保护。

（3）工程建设应当结合当地自然环境的特点，保护植被、水域或自然景观。

（4）砂垫层施工要做好防排水工作，不应因施工而导致冲刷或淤积等情况出现。

（5）施工废料、废方要按环保部门要求进行处理，不得造成环境污染。

（6）要注意控制扬尘和减少噪声污染。

16.5　施　工　工　艺

16.5.1　工艺流程

袋装砂井施工工艺流程如图16-1所示。

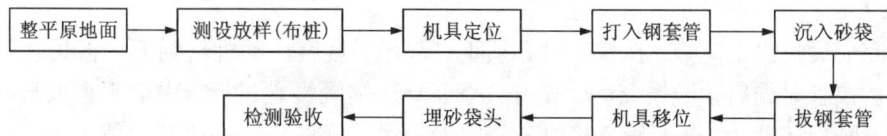

整平原地面 → 测设放样（布桩） → 机具定位 → 打入钢套管 → 沉入砂袋

检测验收 ← 埋砂袋头 ← 机具移位 ← 拔钢套管 ← 沉入砂袋

图16-1　袋装砂井施工工艺流程

16.5.2 操作工艺

16.5.2.1 整平原地面

测量人员首先对原地面进行断面复测,放出地基处理边线,利用挖掘机清除地表后用压路机压实整平,顶面向外设4%横坡。如遇有水塘、河沟等,应先排水、清淤,再分层回填砂性土并压实。经检验合格后填筑砂垫层,在检验合格的路拱上均匀等厚铺设砂垫层,按设计要求和砂垫层施工要求铺设。为确保砂垫层压实质量,碾压时应适当洒水;砂垫层填筑宽度应宽出路基边角0.5 m。垫层中可设土工格栅,土工格栅材料采用单向拉伸塑料土工格栅。砂垫层顶面设向外4%的横坡。

16.5.2.2 测设放样(布桩)

先采用全钻仪定出中线,然后根据设计图的处理宽度准确放出边线,如实测横断面图的宽度与该处砂井设计宽度出入较大,应按实测横断面图宽度予以调整。中线、边线定出后,再根据设计间距逐井定位,并编上各井井号,绘制出砂井平面布置图。

16.5.2.3 机具定位

根据设计布置的行列间距用小木桩或竹板桩正确定位。根据砂井平面布置图制订出砂井施工顺序并组装好机具到达指定位置,机具定位要保证锤中心与地面定位在同一点上,并用经纬仪检验导向架的垂直度,移动插桩时,用吊线垂方法检测和控制导向架及桩管的垂直度。机具定位后检查砂井机基础是否稳定牢固。桩尖有与导管相连的活瓣桩尖和分离式的混凝土预制桩尖,在导管沉入前应安装和检查,尤其是活瓣桩尖是否密合,清除导管内泥土,避免导管内存泥,影响砂井深度。管内加压后,砂袋仍然拔起,则可能是活门的开启失灵,需要拔出来排除故障。

16.5.2.4 打入钢套管

移动并调整钻机位置,确认钻机位置、钻杆垂直度无误后,即可开机钻孔,钻孔按试钻时的要求进行。一旦达到持力层,立即停机,同时测量出孔深,并做好深度记录。孔深测量方法用钢尺丈量,先在钻杆顶部作一明显标志,从标志处往下一直量到钻头,得出总长并记录好数据,钻孔完成后,再测量标志处到地面距离,用总长减去该距离即为孔深。砂井尽量垂直,个别最大偏差小于1.5%,用吊垂球进行测定,垂球自机顶吊下,待垂球稳定后,量得垂线上下两处距钻杆距离,求得两点的距离差 a,再量垂线两点间长度 s,a/s 即为垂直度偏差值(以%表示)。

16.5.2.5 沉入砂袋

沉入砂袋前应对砂袋进行检测,合格后使用。用灌砂机进行灌砂,灌砂机有效高度要大于1/2最大砂井深度。灌砂时两灌两振,并铺以人工铺灌,确保砂袋灌砂饱满,灌砂量严格控制在设计要求的设计允许偏差5%之内。砂袋长度与砂井深度一致,超长部分剪除。安装时不可产生回带,如产生回带则进行冲水拔出,查明原因重新安装砂袋。如再次回带则在旁边重新打孔安装。砂袋安装完成后及时进行埋头,防止因阳光暴晒使砂袋老化。

16.5.2.6 拔钢套管及机具移位

灌砂完成后拔出钢套管,在拔出时必须垂直起吊,然后移动机具到下一根袋装砂井位置定位施工。拔管时先启动激振器,后提升套管,要连续缓慢地进行,中途不得放松吊绳,防止因套管下坠损坏砂袋,若套管起拔时砂袋跟着上吊,可将套管下放至原位,在套管内加少量水，帮助打开桩尖活瓣。当砂袋带出长度大于0.5 m时，要重新补打。

16.5.2.7　埋砂袋头

套管拔出后，清除井口泥土，砂袋应露出孔口50 cm，并将其埋入砂垫层中，埋入长度应大于0.3 m或符合施工要求，已打完的砂袋井，若砂袋不满，应及时向袋内灌砂，填补到足够为止，袋桩周围出现空穴时及时用砂塞满并整好形。整段袋装砂井和砂垫层施工完毕后，设计有沉降观测装置的，及时埋设沉降设备。

16.6　质量标准

16.6.1　基本要求

砂垫层厚度及其上铺设的反滤层应符合设计要求。砂的规格、质量、砂袋织物质量必须符合设计要求；砂袋下沉时不得出现扭结、断裂等现象；井底标必须符合设计要求，其顶端必须按规范要求伸入砂垫层。

16.6.2　实测项目

袋装砂井施工质量实测情况如表16-1所示。

表16-1　袋装砂井施工质量实测情况

序号	项目	允许偏差	检查方法和频率
1	井距/mm	±150	抽查3%
2	井长	不小于设计值	查施工记录
3	井径/mm	+10，0	挖验3%
4	竖直度/%	1.5	查施工记录
5	灌砂率/%	+5，0	查施工记录

16.6.3　外观鉴定

袋装砂井成型后并不需要保证表层平整，只需注意砂袋应垂直下井，不得扭结、缩颈、断裂、磨损。其顶端必须按规范要求伸入砂垫层。

16.7　成品保护

（1）施工完毕后，应注意保护好现场轴线桩、标高桩，并应经常复测。

（2）严禁非施工车辆或重型施工机械在上面行驶。

（3）地基范围内不应留有孔洞。完工后如无技术措施，不得在影响其稳定的区域内进行挖掘工程。

（4）施工中必须保证边坡稳定，防止坍塌。

16.8 安全环保措施

16.8.1 安全操作要求

(1)施工前必须做好安全管理,在显眼处布置安全标志,及时修整施工便道,保证便道畅通,保障施工人员、车辆以及机械的安全。

(2)施工机械操作人员应熟悉本机械操作规程,持证上岗,不得擅离岗位。严禁酒后操作机械,严禁机械带故障运转或超负荷运转。

(3)机械设备在施工现场停放时,应选择安全的停放地点,关闭好驾驶室,拉上制动阀。坡道上停放时,要用三角木或石块抵住车轮。夜间应有人看管。

(4)在路基沿线与公路、街道、交通繁忙道路的交通路口及施工便道地面起伏较大、转弯急的地方,必须有专人警戒,设立适当的交通标志,防止交通事故。

(5)碾压作业时,必须保证前后无人才能启动机械。

(6)施工过程需有专人负责施工指挥及施工安全工作,如果由机械和人员配合施工,必须注意人员安全,做好警示标志。

16.8.2 环保措施

(1)施工平面布置尽量利用永久征地,减少对耕地或林木的破坏,避免水土流失,保持生态平衡。

(2)施工期间始终保持工地的良好排水状态,修建有足够泄水断面的临时排水泄道,并与永久性排水设施相连接,不形成淤积和冲刷。

(3)在施工区、生活区设置废弃物暂存处置场所,根据废弃物种类堆放,不在工地燃烧各种垃圾。垃圾等废弃物运至环保部门认可的指定地点。

(4)污水不得直接排入河流和湖泊,排污管道要畅通,且远离取水井,无渗漏现象,防止污染周围水源。

(5)在距居民较近的施工区,尽可能不在夜间进行地基处理作业,以免噪声扰民。

(6)施工作业产生的灰尘,除在场地作业的人员配备必要专用劳保用品外,随时进行洒水以使灰尘公害减至最小程度。

(7)运输砂时必须覆盖,不得沿途遗撒,材料应遮盖存放,避免扬尘。

16.9 质量记录

(1)地基处理检测记录(地基密实度试验报告等)。

(2)材料试验检验记录。

(3)竖直度检测记录。

(4)中间测量检验记录(高程、中线、宽度等)。

(5)隐蔽工程检查记录。

(6)工序质量评定表。

17 塑料排水板施工工艺标准

17.1 总则

17.1.1 适用范围

本标准适用于高速公路软土路基处理施工，其他等级公路同等条件可参照执行。

17.1.2 编制参考标准及规范

(1) 中华人民共和国行业标准《公路路基设计规范》(JTG D30—2015).

(2) 中华人民共和国行业标准《公路土工试验规程》(JTG E40—2007).

(3) 中华人民共和国行业标准《高速公路交通安全设施设计规范》(JTG D81—2006).

(4) 中华人民共和国行业标准《高速公路交通安全设施施工技术规范》(JTG F71—2006).

(5) 中华人民共和国行业标准《公路工程质量检验评定标准》(JTG F80/1—2017).

(6) 中华人民共和国行业标准《公路排水设计规范》(JTG/T D33—2012).

(7) 中华人民共和国行业标准《公路养护技术规范》(JTJG H10—2009).

(8) 中华人民共和国行业标准《公路软土地基路堤设计与施工技术规范》(JTG/T D31 - 02—2013).

(9) 中华人民共和国行业标准《公路工程岩石试验规程》(JTG E41—2005).

(10) 中华人民共和国行业标准《公路工程集料试验规程》(JTG E42—2005).

(11) 中华人民共和国行业标准《公路工程施工安全技术规程》(JTG F90—2015).

(12) 中华人民共和国行业标准《公路工程名词术语》(JTJ 002—87).

(13) 北京城建集团.《路桥市政工程施工工艺标准》.

(14) 杨文渊，钱绍武.《道路施工工程师手册》.

(15) 宋金华.《高等级道路施工技术与管理》.

(16) 刘吉士，阎洪河.《公路路基施工技术》.

(17) 王书斌，杜群乐.《公路路基施工要点与质量控制》.

(18) 文德云.《公路施工技术》.

(19) 黄晓明，张晓冰.《公路建设质量通病分析与防治》.

(20) 杨文渊，钱绍武.《公路工程质检工程师手册》.

17.2　术语

17.2.1　塑料排水板

塑料排水板别名塑料排水带，有波浪形、口琴形等多种形状。中间是挤出成型的塑料芯板，是排水带的骨架和通道，其断面呈并联十字，两面以非织造土工织物包裹作滤层，芯带起支撑作用并将滤层渗进来的水向上排出，是淤泥、淤质土、冲填土等饱和黏性及杂填土运用排水固结法进行软基处理的良好垂直通道，塑料排水板的使用大大缩短软土固结时间。

17.3　施工准备

17.3.1　技术准备

（1）熟悉设计文件，组织施工人员学习和掌握有关设计图纸及相关施工技术规范的有关规定，结合本合同段的工程地质和水文气象条件，制订符合实际的施工方案，进行技术交底，技术培训，落实岗位责任制，确保工程质量安全和进度。

（2）场地平整。清除施工现场地上、地下一切障碍物后再予以平整压实。

（3）修筑好进场便道及临时排水系统，提供施工前提条件，保证原有水渠的畅通。准备好水、电等供应设备，保证施工顺利进行。

（4）制作标识牌、安全警示牌、对危险地段做好围护，确保施工现场的安全。

（5）做好现场布置，拉通施工便道，修筑临时设施，施工前所有机械设备必须安装调试好，并保证较好的完好率，确保施工机械及运输车辆能正常工作。

17.3.2　材料准备

施工前应根据工程要求，采购足够质量符合设计及规范要求的塑料排水板，以确保施工进度和质量。

17.3.3　主要机具

（1）施工机械：塑料排水板插板机、振动锤和拔插管配。

（2）测量和检验实验设备：全站仪或经纬仪、水准仪和皮尺等。

17.3.4　作业条件

（1）场地已清理、平整，临时施工便道已修筑完毕，施工用水、电满足施工要求。

（2）地上及地下障碍物等已处理完毕。

（3）临时排水、防水设施已施工完毕。

17.3.5　劳动力组织

施工前必须做好施工组织设计，劳动力配置准备。

17.4　工艺设计和控制要求

17.4.1　技术要求

（1）塑料排水板超过孔口的长度应能伸入砂垫层不小于500 mm，预留段应及时弯折埋设于砂垫层中，与砂垫层贯通，并采取保护措施。

（2）塑料排水板不得搭接。

（3）施工中防止泥土等杂物进入套管内，一旦发现应及时清除。

（4）打设形成的孔洞应用砂回填，不得用土块堵塞。

（5）严格控制间距和深度，施工中发现塑料板随同套管拔出时，带出长度不应大于0.5 m，否则应重新补打。按照设计施工图进行桩位布点，桩点中心用白灰标识，以确保施工时沉管准确位置。

（6）塑料排水板留出孔口长度应保证深入砂垫层不小于0.3 m，使其与砂垫层贯通，并将其保护好，以防受损，影响排水效果。

17.4.2　材料质量要求

（1）塑料排水板的品种、规格、质量应符合设计要求，进场时应进行现场验收。检验数量：同一产地、厂家、品种且连续进场的塑料排水板每10万米为一批，不足10万米亦按一批计。对芯板的材料、单位长度重量、施工单位每批检验1组。检验方法：检查产品质量合格证，对芯板的单位长度重量、抗拉强度、伸长率、纵向通水率以及滤膜的单位面积重量、抗拉强度、渗透系数、等效孔径等性能进行试验。

（2）施工现场堆放的塑料排水板盘带应加以适当覆盖，以防暴露在阳光下老化。

（3）现场堆放的塑料排水板，应采取措施防止损坏滤膜。

17.4.3　职业健康安全要求

（1）机械操作人员应熟悉本机械操作规程，持证上岗，不得擅离岗位。

（2）施工属于露天作业，必须做好作业人员夏季防暑、冬季防冻工作，配置充足的劳保用品。

17.4.4　环境要求

（1）施工前必须对可能产生的污染和对环境的影响作出评价，制订防治措施，并经相关部门批准后方可施工。

（2）如施工范围内发现有珍稀、濒危的野生动植物，具有重大科学文化价值的地质构造、溶洞和化石分布区、冰川、火山、温泉等自然遗迹，以及古树名木，应当采取措施加以保护。

（3）工程建设应当结合当地自然环境的特点，保护植被、水域或自然景观。

（4）砂垫层施工要做好防排水工作，不应因施工而导致冲刷或淤积等情况出现。

（5）施工废料、废方要按环保部门要求进行处理，不得造成环境污染。

（6）要注意控制扬尘和减少噪声污染。

17.5 施工工艺

17.5.1 工艺流程

塑料排水板施工工艺流程如图 17-1 所示。

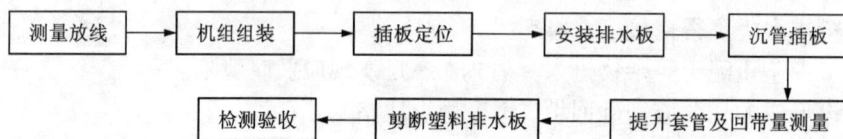

```
测量放线 → 机组组装 → 插板定位 → 安装排水板 → 沉管插板
                                                    ↓
检测验收 ← 剪断塑料排水板 ← 提升套管及回带量测量
```

图 17-1 塑料排水板施工工艺流程

17.5.2 操作工艺

17.5.2.1 测量放线

插板施工采用单元块法施工,按施工区域划分进行施工。按区域施工便于点位的布置和机械作业,且避免了相互影响。采用极坐标法用全站仪施放各单元的控制边线。根据图纸计算出插板区域外边线坐标,全站仪测量,打入木桩,并用红油漆标记点位并编号。单元内各插板点位则利用钢尺量距通过内外边线施放,用白石灰粉做醒目标志,并编制打设板位编号和板位顺序。

17.5.2.2 机组组装及定位

机械设备运至施工地段,进行分别组装,其组装方法为:首先组装插板、底盘及龙门架,应用卷扬机和滑轮将龙门架拉起并固定好,然后再组装塔架,用同样方法将其拉起固定,塔架竖起后再安装卷扬机和振动锤。卷扬机安装固定在架的背面,再将各行走部位组装到位,最后将插管和振动锤连接固定,至此,整个一台插板机组装完毕。插板机沿门架在设计插板断面上移动,定位于插板位置,准备实施插板作业。

17.5.2.3 安装排水板

安装好进场设备,根据设计插板的深度要求,将插管长度定好。并在插管和塔架上做好应插排水板深度记号。排水板从套管的插嘴进入套管内部,固定在套管底部的插销上,同时拉紧排水板,依靠排水板与插销之间的摩擦力连接在一起,上提时插销从套管口与排水板端部抽出,套管提出,排水板靠土压力留在地基中。

17.5.2.4 沉管插板

(1)铺设枕木、轨道,将机器移入场内。

(2)将排水板装入卷筒,并通过门架上的滑轮将排水板引入插杆中。

(3)插板前检查套管垂直度,若不符合要求,可前后调节门架位置,左右调节套管位置,保证插板垂直度在1.5%以内。

(4)将排水板从插入杆端头引出、折回,夹上短钢筋(桩位放样时插在桩位上),用订板机订好。

（5）拉紧排水板，将插入杆对准桩位。

（6）开启振动将插入杆压入地基。塑料排水板在插入地基的过程中应保证板不扭曲，透水膜无破损和不被污染。板的底部应有可靠的锚固措施，以免在抽出保护套管时将其带出。排水板施插过程，应注意是否在插入时真正送入土中，或在拔管（心轴）时，排水板回带上来。可经常注意卷筒内塑料板的耗用量（或用自动记录装置记录）。施插排水板到达设计入土深度后方能拔管。当碰到地下障碍物而不能继续打进或令孔体倾斜（超过允许偏差），应弃置该孔而拔管移位（相距45 cm左右），重新施打排水孔。排水孔的施打过程要采用定载振动压入的方法，一直打到设计要求的深度，不允许重锤夯击。施打过程保持排水孔的垂直度，其垂直偏差按进入深度控制不大于1.5～2 cm/m（1.5%～2%）。排水孔的平面位置应按设计要求的间距施打，一般位置偏差不超过5 cm。保持排水板入土的连续性，发现断裂即重新施插。施插设塑料排水板时，其间距尺寸误差应小于15 cm，其露出于砂垫层上的长度按20 cm控制。

（7）在套管上按照设计深度用红漆作明显标志，到达设计深度（预先在插入杆用红漆划上标志）后将插入杆拔出。则排水板被短钢筋锚固于孔底。塑料排水板插好后应及时将露在垫层外的多余部分切断，并对排水板予以保护，以防因插板机移动或车辆的进出使塑料排水板受到损坏而降低排水效果。

17.5.2.5　提升套管及回带量测量

确定排水板已达到设计深度后，可提起套管，此时应观察套管插入孔，如排水板相对套管不动，则说明排水板回带，继续上提套管，直到排水板移动抽入套管，量取此时套管的提升高度，即为排水板回带量。若大面积回带，可考虑改变插销形式，减小提升套管时插销与排水板摩擦力，并增大排水板底端与泥土间接触面积，以减少回带现象的发生。

17.5.2.6　剪断塑料排水板

当套管提升至套管底部离开砂面50 cm时，人工从套管底部切断排水板，使排水板外露长度控制在20 cm以上，然后留下排水板头弯曲插进管口。

17.5.2.7　检测验收

主要检查内容为质量标准要求的项目，若检查不合格，则必须在不合格排水板位置的20 cm范围内补打一根排水板，重新检查，直至合格为止。合格后移动插板机至下一板位。打设过程中逐根做好施工记录。

17.6　质量标准

17.6.1　基本要求

塑料排水板质量必须符合设计要求，塑料排水板下沉时不得出现扭结、断裂等现象；板底标高必须符合设计要求，其顶端必须按规范要求伸入砂垫层。

17.6.2　实测项目

塑料排水板施工实测情况如表17-1所示。

表 17 – 1　塑料排水板施工实测情况

序号	检查项目	允许偏差	检查方法和频率
1	板距/mm	± 150	抽查 3%
2	板长	不小于设计值	抽查 3%
3	竖直度/%	1.5	查施工记录

17.6.3　外观鉴定

塑料排水板成型后并不需要保证表层平整，只需注意塑料排水板下沉时，严禁出现扭结、断裂和撕破滤膜等现象发生，回带的数量不宜超过打设总数的 5%，其顶端必须按规范要求伸入砂垫层。

17.7　成品保护

（1）施工完毕时，应注意保护好现场轴线桩、标高桩，并应经常复测。

（2）严禁非施工车辆或重型施工机械在上面行驶。

（3）地基范围内不应留有孔洞。完工后如无技术措施，不得在影响其稳定的区域内进行挖掘工程。

（4）施工中必须保证边坡稳定，防止坍塌。

（5）达到设计及规范要求后方可进行下一步施工。

17.8　安全环保措施

17.8.1　安全操作要求

（1）施工前必须做好安全管理，在显眼处布置安全标志，及时修整施工便道，保证便道畅通，保障施工人员、车辆以及机械的安全。

（2）施工机械操作人员应熟悉本机械操作规程，持证上岗，不得擅离岗位。严禁酒后操作机械，严禁机械带故障运转或超负荷运转。

（3）机械设备在施工现场停放时，应选择安全的停放地点，关闭好驾驶室，拉上制动阀。坡道上停放时，要用三角木或石块抵住车轮。夜间应有人看管。

（4）在路基沿线与公路、街道、交通繁忙道路的交通路口及施工便道地面起伏较大、转弯急的地方，必须有专人警戒，并设立适当的交通标志，防止交通事故。

（5）碾压作业时，必须保证前后无人才能启动机械。

（6）施工过程需有专人负责施工指挥及施工安全工作，如果由机械和人员配合施工，必须注意人员安全，做好警示标志。

17.8.2 环保措施

（1）施工平面布置尽量利用永久征地，减少对耕地或林木的破坏，避免水土流失，保持生态平衡。

（2）施工期间始终保持工地的良好排水状态，修建有足够泄水断面的临时排水泄道，并与永久性排水设施相连接，不形成淤积和冲刷。

（3）在施工区、生活区设置废弃物暂存处置场所，根据废弃物种类堆放，不得在工地燃烧各种垃圾及废弃物。垃圾等废弃物运至环保部门认可的指定地点。

（4）污水不得直接排入河流和湖泊，排污管道要畅通，且远离取水井，无渗漏现象，防止污染周围水源。

（5）在距居民区较近的施工区，尽可能不在夜间进行地基处理作业，以免噪声扰民。

（6）施工作业产生的灰尘，除在场地作业的人员配备必要专用劳保用品外，随时进行洒水以使灰尘公害减至最小程度。

（7）运输砂时必须覆盖，不得沿途遗撒，材料应遮盖存放，避免扬尘。

17.9　质量记录

（1）地基处理检测记录。
（2）材料试验检验记录。
（3）竖直度检测记录。
（4）中间测量检验记录。
（5）隐蔽工程检查记录。
（6）工序质量评定记录。

18 砂桩处理软土路基施工工艺标准

18.1 总则

18.1.1 适用范围

本标准适用于高速公路软土路基处理施工，其他等级公路同等条件可参照执行。

18.1.2 编制参考标准及规范

(1)中华人民共和国行业标准《公路路基设计规范》(JTG D30—2015).

(2)中华人民共和国行业标准《公路土工试验规程》(JTG E40—2007).

(3)中华人民共和国行业标准《高速公路交通安全设施设计规范》(JTG D81—2006).

(4)中华人民共和国行业标准《高速公路交通安全设施施工技术规范》(JTG F71—2006).

(5)中华人民共和国行业标准《公路工程质量检验评定标准》(JTG F80/1—2017).

(6)中华人民共和国行业标准《公路排水设计规范》(JTG/T D33—2012).

(7)中华人民共和国行业标准《公路养护技术规范》(JTJG H10—2009).

(8)中华人民共和国行业标准《公路软土地基路堤设计与施工技术规范》(JTG/T D31-02—2013).

(9)中华人民共和国行业标准《公路工程岩石试验规程》(JTG E41—2005).

(10)中华人民共和国行业标准《公路工程集料试验规程》(JTG E42—2005).

(11)中华人民共和国行业标准《公路工程施工安全技术规程》(JTG F90—2015).

(12)中华人民共和国行业标准《公路工程名词术语》(JTJ 002—87).

(13)北京城建集团.《路桥市政工程施工工艺标准》.

(14)杨文渊，钱绍武.《道路施工工程师手册》.

(15)宋金华.《高等级道路施工技术与管理》.

(16)刘吉士，阎洪河.《公路路基施工技术》.

(17)王书斌，杜群乐.《公路路基施工要点与质量控制》.

(18)文德云.《公路施工技术》.

(19)黄晓明，张晓冰.《公路建设质量通病分析与防治》.

(20)杨文渊，钱绍武.《公路工程质检工程师手册》.

18.2　术语

18.2.1　砂桩

砂桩是指为增加软基稳定向钻孔内灌入中粗砂而建成的桩。砂桩也称为挤密砂桩或砂桩挤密法。砂桩在 19 世纪 30 年代源于欧洲，直到 20 世纪 50 年代，才在国内外得以迅速发展，施工工艺才逐步走向完善和成熟。砂桩法适用于挤密松散砂土、粉土、黏性土、素填土、杂填土等地基。砂桩自引入我国后，在工业和各种工程中均有应用，尤其是近二十年来，国内取得了许多成功的经验，解决了一些工程实际问题。振动机管砂桩是近十余年来发展起来的一种砂桩施工新工艺。这种施工工艺，既有挤密作用又有振密作用，处理效果较好。

18.3　施工准备

18.3.1　技术准备

(1)熟悉设计文件，组织施工人员学习和掌握有关设计图纸及相关施工技术规范的有关规定，结合本合同段的工程地质和水文气象条件，制订符合实际的施工方案，进行技术交底、技术培训，落实岗位责任制，确保工程质量安全和进度。

(2)场地平整。清除施工现场地上、地下一切障碍物后再予以平整压实。遇有水塘、明沟应先排水和清淤，再分层回填砂性土料并压实，不得回填杂填土。如施工场地过于软弱，不利于桩机行走时，铺设中粗砂作为工作垫层。

(3)修筑好进场便道及临时排水系统，提供施工前提条件，保证原有水渠的畅通。准备好水、电等供应设备，保证施工顺利进行。

(4)制作标识牌、安全警示牌，对危险地段做好围护，确保施工现场的安全。

(5)做好现场布置，拉通施工便道，修筑临时设施，施工前所有机械设备必须安装调试好，并保证较好的完好率，确保施工机械及运输车辆能正常工作。

(6)施工前按设计先施工试验桩，进行成孔、灌砂工艺和挤密效果试验，以确定有关施工工艺参数(填砂量、桩管提升高度和速度、桩管往复挤压振动次数和振动时间、电机工作电流等)，并对试桩进行了测试，其承载力、挤密效果等符合设计要求，取得了设计、业主、监理等有关方面的确认。

18.3.2　材料准备

施工前应根据当地条件及工程要求，就近选取合格的砂场供应砂石，以确保施工进度和质量。

18.3.3　主要机具

(1)机具：振动(锤击)沉管打桩机、起重机等。

(2)工具：桩管(带活瓣桩尖)、装砂料斗、铁锹、手推车等。

（3）量具：经纬仪、水准仪、钢卷尺等。

18.3.4　作业条件

（1）施工范围内地上、地下所有障碍物和地下管道、电缆、旧基础等均已全部拆除或搬迁。附近原有地上、地下建（构）筑物、各种地下管线等已采取有效的保护和加固措施。

（2）当沉管振动（锤击）对邻近建筑物及厂房内仪器、设备有影响时，已经采取了有效的防护措施。

（3）施工场地已进行平整，对桩机运行的松软场地已进行预压处理，现场已采取有效的排水措施。

（4）桩轴线、高程控制桩已经设置完毕，且经报验复核确认；桩孔位置已经放线并钉桩位标志定位或打孔灌石灰定位。

（5）供水、供电、通讯、运输道路、现场临时设施等已经设置就绪并具备使用条件。

（6）施工所需施工机具已进场，并确保处于完好状态。

（7）夜间施工应合理安排工序，现场应设置足够的照明。

18.3.5　劳动力组织

施工前必须做好施工组织设计，劳动力配置准备。

18.4　工艺设计和控制要求

18.4.1　技术要求

（1）采用单管冲击法、一次打桩管成桩法或复打成桩法施工时，应使用饱和砂；采用双管冲击法、重复压拔法施工时，可使用含水量为7%~9%的砂；饱和土中施工可用天然湿砂。

（2）地面下1~2 m土层应超量投砂，通过压挤提高表层砂的密实程度。

（3）砂桩的施工顺序：施工采用间隔跳打的顺序，先打第一排的各桩，接着向前推进隔一排打第三排的各桩，然后再退回一排打第二排各桩，以此类推。

（4）桩长及拔压管控制：桩管下沉前，在桩管上用红油漆做好满足设计和工艺参数的高度控制线，施工时严格按照此操作。

（5）若灌砂量不足、砂的含水率不佳或加水量不足，就会导致成桩桩身密实度不足，引起疏松现象。因此要严格控制投砂量，桩管内的加水量必须充足。实际灌砂量未达到设计用量时，应进行处理。

（6）沉桩时桩管竖直度不够，或受邻桩振冲影响，容易引起已成砂桩倾斜。因此沉桩时要经常校正桩管竖直度，相邻桩应间隔跳跃施工，避免相互间震动影响。

（7）桩底空松或桩底端料少或无料会引起短桩，沉管时遭遇局部硬土层或孤石，处理不当也会造成桩长不够。如果遇到土层或孤石，处理方法最好是即时停机，在桩位旁边试打，确定硬土层范围，然后考虑将桩位变更在邻位桩；拔管前必须灌满砂料，并留振1 min。

（8）成桩过程应连续。断桩是施工中常见病害，造成的原因有反插深度有误、塌孔、卡管活页打不开等。要严格按工艺性试桩提供的技术参数及成桩步骤控制拔管高度、留振时间，否则易出现断桩，不能保证桩身的连续性。

（9）卡管为成桩中常见现象，要整修活页，使活页开启灵活打开。

（10）全过程实行旁站监督，严格控制桩身垂直度、桩位偏差、桩长及砂料灌入量，做好施工记录，并按照验标规定的检验数量和检验方法对其进行检验，确保桩的质量满足设计要求。

（11）为防止堵管，避免桩体不连续，须做到以下几点：

①桩管就位时，管底铺 0.05 m³ 左右的砂，防止淤泥挤入桩底活瓣缝隙。

②雨天施工，由于现场砂料含水量大，暂留在桩管内的砂容易在激振力作用下达到密实而不易下料。

③现场装载机铲运砂时，带进的泥团，灌砂前一定要清理出来。

（12）成桩结束后，桩管带出的部分淤泥及施工废弃物要及时清除到指定地点，按设计要求进行处理。

18.4.2　材料质量要求

（1）施工用砂进场后须经检测后方可使用，确保砂的各项性能指标符合规范要求。砂料控制：砂料进场前按验标要求进行检验，要求为级配良好的中粗砂，其含泥量不得大于 5%。用于排水的砂桩，其砂含泥量不大于 3%。

（2）采用中、粗砂，大于 0.6 mm 颗粒含量宜占总重的 50% 以上，含泥量应小于 3%，渗透系数大于 5×10^{-2} mm/s。也可使用砂砾混合料，含泥量应小于 5%。

（3）砂料进场前要根据验收规定的检验批次、数量及检验方法对砂进行含泥量、级配检验，检验合格后方可进场。

18.4.3　职业健康安全要求

（1）该施工作业特点是桩机范围内作业人数多，其危险点是桩机倾覆、桩锤脱轨。针对以上危险点，应制订相应预防措施和急救措施。

（2）机械操作人员应熟悉安全操作规程，持证上岗，不得擅离岗位。

18.4.4　环境要求

（1）施工前必须对可能产生的污染和对环境的影响作出评价，制订防治措施，并经相关部门批准后方可施工。

（2）如施工范围内发现有珍稀、濒危的野生动植物，具有重大科学文化价值的地质构造、溶洞和化石分布区、冰川、火山、温泉等自然遗迹，以及古树名木，应当采取措施加以保护。

（3）工程建设应当结合当地自然环境的特点，保护植被、水域或自然景观。

（4）施工废料废方要按环保部门要求进行处理，不得造成环境污染。

（5）要注意控制扬尘和减少噪声污染。

18.5　施工工艺

18.5.1　工艺流程

（1）采用振动法施工砂桩的具体步骤为：桩机就位→振动下沉→灌砂拔管→成桩。

（2）采用锤击法施工砂桩的具体步骤为：桩机就位→锤击下沉→灌砂→拔管成桩。

18.5.2　操作工艺

18.5.2.1　振动法施工砂桩

1.桩机就位

施工前用全站仪测定砂桩施工的控制点，埋石标记，经过复测验线合格后，用钢尺和测线实地布设桩位，并用竹签钉紧，一桩一签，保证桩孔中心移位偏差小于50 mm。钻机就位后，对桩机进行调平、对中，调整桩机的垂直度，保证钻杆应与桩位一致，偏差应在10 mm以内，钻孔垂直度误差小于0.3%；钻孔前应调试空压机、泥浆泵，使设备运转正常；校验钻杆长度，并用红油漆在钻塔旁标注深度线，保证孔底标高满足设计深度。施工前应进行成桩挤密试验，桩数宜为7～9根，应根据沉管和挤密情况，确定填砂量、提升高度和速度、挤压次数和时间、电机工作电流等，作为质量控制标准，以保证挤密均匀和桩身的连续性。

2.振动下沉

启动桩锤电机振动桩锤，使桩管下沉至设计深度。桩管下沉入土后，严格控制沉入深度，确保达到设计桩长。桩管下沉过程中，应沿导向架，并始终保持同导杆平行，如发生桩管偏斜须及时扶正桩管。

3.灌砂拔管

（1）振动沉桩机在桩位将带活瓣尖的与砂桩同直径的钢管沉到设计深度，从进料口往桩管内灌砂后，边振动边缓慢拔出桩管，或在振动拔管的过程中，每拔0.5 m高停拔，振动20～30 s，或将桩管压下后再拔，以便将落入桩孔内的砂压实成桩，并可使桩径扩大。振动力以30～70 kN为宜，不应太大，以防过分扰动土体。拔管速度应控制在1～1.5 m/min范围内。打直径φ500～φ700 mm的砂桩通常采用大吨位KMZ-12000A型振动沉桩机施工；直径φ500以下的采用KMZ-9000型振动沉桩机施工。

（2）灌砂时砂含水量应加以控制，对饱和土层，砂可采用饱和状态；对非饱和土、杂填土或能形成直立的桩孔壁的土层，含水量采用7%～9%。

（3）砂桩应控制砂量，砂桩孔内的填砂量可按下式计算：

$$S = Ap \times L \times ds \times (1 + 0.01w)/(1 + e)$$

式中：S——填砂量（以重量计），kg；

　　　Ap——砂桩的截面积，m²；

　　　L——桩长；m；

　　　ds——砂料的密度，g/cm³；

　　　w——砂料的含水量，%；

　　　e——地基挤密后要求达到的孔隙比。

砂桩的灌砂量通常按桩孔的体积和砂在中密状态的干密度计算(一般取 2 倍桩管入土体积)。

4. 成桩

(1)桩身及桩间挤密土的质量,可采用标准贯入、静力触探或轻便触探等方法检验。桩间土质量的检测位置应在等边三角形或正方形的中心。其检验时间,施工后应间隔一定时间方可进行复合地基处理效果检测或地基载荷试验,对砂土及粉土地基宜间隔一周。对饱和土地基宜间隔 2 周。

(2)施工期间及施工结束后,应检查施工记录,包括各桩段的填充砂料,桩管往复挤压振动次数与时间,桩管升降幅度和速度等各项施工记录。校核是否符合施工工艺参数的要求。

(3)经质量检测后,如有砂桩质量未达到设计要求时,应采取加桩或其他补救措施,并对复合地基处理效果重新进行检测评定。

18.5.2.2　锤击法施工砂桩

1. 桩机就位

施工前用全站仪测定砂桩施工的控制点,埋石标记,经过复测验线合格后,用钢尺和测线实地布设桩位,并用竹签钉紧,一桩一签,保证桩孔中心移位偏差小于 50 mm。锤击沉管桩机就位必须平稳,确保在施工中桩机不发生倾斜、移动,然后吊起桩管,对准桩位中心,并在桩管与桩尖连接处,垫好麻绳等缓冲材料,缓慢放下桩管,套入桩尖,上端扣上桩帽。要保证桩尖、桩管、桩锤位于同一垂直线上,且桩尖与套管下端应紧密结合。

2. 锤击下沉

然后利用锤重及桩管自重,将桩尖压入土中。为了准确控制沉管深度,应在桩架或桩管上用红色油漆画出控制深度的标志,以便在施工中进行观测和做记录。锤击沉管砂桩的桩尖压入土中后,即可起锤沉管。先用低锤轻击,待沉管入土 2 m 左右,各方面正常后,方可用预定的速度及落锤高度沉管,直至达到设计要求的深度为止。在锤击过程中,锤击不得偏心,且应注意检查预制桩尖有无损坏。如有损坏,应及时将桩管拔出,待处理后,再继续施工。沉管过程中,水或泥浆有可能进入桩管时,应先在管内灌入约 1.5 m 高的砂封底,然后再沉管,直至达到设计要求的深度为止。

3. 灌砂

检查成孔质量合格后,即可进行灌砂。第一次向桩管内灌砂应略高于自然地面。在饱和土中施工时,可用水冲灌砂或将砂灌入后加水。灌砂时应及时做好记录,并核算实际灌砂量。砂桩实际灌砂量(不包括含水量)不得少于设计值的 95%。当实际灌砂量达不到设计要求时,可采用全复打桩。对于有颈缩的桩可采用局部复打,其复打深度必须过缩颈处 1 m 以上。复打时管壁上的泥土应先清除,前后两次沉管的轴线应重合。

4. 拔管成桩

灌砂后即开始拔管。每次拔管高度应控制在能容纳吊斗一次所罐砂量为限,不应拔得过高。在任何情况下,应使套管内保持有不少于 2 m 高度的砂量。拔管过程中应保持连续密锤低击拔管不停。桩锤上下冲击的频率视锤的类型而不同,宜控制在每分钟不少于 50 次。拔管速度应均匀,对一般土层以不大于 1 m/min 为宜。在软弱土层及软硬土层交界处,应控制在 0.8 m/min 以内。每次拔管必须设专人用测锤检查砂面的下降情况,确认砂已从桩管中流出后，再继续拔管，直至成桩完成。

18.6 质量标准

18.6.1 基本要求

砂料应符合规定要求。砂的含水量应根据成桩方法合理确定；应确保桩体连续、密实。

18.6.2 实测项目

砂桩施工质量实测情况如表 18-1 所示。

表 18-1 砂桩施工质量实测情况

序号	检查项目	允许偏差	检查方法和频率
1	桩距/mm	±150	抽查 3%
2	桩长/m	不小于设计值	查施工记录
3	桩径/m	不小于设计值	抽查 3%
4	竖直度/%	1.5	查施工记录
5	灌砂量	不小于设计值	查施工记录

18.7 成品保护

（1）基础工程施工，宜在砂桩施工完成一个月以后进行。

（2）深基础周围的砂桩，宜在深基础施工完成后进行施工。如砂桩施工在前，开挖深基坑时，应对周围地基采取可靠的保护措施。

18.8 安全环保措施

18.8.1 安全操作要求

（1）操作人员进入现场前，应按规定穿戴好劳保用品。

（2）操作工必须经过专业技术和岗位培训，熟悉岗位工艺技术和熟练掌握所用设备的性能和操作规程，培训考试合格后方可独立操作。

（3）特种作业人员必须持有劳动部门颁发的《特种作业人员操作证》，方可进行相应工种的作业，严禁无证上岗。

（4）工作时间禁止饮酒，饮酒后不准进入施工工地，不准操作施工机械。

（5）严禁在塔架起落和设备移动、回转及重物坠落范围内作业、逗留。

（6）现场所有用电设备都必须采取接零接地保护措施，并应在负荷线的首端处设置相匹配的漏电保护器，做到"一闸一漏"。

(7)末级漏电保护器的漏电动作电流不得大于 30 mA，额定漏电动作时间不得大于 0.1 s。

(8)施工现场夜间必须有充足的照明，照明应采用金属卤化物灯，灯具应安装在不妨碍施工的固定支架上。

(9)桩机安装枕木铺设距离宜在 1~1.5 m 之间，应铺设平整，方向一致。

(10)组装桩机时，各部件就位应正确，连接紧固，卷扬机、电器控制箱、蜗轮、减速箱安装就位后，必须进行空载试运行。

(11)竖桩架时，指挥人员和操作人员应各就各位，精力集中，服从统一指挥，挺杆前面不得站人和停放其他设备。

(12)振动锤就位时，应由人力用绳控制振动锤，防止其离地升起时摆动碰撞桩架，升降振动锤时应注意电缆运行情况。

(13)沉桩管吊起后应及时与振动锤连接法兰连接，连接螺栓齐全，连接作业时操作人员应系安全带。

(14)每孔施工前或结束后，均应认真检查各部位的导正轮螺栓、螺母是否松动，密封是否有效，电缆是否损坏，润滑油是否泄漏或变质等。

(15)振动沉管桩操作严禁超高、超负荷使用，应严格按照技术操作规程作业。

(16)应编制紧急情况下的应急预案，对作业人员进行避难、急救方面的教育、培训及演练，使作业人员掌握基本的紧急避难和急救措施。

18.8.2 环保措施

(1)在居民区施工时，应尽量在白天进行。若在夜间施工，应事先向有关部门办理必要的手续并采取可靠的防止噪声的措施后，方可施工。

(2)沉管振动对邻近建筑物及厂房内仪器、设备有影响时，应采取有效防护措施后，方可施工(如挖防震沟等)。

(3)现场的运输车辆，离开现场进入或经过生产区及城区道路前，应对黏在车轮上的泥土进行认真清理，防止泥土带入城区或生产区。

(4)施工现场及施工道路应设专人及时清扫，保持现场及道路清洁、干净。

(5)施工期间始终保持工地的良好排水状态，修建有足够泄水断面的临时排水泄道，并与永久性排水设施相连接，不形成淤积和冲刷。

(6)在施工区、生活区设置废弃物暂存处置场所，根据废弃物种类堆放，不在工地燃烧各种垃圾及废弃物。垃圾等废弃物运至环保部门认可的指定地点。

(7)污水不得直接排入河流和湖泊，排污管道要畅通，且远离取水井，无渗漏现象，防止污染周围水源。

(8)施工作业产生的灰尘，除在场地作业的人员配备必要专用劳保用品外，随时进行洒水以使灰尘公害减至最小程度。

18.9　质量记录

(1)定位测量记录

(2)砂桩桩位放线记录

(3)砂合格证和砂的复验报告

(4)砂桩施工记录

(5)地基的强度和承载力检验报告

(6)隐蔽工程检查记录

(7)工序质量评定表

19 碎石桩处理软土路基施工工艺标准

19.1 总则

19.1.1 适用范围

本标准适用于高速公路软土路基处理施工，其他等级公路同等条件可参照执行。

19.1.2 编制参考标准及规范

(1)中华人民共和国行业标准《公路路基设计规范》(JTG D30—2015).

(2)中华人民共和国行业标准《公路土工试验规程》(JTG E40—2007).

(3)中华人民共和国行业标准《高速公路交通安全设施设计规范》(JTG D81—2006).

(4)中华人民共和国行业标准《高速公路交通安全设施施工技术规范》(JTG F71—2006).

(5)中华人民共和国行业标准《公路工程质量检验评定标准》(JTG F80/1—2017).

(6)中华人民共和国行业标准《公路排水设计规范》(JTG/T D33—2012).

(7)中华人民共和国行业标准《公路养护技术规范》(JTJG H10—2009).

(8)中华人民共和国行业标准《公路软土地基路堤设计与施工技术规范》(JTG/T D31-02—2013).

(9)中华人民共和国行业标准《公路工程岩石试验规程》(JTG E41—2005).

(10)中华人民共和国行业标准《公路工程集料试验规程》(JTG E42—2005).

(11)中华人民共和国行业标准《公路工程施工安全技术规程》(JTG F90—2015).

(12)中华人民共和国行业标准《公路工程名词术语》(JTJ 002—87).

(13)北京城建集团.《路桥市政工程施工工艺标准》.

(14)杨文渊,钱绍武.《道路施工工程师手册》.

(15)宋金华.《高等级道路施工技术与管理》.

(16)刘吉士,阎洪河.《公路路基施工技术》.

(17)王书斌,杜群乐.《公路路基施工要点与质量控制》.

(18)文德云.《公路施工技术》.

(19)黄晓明,张晓冰.《公路建设质量通病分析与防治》.

(20)杨文渊,钱绍武.《公路工程质检工程师手册》.

19.2 术语

19.2.1 碎石桩

碎石桩是以碎石(卵石)为主要材料制成的复合地基加固桩。碎石桩是散体桩的一种,按其制桩工艺可分为振冲(湿法)碎石桩和干法碎石桩两大类。采用振动加水冲的制桩工艺制成的碎石桩称为振冲碎石桩或湿法碎石桩。采用各种无水冲工艺(如干振、振挤、锤击等)制成的碎石桩统称为干法碎石桩。采用以砾砂、粗砂、中砂、圆砾、角砾、卵石、碎石等为填充料制成的桩称为砂石桩。

19.3 施工准备

19.3.1 技术准备

(1)熟悉设计文件,组织施工人员学习和掌握有关设计图纸及相关施工技术规范的有关规定,结合本合同段的工程地质和水文气象条件,制订符合实际的施工方案,进行技术交底、技术培训,落实岗位责任制,确保工程质量安全和进度。

(2)场地平整。清除施工现场地上、地下一切障碍物后再予以平整压实。遇有水塘、明沟应先排水和清淤,再分层回填砂性土料并压实,不得回填杂填土。如施工场地过于软弱,不利于桩机行走时,铺设中粗砂作为工作垫层。

(3)修筑好进场便道及临时排水系统,提供施工前提条件,保证原有水渠的畅通。准备好水、电等供应设备,保证施工顺利进行。

(4)制作标识牌、安全警示牌、对危险地段做好围护,确保施工现场的安全。

(5)做好现场布置,拉通施工便道,修筑临时设施,施工前所有机械设备必须安装调试好,并保证较好的完好率,确保施工机械及运输车辆能正常工作。

(6)施工前应先进行振冲试验,以确定成孔合适的水压、水量、成孔速度及填料方法;达到土体密实时的密实电流、填料量和留振时间(称为施工工艺的三要素)。一般控制标准是:密实电流不小于 50 A;填料量为每米桩长不小于 0.6 m^3,留振时间 30 ~ 60 s。

19.3.2 材料准备

施工前应根据当地条件及工程要求,就近选取合格的砂石场供应砂石,以确保施工进度和质量。

19.3.3 主要机具

(1)机具:振动(锤击)沉管打桩机、起重机和水泵等。

(2)工具:桩管(带活瓣桩尖)、装砂料斗、铁锹、手推车等。

(3)量具:经纬仪、水准仪、钢卷尺等。

19.3.4　作业条件

(1)施工范围内地上、地下所有障碍物和地下管道、电缆、旧基础等均已全部拆除或搬迁。附近原有地上、地下建(构)筑物、各种地下管线等已采取有效的保护和加固措施。

(2)当沉管振动(锤击)对邻近建筑物及厂房内仪器、设备有影响时,已经采取了有效的防护措施。

(3)施工场地已进行平整,对桩机运行的松软场地已进行预压处理,现场已采取有效的排水措施。地面高差应控制在±200 mm以内,保证起重机稳定不倾斜。

(4)桩轴线、高程控制桩已经设置完毕,且经报验复核确认;桩孔位置已经放线并通过钉桩位标志定位或打孔灌石灰定位。

(5)供水、供电、通讯、运输道路、现场临时设施等已经设置就绪并具备使用条件。

(6)施工所需施工机具已进场,并确保处于完好状态。

(7)夜间施工应合理安排工序,现场应设置足够的照明。

(8)开挖沉淀池,设立泥浆排放系统,或组织运浆车将泥浆运到预定地点,不得损坏公共排水系统。

19.3.5　劳动力组织

施工前必须做好施工组织设计,劳动力配置准备。

19.4　工艺设计和控制要求

19.4.1　技术要求

(1)选用自然级配填料做桩体材料时,应采取严格的检验措施,控制最大粒径和级配,以防在边振边填施工过程中填料难以落入孔内,以及不容易振密桩体、振实度差的现象发生。

(2)为避免振冲器电流过大,造成孔壁土石坍塌,可采取减慢振冲器下沉速度、减少振动力等措施。

(3)当密实度电流难以达到时,应采取继续填料和提拉振冲器加速填料的措施,防止因土质软而出现填料不足的质量问题。

(4)为避免缩孔、堵塞孔道,可采用先固壁、后填料和强迫填料的方法。

(5)对易液化的砂土底层,应适当加大桩距,避免"串桩"。

(6)施工前应按规定做成桩试验。

(7)根据试桩成果,严格控制水压、电流和振冲器在固定深度位置的留振时间。

(8)振冲桩施工完毕,振冲桩头1 m位置由于土覆压力小,桩的密实难以保证,宜于挖除,另做垫层,或另用振动碾压机进行碾压密实处理。

(9)振动施工结束后,除砂土地基外,应间隔一定时间方可进行质量检验。对黏性土地基间隔时间为3~4周,对粉土地基间隔时间为2~3周。

(10)振冲法不适于在地下水位较高、土质松散易塌方和含有大块石等障碍物的土层。

（11）冬期施工应将表层冻土破碎后造孔。每班施工完毕，应将供水管和振冲器内积水排净，以免冻胀损坏。

19.4.2　材料质量要求

材料应选用未风化碎石或砾石，粒径宜为 19～63 mm，含泥量应小于 10%。不同的施工机具，粒径可以适当变化。

19.4.3　职业健康安全要求

（1）该施工作业特点是桩机范围内作业人数多，其危险点是桩机倾覆、桩锤脱轨。针对以上危险点，应制订相应预防措施和急救措施。

（2）机械操作人员应熟悉安全操作规程，持证上岗，不得擅离岗位。

19.4.4　环境要求

（1）施工前必须对可能产生的污染和对环境的影响作出评价，制订防治措施，并经相关部门批准后方可施工。

（2）如施工范围内发现有珍稀、濒危的野生动植物，具有重大科学文化价值的地质构造、溶洞和化石分布区、冰川、火山、温泉等自然遗迹，以及古树名木，应当采取措施加以保护。

（3）工程建设应当结合当地自然环境的特点，保护植被、水域或自然景观。

（4）施工废料、废方要按环保部门要求进行处理，不得造成环境污染。

（5）要注意控制扬尘和减少噪声污染。

19.5　施工工艺

19.5.1　工艺流程

本工艺与砂桩工艺基本一致，锤击法施工碎石桩只是填料由砂换成了碎石，本章仅介绍振冲碎石桩施工工艺，采用振冲法施工碎石桩的具体步骤为：布置桩位→设备就位→启动水泵和振冲器→振冲造孔→清孔→成孔验收→填料→振密成桩→检查验收。

19.5.2　操作工艺

（1）布置桩位：采用经纬仪或全站仪，经过基准桩确定施工范围，确定桩位基线，布置桩点，对桩点采用可靠的标识进行标记。

（2）设备就位：检查起重机稳定情况，起吊振冲器对准桩位（误差应小于 50 mm）。

（3）启动水泵和振冲器：先开启供水泵（采用压力 200～600 kPa，供水量 200～400 L/min 的供水泵），待振冲器下端喷水口出水后，启动振冲器，检查水压、电压和振冲器空振电流是否正常。

（4）振冲造孔：吊机放下振冲器，使其贯入土中，一般采用 0.5～2.2 m/min 的速度下沉，造孔过程中应保持振冲器呈悬垂状态，以保证成孔垂直。当电流值超过电机额定电流时，应减速或暂停振冲器下沉或者上提振冲器，等电流值下降并满足要求后再继续造孔。造孔中，若孔口不返水，应加大供水量。施工中设专人记录造孔时的电流值、造孔速度及返水情况。当造孔达到设计深度时即可终止，并将振冲器上提 300～500 mm。造孔时返出的水和泥浆要做好围挡、汇集、沉淀。

（5）清孔：造孔终止后，当返浆中含泥量很高，或孔口被泥土淤塞或孔中有高强黏性土，使成孔直径小时一般需要清孔。清孔方法是把振冲器提出孔口，保证填料畅通。

（6）成孔验收：冲孔清孔后，为防止孔内坍塌，应立即验收，按规定填写成孔记录。

（7）填料：清孔后即向孔内填料，填料方式有连续填料和间断填料两种。连续填料时，振冲器停留在设计孔底 300～500 mm 以上位置，向孔内不断回填石料，并在振动中提升振冲器，整个制桩过程中石料均处于满孔状态。间断填料时，应将振冲器提升孔口，每往孔内倒 0.15～0.5 m³ 石料，下降振冲器至填料中振捣一次，如此反复至制桩结束。

（8）振密成桩：依靠振冲器水平振动力将填入孔中的石料不断挤向侧壁土层中，同时使填料挤密，直到满足设计要求的电流值、留振时间和填料量。无论采用哪种填料方式，都必须保证振密从孔底开始，以每段 300～500 mm 的长度逐段自下而上直至桩顶设计标高。成桩以后，应先停止振冲器运转，再停止供水泵。

（9）检查验收：振冲碎石桩加固后地基承载力的检验，应根据加固地基土图纸的情况，在振冲碎石桩施工完成一段时间间隔后进行。对于碎石类土和砂石地基，可在 14～21 d 以后进行；对于粉土和黏土地基，可在 21～28 d 以后进行。碎石桩检测应由具备相应资质的检测单位进行，地基承载力的检测方法主要有复合地基静载荷试验、桩体的连续动力触探试验，桩间土还可以采取现场取样室内土工试验等，综合确定加固效果是否满足设计要求。

19.6　质量标准

19.6.1　基本要求

碎石材料应符合设计要求；应严格按试桩结果控制电流和振冲器的留振时间；分批加入碎石，注意振密挤实效果，防止发生"断桩"或"颈缩桩"。

19.6.2　实测项目

碎石桩施工质量实测情况如表 19-1 所示。

表 19-1　碎石桩施工质量实测情况

序号	检查项目	允许偏差	检查方法和频率
1	桩距(mm)	±150	抽查3%
2	桩径(m)	不小于设计值	查施工记录
3	桩长(m)	不小于设计值	抽查3%
4	竖直度(%)	1.5	查施工记录
5	灌碎石量	不小于设计值	查施工记录

碎石桩密实度抽查频率为2%，用重Ⅱ型动力触探测试，贯入量100 mm时，击数应大于5次。

19.7 成品保护

（1）施工过程中，应对控制场地坐标的基准标桩、桩点基线和已放桩点进行保护，避免重复测放桩点。

（2）振冲施工返出的水应及时排除，减少积水对地基土浸泡。

19.8 安全环保措施

19.8.1 安全操作要求

（1）操作人员进入现场前，应按规定穿戴好劳保用品。

（2）操作人员必须经过专业技术和岗位培训，熟悉岗位工艺技术和熟练掌握所用设备的性能和操作规程，培训考试合格后方可独立操作。

（3）特种作业人员必须持有劳动部门颁发的《特种作业人员操作证》，方可进行相应工种的作业，严禁无证上岗。

（4）工作时间禁止饮酒，饮酒后不准进入施工工地，不准操作施工机械。

（5）严禁在塔架起落和设备移动、回转及重物坠落范围内作业、逗留。

（6）现场所有用电设备都必须采取接零接地保护措施，并应在负荷线的首端处设置相匹配的漏电保护器，做到"一闸一漏"。

（7）末级漏电保护器的漏电动作电流不得大于30 mA，额定漏电动作时间不得大于0.1 s。

（8）施工现场夜间必须有充足的照明，照明应采用金属卤化物灯，灯具应安装在不妨碍施工的固定支架上。

（9）桩机安装枕木铺设距离宜为1~1.5 m，应铺设平整，方向一致。

（10）组装桩机时，各部件就位应正确，连接紧固，卷扬机、电器控制箱、蜗轮、减速箱安装就位后，必须进行空载试运行。

（11）竖桩架时，指挥人员和操作人员应各就各位，精力集中，服从统一指挥，挺杆前面不得站人和停放其他设备。

（12）振动锤就位时，应由人力用绳控制振动锤，防止其离地升起时摆动碰撞桩架，升降振动锤时应注意电缆运行情况。

（13）沉桩管吊起后应及时与振动锤连接，连接螺栓齐全，连接作业时操作人员应系安全带。

（14）每孔施工前或结束，均应认真检查各部位的导正轮螺栓、螺母是否松动，密封是否有效，电缆是否损坏，润滑油是否泄漏或变质等。

（15）振动沉管桩严禁超高、超负荷使用，应严格按照技术操作规程作业。

（16）应编制紧急情况下的应急预案，对作业人员进行避难、急救方面的教育、培训及演练，使作业人员掌握基本的紧急避难和急救措施。

19.8.2　环保措施

(1)在居民区施工时，应尽量在白天进行。若在夜间施工，应事先向有关部门办理必要的手续并采取可靠的防止噪声的措施后，方可施工。

(2)沉管振动对邻近建筑物及厂房内仪器、设备有影响时，应采取有效防护措施后，方可施工(如挖防震沟等)。

(3)现场的运输车辆，离开现场进入或经过生产区及城区道路前，应对黏在车轮上的泥土进行认真清理，防止泥土带入城区或生产区。

(4)施工现场及施工道路应设专人及时清扫，保持现场及道路清洁、干净。

(5)施工期间始终保持工地的良好排水状态，修建有足够泄水断面的临时排水泄道，并与永久性排水设施相连接，不形成淤积和冲刷。

(6)在施工区、生活区设置废弃物暂存处置场所，根据废弃物种类堆放，不在工地燃烧各种垃圾及废弃物。垃圾等废弃物运至环保部门认可的指定地点。

(7)污水不得直接排入河流和湖泊，排污管道要畅通，且远离取水井，无渗漏现象，防止污染周围水源。

(8)施工作业产生的灰尘，除在场地作业的人员配备必要专用劳保用品外，随时进行洒水以使灰尘公害减至最小程度。

19.9　质量记录

(1)定位测量记录。

(2)碎石桩桩位放线记录。

(3)填料试验报告。

(4)碎石桩施工记录。

(5)地基的强度和承载力检验报告。

(6)隐蔽工程检查记录。

(7)工序质量评定表。

20 粉喷桩处理软土路基施工工艺标准

20.1 总则

20.1.1 适用范围

本标准适用于高速公路软土路基处理施工,其他等级公路同等条件可参照执行。

20.1.2 编制参考标准及规范

(1)中华人民共和国行业标准《公路路基设计规范》(JTG D30—2015).

(2)中华人民共和国行业标准《公路土工试验规程》(JTG E40—2007).

(3)中华人民共和国行业标准《高速公路交通安全设施设计规范》(JTG D81—2006).

(4)中华人民共和国行业标准《高速公路交通安全设施施工技术规范》(JTG F71—2006).

(5)中华人民共和国行业标准《公路工程质量检验评定标准》(JTG F80/1—2017).

(6)中华人民共和国行业标准《公路排水设计规范》(JTG/T D33—2012).

(7)中华人民共和国行业标准《公路养护技术规范》(JTJG H10—2009).

(8)中华人民共和国行业标准《公路软土地基路堤设计与施工技术规范》(JTG/T D31 - 02—2013).

(9)中华人民共和国行业标准《公路工程岩石试验规程》(JTG E41—2005).

(10)中华人民共和国行业标准《公路工程集料试验规程》(JTG E42—2005).

(11)中华人民共和国行业标准《公路工程施工安全技术规程》(JTG F90—2015).

(12)中华人民共和国行业标准《公路工程名词术语》(JTJ 002—87).

(13)北京城建集团.《路桥市政工程施工工艺标准》.

(14)杨文渊,钱绍武.《道路施工工程师手册》.

(15)宋金华.《高等级道路施工技术与管理》.

(16)刘吉士,阎洪河.《公路路基施工技术》.

(17)王书斌,杜群乐.《公路路基施工要点与质量控制》.

(18)文德云.《公路施工技术》.

(19)黄晓明,张晓冰.《公路建设质量通病分析与防治》.

(20)杨文渊,钱绍武.《公路工程质检工程师手册》.

20.2 术语

20.2.1 粉喷桩

粉喷桩属于深层搅拌法加固地基方法的一种形式，也叫加固土桩。深层搅拌法是加固饱和软黏土地基的一种新颖方法，它是利用水泥、石灰等材料作为固化剂的主剂，通过特制的搅拌机械就地将软土和固化剂（浆液状和粉体状）强制搅拌，利用固化剂和软土之间所产生的一系列物理－化学反应，使软土硬结成具有整体性、水稳性和一定强度的优质地基。粉喷桩就是采用粉体状固化剂来进行软基搅拌处理的方法。粉喷桩最适合于加固各种成因的饱和软黏土，目前国内常用于加固淤泥、淤泥质土、粉土和含水量较高的黏性土。

20.3 施工准备

20.3.1 技术准备

（1）熟悉设计文件，组织施工人员学习和掌握有关设计图纸及相关施工技术规范的有关规定，结合本合同段的工程地质和水文气象条件，制订符合实际的施工方案，进行技术交底，技术培训，落实岗位责任制，确保工程质量安全和进度。

（2）场地平整。清除施工现场地上、地下一切障碍物后再予以平整压实。遇有水塘、明沟应先排水和清淤，再分层回填砂性土料并压实，不得回填杂填土。如施工场地过于软弱，不利于桩机行走时，铺设中粗砂作为工作垫层。

（3）修筑好进场便道及临时排水系统，提供施工前提条件，保证原有水渠的畅通。准备好水、电等供应设备，保证施工顺利进行。

（4）制作标识牌、安全警示牌、对危险地段做好围护，确保施工现场的安全。

（5）做好现场布置，拉通施工便道，修筑临时设施，施工前所有机械设备必须安装调试好，并保证较好的完好率，确保施工机械及运输车辆能正常工作。

（6）施工现场配备各种计量仪器设备，做好计量装置的标定工作。

（7）根据施工图纸画出桩位平面布置图，并报请测量工程师批准。

（8）根据桩位平面布置图，在施工现场用钢尺确定好每根粉喷桩的桩位，并用竹签插入土层做好标记，每根桩的桩位误差不得大于 5 cm。同时做好复测工作，在以后的施工中应经常检查桩位标记是否被移动，确保粉喷桩桩位的准确性。

（9）一切准备工作结束后，提出书面开工申请，并请监理人员到场进行试桩，以确定成桩的各项技术参数。一般试桩应达到以下要求：

①工艺试桩：每台粉喷桩机施工前应按规定进行工艺试桩，确定好各项技术参数（钻进速度、喷粉提升速度、提升时的管道压力、复搅下沉速度等），并将试桩报告上报监理组。

②水泥搅拌的均匀程度，掌握下钻及提升的困难程度，确定合适的技术处理措施。成桩试验的桩数不应少于 5 根。当遇到新的施工段落时应重新进行试桩工作。

（10）在试桩 5 ~ 7 d 后随机选择桩位进行全程取芯，取芯时应有业主及监理工程师在场。

工艺性试桩结束后时整理各种技术参数，资料上报至监理工程师，得到认可后再全面开工。

20.3.2 材料准备

（1）施工前应根据当地条件及工程要求，分批采购足够且合格的地材，以确保施工进度和质量。

（2）在施工现场搭设水泥棚，水泥棚的底部用土填高，使之比周围地面高出 30~50 cm，并铺设一层木板，然后铺设一层彩条布，最后再铺设一层塑料薄膜，以确保水泥不受潮变硬。

（3）对现场的水泥等原材料进行试验工作，施工前根据每个断面的实际状况进行室内配比试验，确定每延米的喷粉量。

20.3.3 主要机具

（1）机具：桩机、空压机等。

（2）工具：装砂料斗、铁锹、手推车等。

（3）量具：经纬仪、水准仪、钢卷尺、电子称重装置等。

20.3.4 作业条件

（1）施工范围内地上、地下所有障碍物和地下管道、电缆、旧基础等均已全部拆除或搬迁。附近原有地上、地下建（构）筑物、各种地下管线等已采取有效的保护和加固措施。

（2）当施工有可能对邻近建筑物及厂房内仪器、设备有影响时，已经采取了有效的防护措施。

（3）施工场地已进行平整。

（4）桩轴线、高程控制桩已经设置完毕，且经报验复核确认；桩孔位置已经放线并安装桩位标志或打孔灌石灰定位。

（5）供水、供电、通讯、运输道路、现场临时设施等已经设置就绪并具备使用条件。

（6）施工所需施工机具已进场，并确保处于完好状态。

（7）夜间施工应合理安排工序，现场应设置足够的照明。

20.3.5 劳动力组织

施工前必须做好施工组织设计，劳动力配置准备。

20.4 工艺设计和控制要求

20.4.1 技术要求

（1）加固土桩施工前必须进行成桩试验，桩数不宜少于5根，且：

①应取得满足设计喷入量的各种技术参数，如钻进速度、提升速度、搅拌速度、喷气压力、单位时间喷入量等；

②应确定能保证胶结料与加固软土拌和均匀性的工艺；

③掌握下钻和提升的阻力情况，选择合理的技术措施；

④根据地层、地质情况确定复喷范围。

(2)应根据固化剂喷入的形态(浆液或粉体),采用不同的施工机械组合。

(3)采用浆液固化剂时,制备好的浆液不得离析,不得停置过长。超过 2 h 的浆液应降低等级使用。浆液拌和均匀、不得有结块。供浆应连续。

(4)采用粉体固化剂时,应符合以下规定:

①严格控制喷粉标高和停粉标高,不得中断喷粉,确保桩体长度;严格控制粉喷时间、停粉时间和喷入量。应采取措施防止桩体上下喷粉不匀、下部剂量不足、上下部强度差异大等问题,应按设计要求的深度复搅。

②当钻头提升到地面以下小于 500 mm 时,送灰器停止送灰,用同剂量的混合土回填。

③如喷粉量不足,应整桩复打,复打的喷粉量不小于设计用量。因故喷粉中断时,必须复打,复打重叠长度应大于 1 m。

④施工设备必须配有自动记录的计量系统。

⑤钻头直径的磨损量不得大于 10 mm。

20.4.2　材料质量要求

(1)生石灰粒径应小于 2.36 mm,无杂质,氧化镁和氧化钙总量应不小于 85%,其中氧化钙含量应不小于 80%。

(2)粉煤灰中二氧化硅和三氧化二铝含量应大于 70%,烧失量应小于 10%。

(3)水泥宜用普通水泥或矿渣水泥。

20.4.3　职业健康安全要求

(1)该施工作业特点是桩机范围内作业人数多,其危险点是桩机倾覆、桩锤脱轨。针对以上危险点,应制订相应预防措施和急救措施。

(2)机械操作人员应熟悉安全操作规程,持证上岗,不得擅离岗位。

20.4.4　环境要求

(1)施工前必须对可能产生的污染和对环境的影响作出评价,制订防治措施,并经相关部门批准后方可施工。

(2)如施工范围内发现有珍稀、濒危的野生动植物,具有重大科学文化价值的地质构造、溶洞和化石分布区、冰川、火山、温泉等自然遗迹,以及古树名木,应当采取措施加以保护。

(3)工程建设应当结合当地自然环境的特点,保护植被、水域或自然景观。

(4)施工废料、废方要按环保部门要求进行处理,不得造成环境污染。

(5)要注意控制扬尘和减少噪声污染。

20.5　施工工艺

20.5.1　工艺流程

粉喷桩处理软土路基施工工艺流程如图 20 - 1 所示。

施工放样 → 桩机就痊 → 下钻 → 钻进结束 → 喷粉、提升钻机

检查验收 ← 桩机移位桩顶回填 ← 复拌 ← 提升结束

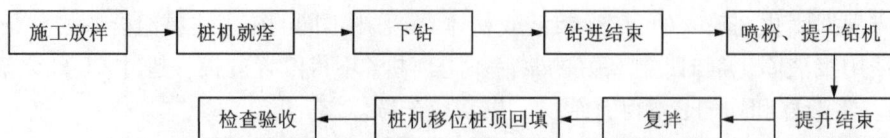

图 20 - 1　粉喷桩处理软土路基施工工艺流程

20.5.2　操作工艺

20.5.2.1　施工放样

根据设计图施工范围用全站仪每间隔 10 米精确放出中桩和边桩,其间用钢尺放出每根粉喷桩桩位,桩间距偏差应小于 100 mm,并插以竹桩等标示物报监理复核。

20.5.2.2　桩机就位

根据施放的桩位确定粉喷桩机体的位置,使机体搅拌轴保持垂直状态。

20.5.2.3　下钻

启动搅拌钻机,钻头边旋转边钻进,为了不致堵塞喷射口和减少负载扭距,钻进时喷射压缩空气(不输送加固料)。钻进速度应小于 1.5 m/min。如地层压力较小时可在下钻时就喷加固料,该方法可充分利用搅拌机械,增加复搅次数保证搅拌均匀性。

20.5.2.4　钻进结束

对于摩擦型粉喷桩达到设计深度时可停止钻进;对于端承型粉喷桩必须要穿透软弱土层到达强度相对较高的持力层,并深入硬土层 50 cm。持力层深度除根据地质资料外,还应根据钻进时电流表的读数来确定,当下钻速度在 0.5 m/min(最慢一档速度)时电流表电流值达 70 A 以上并伴有钻头跳动现象时表明钻头已深入持力层,如能持续 50 cm 以上则表明钻头已深入持力层,应停止钻进。如软土层厚度与设计桩长不符时,应遵循以下原则:

(1)如达到设计桩长,软土层仍未穿透时,应继续钻进,直至深入下卧硬层 50 cm。

(2)如未达到设计桩长,而钻杆钻进又十分困难时,至少应深入硬层 100 cm。

20.5.2.5　喷粉、提升钻机

喷粉一定要在提升钻机前先预喷,预喷粉的重量是在打试桩时根据钻头到桩底时送(喷)粉机管道压力喷灰时管道压力表上的空气压力来确定。

预喷应在钻头到达桩底前 1 m 内开始喷粉,但从预喷开始到提钻喷粉中间绝对不能断喷,这样才能保证桩底喷粉量达到设计要求。提钻时钻头呈反向以 0.5 ~ 0.8 m/min 的速度边旋转边提升,同时粉体发射器以 0.25 ~ 0.4 MPa 的喷粉压力将加固料喷入被搅拌的土体中,使土体和加固料进行充分拌和。注意钻机提升时管道压力不宜过大(以不堵塞出气孔为原则),以防钻孔淤泥向孔壁四周挤压形成空洞。

20.5.2.6　提升结束

当钻头提升至距离地面 50 cm 时,发送器停止向孔内喷射加固料,成桩结束。

20.5.2.7　复拌

复拌是否均匀是确定成桩质量的重要因素。复拌不均匀桩体会变成球形或千层饼形,这样的桩就是加固料掺入量再多也没有强度。因而对于一般土质,要求全桩复拌,最好上部

60%再进行二次复拌。若遇到特殊土质可适当缩短复拌长度，但必须保证复拌长度不小于5 m。为了搅拌均匀在复拌时钻杆的移动速度要在 0.5 m/min 以下，而钻杆的回转搅拌速度要在 92 转/min 以上，这样才能把土质打散、拌匀，使土体和加固料充分拌和。

20.5.2.8　桩机移位桩顶回填

复拌完毕机体移至下一桩位，桩顶 50 cm 范围用掺有同剂量加固料的土回填。

20.6　质量标准

20.6.1　基本要求

水泥应符合设计要求。根据成桩试验确定的技术参数进行施工；严格控制喷粉时间、停粉时间和水泥喷入量，不得中断喷粉，确保粉喷桩长度；桩身上部范围内必须进行二次搅拌，确保桩身质量；发现喷粉量不足时，应整桩复打；喷粉中断时，复打重叠孔段应大于 1 m。

20.6.2　实测项目

施工质量实测项目情况如表 20 - 1 所示。

表 20 - 1　施工质量实测项目情况

序号	项目	允许偏差	检查方法和频率
1	桩距（mm）	±100	抽查桩数 3%
2	桩径（m）	不小于设计值	抽查桩数 3%
3	桩长（m）	不小于设计值	喷粉（浆）前检查钻杆长度，成桩 28 天后钻孔取芯 3%
4	竖直度（%）	不大于 1.5	抽查桩数 3%
5	单桩每延米喷粉（浆）量（%）	不小于设计值	查施工记录
6	桩体无侧限抗压强度	不小于设计值	成桩 28 天后钻孔取芯，桩体三等分段各取芯样一个，成桩数 3%
7	单桩或复合地基承载力	不小于设计值	成桩数的 0.2%，并不少于 3 根

20.7　成品保护

（1）施工过程中，应对控制场地坐标的基准标桩、桩点基线和已放桩点进行保护，避免重复测放桩点。

（2）粉喷桩在进行下道工序施工前应予以保护，防止破坏桩体，破除桩头时，应保证有足够的保护桩长。

20.8　安全环保措施

20.8.1　安全操作要求

（1）操作人员进入现场前，应按规定穿戴好劳保用品。

（2）操作人员必须经过专业技术和岗位培训，熟悉岗位工艺技术和熟练掌握所用设备的性能和操作规程，培训考试合格后方可独立操作。

（3）特种作业人员必须持有劳动部门颁发的《特种作业人员操作证》，方可进行相应工种的作业，严禁无证上岗。

（4）工作时间禁止饮酒，饮酒后不准进入施工工地，不准操作施工机械。

（5）施工现场必须建立健全各级安全生产责任制，建立以项目经理为施工现场安全生产第一责任人的安全生产领导班子，责任落实到个人。

（6）机架前严禁站人。

（7）所有操作人员在放工操作中，应集中思想服从指挥，不得随便离开岗位，并经常注意机械运转是否正常，发现异常应及时纠正。

（8）搅拌机钻头、转头，要设专人看管，严防伤人。

（9）凡患有高血压及视力不清的人员，不得进行机上作业。

（10）每天下班后由专人负责关闭、切断电源。

（11）发现机械故障及时排除。

（12）电器线路驾设要遵守安全条例，由专业电工负责。

（13）防止闲散人员进入施工区域，应有安全标志和警示牌。

（14）应编制紧急情况下的应急预案，对作业人员进行避难、急救方面的教育、培训及演练，使作业人员掌握基本的紧急避难和急救措施。

20.8.2　环保措施

（1）在居民区施工时，应尽量在白天进行。若在夜间施工，应事先向有关部门办理必要的手续并采取可靠的防止噪声的措施后，方可施工。

（2）施工会对邻近建筑物及厂房内仪器、设备有影响时，应采取有效防护措施后，方可施工（如挖防震沟等）。

（3）现场的运输车辆，离开现场进入或经过生产区及城区道路前，应对黏在车轮上的泥土进行认真清理，防止泥土带入城区或生产区。

（4）施工现场及施工道路应设专人及时清扫，保持现场及道路清洁、干净。

（5）施工期间始终保持工地的良好排水状态，修建有足够泄水断面的临时排水泄道，并与永久性排水设施相连接，不形成淤积和冲刷。

（6）在施工区、生活区设置废弃物暂存处置场所，根据废弃物种类堆放，不在工地燃烧各种垃圾及废弃物。垃圾等废弃物运至环保部门认可的指定地点。

（7）污水不得直接排入河流和湖泊，排污管道要畅通，且远离取水井，无渗漏现象，防止污染周围水源。

（8）施工作业产生的灰尘，除在场地作业的人员配备必要专用劳保用品外，随时进行洒水以使灰尘公害减至最小程度。

20.9　质量记录

（1）定位测量记录。

（2）粉喷桩施工记录。

（3）桩体无侧限抗压强度试验报告。

（4）单桩或复合地基承载力检验报告。

（5）隐蔽工程检查记录。

（6）工序质量评定表。

21 挂三维植草边坡施工工艺标准

21.1 总则

21.1.1 适用范围

挂三维网植草一般适应于坡比不陡于 1∶0.75，坡高不高于 10 m 的路堑边坡，岩性为土质、强风化软质基岩，要求边坡自身具有一定的稳定性。

21.1.2 编制参考标准及规范

(1)交通部颁发《公路路基施工技术规范》(JTG F10—2006)。
(2)交通部颁发的《公路工程质量检验评定标准》(JTG F80 - 1—2017)。
(3)交通部颁发的《公路土工合成材料应用技术规范》(JTG/T D32—2012)。

21.2 术语

三维植被网，也称土工网垫，是以热塑料树脂为原料制作而成的三维结构，其底层为具有高模量的基础层，一般由 1~2 层平网组成，上覆起泡膨松网包，包内填种土和草籽，具有防冲刷和有利于植物生长的两大功能，即在草皮形成之前，可保护坡面免受雨水侵蚀；草皮成长后，草根与网垫、泥土一起形成一个牢固的复合力学嵌锁体系，还可起到坡面表面层加筋的作用，有效防止坡面冲刷，达到加固边坡，美化环境的目的。

21.3 施工准备

21.3.1 技术准备

21.3.1.1 边坡处理

(1)填方边坡处理：清除坡面上的石头、杂草、垃圾等杂物，将坡面整修顺适，并适当夯实。

(2)挖方边坡处理：坡面修整后进行刮花处理，对于土质疏松的坡面应采取人工夯实凹陷处必须填平整平。

21.3.1.2　挂三维网

把三维网在坡顶处延伸 50 cm 埋入土中，然后自上而下铺平到坡脚，网与网之间平搭，使网底贴坡面，不能出现褶皱和悬空现象。

21.3.1.3　固定三维网

填方边坡：选用 20~30 cm 的 6 mm 钢筋制作主锚钉，长 15~20 cm 的 8 号铁丝制作铺锚钉。锚钉加工成 U 型，槽宽 5 cm。在坡顶、搭接处采用主锚钉固定，坡面其余部分采用铺锚钉固定。坡面锚钉间距为 70 cm，坡面锚钉间距为 100 cm 锚钉与三维网必须紧贴坡面。

21.3.2　材料准备

21.3.2.1　喷播草籽

采用目前国内一项科技含量较高的先进种植技术——液压喷播绿化技术，其原理及操作方法是应用机械动力，液压传送，将附有促进种子萌发、小苗木生长的种子附着剂、纸纤维、复合肥、保水剂、草种子和一定量的清水，溶于喷播机内经过机械充分搅拌，形成均匀的混合液，并通过高压泵的作用，将混合液高速均匀喷射到已处理好的坡面上，附着在地表与土壤种子形成一个有机整体，它集生物能、化学能、机械能于一体，具有效率高、成本低，劳动强度小，成坪快的优点。

21.3.2.2　草种配比

根据边坡的自然条件、立地条件、土壤类型等客观因素科学地进行草种配比，使其能在边坡坡面上良好生长，形成自然、优美的景观。使用的具体品种及用量视现场而定。

21.3.3　主要机具

（1）机具：小型发电机、液压喷植机、空压机、发电机、客土搅拌机、客土喷射机、粉碎机、小型装载机、自卸卡车、水泵等。

（2）量具：全站仪、水准仪、塔尺、钢尺等。

21.3.4　作业条件

作业条件包括：

（1）防护工程施工前应结合实际地形先编制好施工图。认真准备好必要的材料并完成开工报告的有关审批手续。清理场地，水电到达施工现场，材料堆放整齐，搭设临时工棚，配套机具进场、安装、调试。

（2）采用全站仪确定基础位置，轴线定位放样。用水准仪进行高程测量，定出基础标高。

（3）对路基 96 区顶并按边坡坡率 1:1.5 进行放样，每 20 米一断面，用石灰撒出路基 96 区顶边线（加宽 20 cm）及坡脚边线，采取人机结合方式进行，机械初刷、人工细整，保证边坡线形顺畅。边坡刷好后，驻地监理及总监办进行验收。验收合格后，方可进行下道工序。

（4）平整坡面

交验后的坡面，人工再次细致整平，清除所有可能引起网垫在坡面顶起的阻碍物，并洒水使坡面自然沉降到稳定，以保证三维网垫与坡面的紧密结合，也能较为有效地防止后期三维网下部被雨水淘空。由于急流槽等排水设施位于边坡上，坡面经平整后，测量放出急流槽等设施的轴线，并设控制指示桩，植草时将急流槽位置预留，待后期施工。

（5）边坡场地处理

①填方边坡

在修整后的坡面上进行场地处理，首先清除石头、杂草、垃圾等杂物然后平整坡面、使坡面流畅、并要适当人工夯实。不要出现边坡凹凸不平、松垮现象。

②挖方边坡

在修整后的坡面上进行场地处理，对表面光滑的坡面进行刮花处理；对于土质较松软的坡面采用适当人工夯实，对于凹陷处采用人工垫土修平，不要出现坡面凹凸不平、松垮现象。

（6）坡面浇灌

为给草种提供一个合适的发芽湿度，提高种子的发芽率，同时避免过于干松的土壤在草种撒播时滚滑，应对坡面进行少量多次的浇灌，以渗透土壤 5 cm 以上，保持坡面土壤水分充足为宜。

21.3.5　劳动力组织

挂三维网植草边坡施工劳动力组织如表 21 - 1 所示。

表 21 - 1　挂三维网植草边坡施工劳动力组织

工种	人数	工作地点	职责范围
施工队长	1	整个施工现场	负责跟班组织施工管理工作、协助总指挥工作等
工班长	1	坡面施工现场	负责跟班组织施工，协调各工种交叉作业等
技术员	1	整个施工现场	负责跟班解决施工中的技术问题，编写技术措施等
安全员	1	整个施工现场	负责跟班检查安全措施、安全措施的执行情况及安全教育工作，对安全生产负责
质量检查员	1	整个施工现场	负责跟班检查工程质量，组织各工种交接及质量保证措施的执行情况，对工程质量负责
测量工	2	施工现场	负责坡面基础放样，基础位置高程等测量
挖掘机操作工	1	坡面施工现场	负责坡面土方开挖
液压喷植机操作工	2	坡面施工现场	负责坡面液压喷植
客土搅拌机操作工	2	坡面施工现场	负责坡面喷射材料搅拌
客土喷射机操作工	2	坡面施工现场	负责坡面客土喷射
自卸卡车司机操作工	4	整个施工现场	负责机械和材料的运输
架子工	10	坡面施工现场	负责现场作业平台的架设和安装
挂网专业人员	15	坡面施工现场	负责三维网挂设和安装
固定三维网	10	坡面施工现场	负责三维网固定
空压机操作工	1	空压机房	负责打眼时的压缩空气供应，空压机的操作控制及保养维修

续表 21 – 1

工种	人数	工作地点	职责范围
电工	1	整个施工现场	负责现场动力、照明、通讯等电器系统的维修保护
材料员	1	材料仓库	负责施工材料供应及管理
杂工	4	整个施工现场	负责开挖及搬运及现场清理等
总计	60		

注：此表为一个作业班施工配备人员，未计后勤、行政等人员。

21.4　工艺设计和控制要求

21.4.1　技术要求

（1）取土备置。合理选择取土场，保证量的足够、取土颗粒大小及改良加工，做好防雨准备。土壤中应适当加入经腐熟的养料等以改良土壤的肥性。

（2）坡面的平整及人工刻槽。坡面的整理不只是简单的清掉垃圾，拔掉杂草，该作业的重要性在于为植物提供良好的生长条件。首先要确保根域层应有利于根的生长。草体的总根量绝大部分集中于 0 ~ 30 cm 土层内。所以陡坡刻槽应到位在 15 cm 左右，以确保覆土及提供根系的生长空间。二要确保排水性及透气性，所以整坡时要确保团粒结构良好，必要时要设置排水设施。

（3）覆土处理。在风化石的陡边坡覆盖土的质量直接关系着草种的生长。实践中采用的湿润坡面、撒肥、覆土三者相结合。确保覆盖的土层有足够的养分、水分及透气性。

（4）盖三维网。顺势铺设，铺网时应让网尽量与坡面贴附紧实、防止悬空，铺设时应保持平整。坚硬的坡面采用 U 型钉，松软时可以采用竹签加以固定。横向用 6 号铁丝加以固定。

（5）盖好无纺布后要湿润一次，可以在坡面湿润的同时避免无纺布被风吹离位。

（6）待草体长到 5 cm 左右，要追施一次氮肥。

（7）具体参数要求详见表 21 – 2"三维植被网技术参数表"和表 21 – 3"挂三维被网技术参数表"。

表 21 – 2　三维植被网技术参数表

型号	单位面积质量 /（g/m²）	纵向抗拉强度 /（kN/m）	横向抗拉强度 /（kN/m）	厚度/mm	焊点	颜色
EM3 型	≥260	≥1.4	≥1.4	≥12	牢固	黑色或绿色

表 21-3　挂三维植被网技术参数表

项目	检查项目	规定值或允许偏差	检查方法
1	三维网	在合格标准内	按《公路土工合成材料应用技术规范》（JTJ/T 019—1998）表 8.2.1 项目、频次检验
2	三维网铺设、搭接、固定	铺设平顺，搭接满足设计要求，坡脚、坡顶、坡面、平台处埋压、固定牢靠	每 20 m 检查一个断面
3	坡面、三维网覆土	平均厚不小于设计厚，最小厚不小于 3 cm，无 U 形钉、三维网外露现象，表面平整	每 20 m 检查一个断面，每天检查一点，用直尺确定厚度

（8）施工注意事项

①三维网网包上必须严格按设计要求覆泥，并使覆土和网下土体融为一体，以使其与坡表土壤的贴附更紧密，避免悬空，造成悬空区垮塌，导致护坡失效。

②铺设三维植被网的坡面应尽量平整，以确保网与坡面的紧密结合，以免部分地方出现空鼓现象而导致草种无法着床，成坪后的坡面出现"斑秃"。

③坡面有渗水的地方应适当设置导水管（软式透水管）引排地下水至坡外。

④坡面绿化工程应由专业绿化施工队伍施工，具备足够施工机械、技术人员及成功的施工经验。

⑤三维网在坡顶处必须采用埋压沟固定，埋压沟一般宽 20 cm、深 30 cm，并确保坡口线的截水沟间不形成积水凼。坡脚处三维网埋入平台填土内。

⑥施工单位自行选择适合沿线气候特点的草种配合比，草种要求生命力强、抗病性强、根系发达、枯黄期短。

⑦喷播时混合料要拌和均匀，养护时要注意坡面的湿度，直至植草成坪。

21.4.2　材料质量要求

草种的选择及预先处理。根据所在工程地的气候及地理特征选择合适的草种科学搭配。草种要采用多菌灵或百菌清等进行消毒处理。可用 50% 多菌灵可湿性粉剂，0.5% 溶液或 70% 百菌清可湿性粉剂，0.3% 溶液，浸泡种子 24 h 后捞出，沥水后播种，后进行催芽处理、发芽实验及拌肥处理。确保草种有最高的发芽率。具体参数要求详见表 21-4、表 21-5、表 21-6、表 21-7。

表 21-4　覆盖率表

检验	工程质量			评价方法
	不合格	合格	优秀	随机单位面积测试
总覆盖率	<80%	80%~90%	>90%	

表 21 – 5 草籽配比

项目	每千平方/kg	发芽率/%	性能
苜蓿	15	99	耐旱、根部发达、茂盛、有观赏价值
狗牙根	20	99	旱涝适应性强、发芽率高
高羊毛	15	95	根部发达、稳固土壤

表 21 – 6 三维网产品质量

项目	标准
单位面积质量/$(g \cdot m^{-2})$	>36
纵向抗拉强度/$(kN \cdot m^{-1})$	>20
横向抗拉强度/$(kN \cdot m^{-1})$	>20
网厚/mm	>12

表 21 – 7 肥料配合比

项目	每千平方/kg	性能
有机肥	500	适性土壤、促进植物生长
腐殖肥	300	膨化土
纤维粉末	300	使土壤吸水性强、促使种子发育良好
化肥（复合肥）	150	促进种子较快的发芽生长
有机表层土	10 m^3	覆盖地面严密、保湿土壤

21.4.3 职业健康安全要求

职业健康目标：严格遵守国家颁布的职业健康法律法规，努力消除安全事故隐患，积极营造安全健康的工作环境，减少职业病的发生。

（1）要将职业危害及后果及时如实告知施工人员。

（2）要对施工人员进行职业危害防治知识培训。

（3）要建立企业内部的监督队伍。

（4）要对施工人员进行必要的体检，为职工建立健康档案。

（5）要给户外施工的施工人员配备合格的个体防护用品。

（6）对危害性大的施工工艺设备及时更新改造，严格做到职业危害防护设施与主体工程同时设计、同时施工、同时验收。

21.4.4 环境要求

环境保护目标：保护生态环境，使社会的经济发展与人类的生存环境相协调。

环境保护应遵守的法律法规：《中华人民共和国环境保护法》《中华人民共和国水污染防

治法》《中华人民共和国固体废物污染环境防治法》《中华人民共和国环境噪声污染防治法》。

21.4.4.1　水土及生态环境的保护措施

（1）保护植被，对施工范围内的植被、树木等尽量维持原状，严禁乱砍乱伐。

（2）对桩基开挖的弃土及时组织平整或外运，保持施工现场整洁。

（3）对有害物质（如燃料、废料、垃圾等）按规定处理，防止对动、植物造成损害。

（4）工程完工后，及时彻底进行现场清理，并采用植被覆盖或其他处理措施。

（5）运输车辆做好防止漏失措施，以防物料污染道路。

21.4.4.2　水环境保护措施

（1）靠近生活水源的施工，用沟壕或堤坝同生活水源隔开，避免污染生活水源。

（2）清洗机械、施工设备的废水严禁直接排入江河，禁止将机械在运转中产生的油污未经处理就直接排放，或禁止维修机械时将油水直接排放入江河。

（3）施工产生的废浆要用专用汽车拉运至监理工程师指定的地点倾倒，并设渗坑进行处理，不得排放到河流、水沟、灌溉系统里，以免造成河流和水源污染。

21.4.4.3　大气环境保护及粉尘的防治

（1）在设备选型时选择低污染设备。

（2）运输水泥、砂、石、土等如有漏失，及时清扫干净，保持整洁。

（3）施工现场和运输道路经常进行洒水湿润，减少扬尘。

（4）汽油等易挥发品的存放要密闭，并尽量缩短开启时间。

（5）混凝土拌和站做好防尘措施，操作人员配备必要的劳保防护用品。

（6）注意维护施工便道。

21.4.4.4　完工后场地清理及恢复平整的环保措施

（1）工程完工后对临时用地内所有建筑、生活垃圾应进行清理，垃圾运至指定位置处理，场地清理平整合格后，将其恢复原状。

（2）施工完工后请当地政府有关部门进行环保验收，取得地方政府的认可，并从当地政府取得环保措施得到实施的证明材料，确保不留环保后患。

21.5　施工工艺

21.5.1　工艺流程

挂三维植草施工工艺图如图21-1所示。

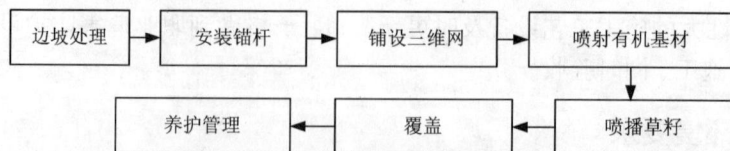

边坡处理 → 安装锚杆 → 铺设三维网 → 喷射有机基材

喷射有机基材 → 喷播草籽 → 覆盖 → 养护管理

图21-1　挂三维网植草施工工艺图

21.5.2　操作工艺

21.5.2.1　边坡处理

一般用人工方法进行处理，清理坡面浮石、浮土等，并且做到处理后的坡面倾斜一致、平整、无大的石头突出与其他杂物存在，使其有利于基材和岩石表面的自然结合。

21.5.2.2　安装锚杆

锚杆可分为长锚杆和短锚杆，长锚杆长度为 1 ~ 1.5 m，短锚杆长度为 0.5 ~ 0.8 m，直径均为 $\phi18$ mm 的螺纹钢。安装锚杆时，先放样，长锚杆与短锚杆交错并列，横向间距 1 m，纵向间距 2 m，然后采用风转或电钻进行钻孔，钻头的直径大小一般为 $\phi38$ mm，钻孔深度与锚杆长度相同。孔钻好后，便可进行锚杆的固定工作，锚杆事先要进行防锈处理，用水泥砂浆灌注，往锚孔灌注水泥砂浆时，一定要灌满、灌实，锚杆伸出坡面长度为 6 ~ 8 cm。

21.5.2.3　铺设三维网

将铁丝网从坡顶沿坡面顺势铺下，铁丝网应伸出坡顶 50 cm，若坡顶截水沟未修筑，最好置于坡顶浆砌石底下，在坡底也应有 20 cm 的铁丝网埋置于平台填土中。铺设时拉紧网，铺平顺后，将网挂在锚杆上，用连接件或铁丝锁紧，并根据需要在锚杆中采用不同厚度的混凝土垫块，以使铁丝网与坡面的距离保持 3 ~ 5 cm，网与网之间搭接宽度为 15 cm。完成网与锚杆的连接工作后，要严格检查铁丝网与锚杆连接的牢固性，确保网与坡面形成稳固的整体。

21.5.2.4　喷射有机基材

有机基材是由植生沙壤土、锯末、有机肥和复合肥组成，它们的重量配合比为植生沙壤土∶锯末∶有机肥∶复合肥 10∶0.06∶0.01∶0.0012。准备工作就绪后，利用喷射机将混合均匀的有机基材喷于坡面，喷射应尽可能从正面进行，凹凸部分及死角部位要喷射充分，喷射的平均厚度为 10 ~ 15 cm，其中钢丝网之上要保证有 3 ~ 5 cm 的基材。根据边坡的岩性可调整喷射厚度，以保证有机基材能提供草坪生长所需足够的养分及水分。

21.5.2.5　喷播草籽

基材喷射完成后，待其自然风干 4 ~ 12 h，才可进行面层的喷播草籽工作。喷播草籽采用目前较为先进的喷播方法，即液压喷播技术，国际上称为"水力播种法"。其原理及操作方法是应用机械动力，液压传递，将附有促进种子萌发小苗生长的种子附着剂（也称土壤改良剂）、纸浆纤维、复合肥料、保水剂、草种和一定量的清水，溶于喷播机内经过机械充分搅拌，形成均匀的混合液，进而通过高压泵的作用，将混合液高速均匀喷射在已经处理好的坡面上，附着在地表与土壤种子形成一个有机整体，其集生物能、化学能、机械能于一体，具有效率高、成本低、劳动力强度小、成坪快的优点。

21.5.2.6　覆盖

喷播植草施工完成之后，在边坡表面覆盖无纺布，以保持坡面水分并减少降雨对种子的冲刷，促使种子生产，若温度太高，则无须覆盖，以免病虫害的发生。

21.5.2.7　养护管理

苗期注意浇水，确保种子发芽、生产所需的水分，前期喷灌水养护为 60 d，中期靠自然雨水养护，若遇干旱，每月喷水 2 ~ 3 次，后期养护每月喷水 2 次，适时揭开无纺布，保证草苗生产正常；适度施肥，一般使用进口复合肥，为植物生产提供所需养分。在苗高 8 ~ 10 cm 时进行第一次追肥，还可以根据实际情况进行叶面追肥，定时针对性地喷洒农药，定期清除杂草,保证植物健康成长。

21.6 质量标准

21.6.1 质量检查标准

喷播后 5 ~ 10 d,草地陆续发芽,发芽率达85%以上,喷播区域呈绿色;30 d 后,草坪覆盖率在 75% 以上,平均高度 10 cm 以上,可初步防止降雨对表土的冲刷。

21.6.2 验收标准

施工完成后 3 个月进行验收,要求坡面平整,植草覆盖率在 90% 以上,草生长均匀,颜色正常,平均高度达 15 cm 以上。

21.7 成品保护

(1)苗期注意浇水,确保种子发芽、生长所需的水分;

(2)适时揭开无纺布,保证草苗生长正常;

(3)适当施肥,一般使用进口复合肥,为草坪生长提供所需养分;

(4)定时针对性地喷洒农药,定期清除杂草,保证草坪健康生长;

(5)成坪后的草坪覆盖率达到95%以上,一片葱绿、无病虫害。

21.8 安全环保措施

21.8.1 安全生产技术保证措施

(1)加强对工程施工的安全管理工作,遵守政府有关安全生产的规章制度、标书和合同,施工负责人对本单位的安全工作负责,要做到有针对性的详细安全交底,提出明确安全要求,并认真监督检查。对违反安全规定冒险蛮干的要勒令停工,严格执行安全一票否决制度。

(2)加强机械设备安全技术管理,机械设备的操作人员和起重指挥人员做到经过专门训练并考试合格,取得主管部门颁发的特殊工种操作证后方可独立操作。

(3)设备安全防护装置做到可靠有效,起重机械严格执行"十不吊"规定和安全操作规程。所有吊索器具确保满足六倍以上安全系数,捆绑钢丝绳确保满足十倍以上安全系数。禁止在 6 级以上大风、暴雨、雷、电、大雾等恶劣天气下从事吊装作业。

(4)施工现场有健全电气安全管理责任制度和严格的安全规程。电力线路和设备的选型需按国家标准限定安全载流量,所在电气设备的金属外壳做到具备良好的接地或接零保护,所有的临时电源和移动电具安装有效的漏电保护装置,做到经常对现场的电气线路、设备进行安全检查,对电气绝缘、接电零电阻和漏电保护器是否完好,指定专人定期测试。

(5)施工现场应设置安全警告牌,进入施工现场须戴好安全帽,上、下沟槽有扶梯,过沟槽设有扶栏的走道板。

(6)建立安全检查制度,项目部专职安全员负责对现场施工人员进行安全生产教育和对安全制度的学习,组织定期安全检查,发现问题及时整改,执行按季评比,增强全休职工安全意识和自我保护观念。

(7)针对本工程特点、施工外部和内部环境以及业主的有关要求,制订各工序具体的安全技术交底,并完成签字手续,下达作业计划的同时下达安全防护要求。

(8)在施工区域和生活区域及道路上设置照明系统,保证夜间照明和生活用电。

(9)现场施工的坑、洞、危险处,设防护设施和明显的警示标志,不任意移动。

(10)搭设施工脚手架、支撑要按照设计严格执行并加挂检查验收牌,对重要的承重型或支撑结构要经设计验算后确定。

(11)加强工地临时施工便道的保养工作,教育司机遵守交通规则,文明驾驶,并加强车辆的维修保养工作。

(12)加强同气象部门的联系,注意气象预报,及时掌握气候变化情况,搞好预防措施,避免因恶劣天气造成人员伤亡和财产损失。

(13)施工机械的安全控制措施:

①各种机械操作人员和车辆驾驶员必须取得操作合格证,不准将机械设备交给无本机操作证的人员操作,对机械操作人员要建立档案专人管理。

②操作人员必须按照本机说明书规定,严格执行工作前的检查制度和工作的观察制度及工作后的检查保养制度。

③驾驶室或操作室保持整洁,严禁存放易燃、易爆物品,严禁酒后操作机械,严禁机械带病运转或超负荷运转。

④机械设备选择安全的停放地点,夜间派专人看管。

⑤用手柄起动的机械应注意防止手柄倒转伤人。向机械加油时要严禁烟火。

⑥严禁对运转中的机械设备进行维修、保养、调整等作业。

⑦指挥施工机械作业人员,必须站在可让人了望的安全地点并应明确规定指挥联络信号。

⑧使用钢丝绳的机械,在运行中严禁用手套或其他物件接触钢丝绳。用钢丝绳拖拉机械或重物时,人员应远离钢丝绳。

⑨起重作业严格按照《建筑机械使用安全技术规程》(JGJ 33—86)和《建筑安装工人安全技术操作规程》规定的要求执行。

⑩定期组织机电设备、车辆安全大检查,对检查中查出的安全问题,按照"三不放过"的原则进行调查处理,制订防范措施,防止机械事故的发生。

(14)施工现场用电安全措施:

①施工现场制订详细的施工用电组织设计并必须经单位总工程师审批和安全监理审核,同时制订电气安全操作规程、电气安装规程、电气运行管理规程和电气维修检查制度,做好交接班、电气维修作业记录和接地电阻、手持电动工具绝缘电阻、漏电开关测试记录。

②施工现场的电气设备均符合建设部《施工现场临时用电安全技术规范》(JC 46—S8),输电线路采用三相五线制和"三级配电二级保护"的要求,电线(缆)均按要求架设,不随地拖拉,各类电箱均符合市建委规定的标准电箱,总配电箱和分配电箱安装在适当位置,并有重

复接地保护措施，重复接地电阻值不大于10欧姆。执行"一机、一闸、一箱"制。

③变配电室符合"四防一遍"要求，建立相应的管理制度，配置好必要的安全防护用品。

④电工作业时必须穿戴好个人防护用品，并严格执行电气安全操作规程，做到持证上岗。电工作业严格贯彻"装得正确，用得安全，修得及时，拆得彻底"的十六字方针。夜间电工值班必须两人同时上岗。

(15)安全防护用品的设置措施

①安全帽：安全帽质量必须经有关部门检验合格后方能使用；安全帽使用方法应正确并扣好帽带。

②安全带：安全带质量须经有关部门检验后方能使用；安全带使用两年后，按规定抽验一次，对抽验不合格的，必须更换安全绳后才能使用。

③安全网：网绳无破损，并扎系牢固、绷紧、拼接严密；网宽不小于2.6 m，里口离墙不得大于15 cm，外高内低，每隔3 m设支撑，角度为45°；立网随施工层提升，网高出施工层1 m以上。网与网之间拼接严密，空隙不大于10 cm。

21.9 质量记录

(1)每天对坡体进行抽检试验检测，检测其整体的稳定性。

(2)测量组记录每天坡体位移下沉的数据，进行分析。

(3)施工人员每天验算坡体整体下滑的系数。

22　路基边坡施工工艺标准

22.1　总则

22.1.1　适用范围

本工艺标准适用于新建高速公路项目路基边坡施工与管理。

22.1.2　编制参考标准及规范

国家、交通运输部等建设工程主管部门发布的与公路路基工程相关的文件、标准、规范。
(1)《公路工程技术标准》(JTGB 01—2014)。
(2)《公路路基施工技术规范》(JTG F10—2006)。
(3)《公路路基设计规范》(JTG D30—2015)。
(4)《公路桥涵设计通用规范》(JTG D60−2015)。
(5)《公路工程质量检验评定标准》(JTG F80/1—2017)。
(6)《公路工程施工安全技术规程》(JTG F90—2015)。

22.2　术语

22.2.1　边坡

为保证路基稳定,在路基两侧做成一定坡度的坡面,我们称之为边坡。边坡是工程中最常见的工程形式,边坡的稳定是路基稳定最重要的保障,边坡的施工质量是关系到边坡稳定的重要因素。

22.2.2　边坡坡度

边坡坡度一般用边坡高度与宽度的比值来表示。路基边坡坡度的大小,取决于边坡的高度和土壤的性质,且与当地的气候、水文地质等自然因素有关。

22.2.3　(边)坡顶

坡顶是指路基边坡的最高点。填方路基为边坡与原地面相接处;挖方路基为路肩外缘。

22.2.4 (边)坡脚

坡脚是指路基边坡的最低点。填方路基为边坡与原地面相接处;挖方路基为边坡底。

22.2.5 护坡道

护坡道是指当路堤较高时,为保证边坡稳定,在取土坑与坡脚之间,沿原地面纵向保留的一定宽度的平台。

22.2.6 边坡平台

边坡平台是指当路堤较高时,为保证边坡稳定,在边坡坡面上沿纵向做成的有一定宽度的平台。

22.2.7 碎落台

碎落台是指在路堑边坡坡脚与边沟外侧边缘之间或边坡上,为防止碎落物落入边沟而设置的一定宽度的纵向平台。

22.2.8 锥坡

锥坡是指在桥涵与路基相接处,为保持路堤土坡的稳定而在桥台两侧构筑的带有铺砌的锥形体。

22.3 施工准备

22.3.1 技术准备

(1)施工人员应认真审核图纸及设计说明书,弄清设计意图。

(2)施工人员必须熟悉项目沿线地形、地貌和工程地质状况。

(3)核对土石方和桥涵、挡墙等工程的相互关系和施工衔接,及其对边坡的影响。

(4)核对边坡的布设是否与地形、地貌、水文、气象等条件相适应。

(5)做好技术交底工作,编制路基边坡的施工方案,并经建设和监理单位审批合格后方可施工。

(6)对设计与实际不符的地段,应提出施工处理对策,并经设计、监理、建设单位等会审确认。

(7)施工前应编制详细的路基边坡分项工程施工开工报告,经监理工程师审批合格后方可施工。

(8)在路基土石方施工前设置相应施工标识桩,对坡脚、护坡道等具体位置标识清楚。在路基边坡施工的分项工程开工报告中应有施工用桩设置的内容。

22.3.2 材料准备

(1)一般材料:路基填筑用的土体、岩体及改良的混合料。

（2）开挖爆破器材：炸药、雷管。

（3）边坡防护材料：混凝土、片石混凝土或钢筋混凝土、片石、粗料石、混凝土砌块、钢筋、锚索、PVC 管、编织袋等。

22.3.3　主要机具

22.3.3.1　机械
挖土机、推土机、自卸卡车、混凝土搅拌机、潜孔钻机、风钻、注浆机、空压机等。

22.3.3.2　工具
铁锹（尖、平头两种）、手推车、钢卷尺等。

22.3.3.3　测量仪器
全站型经纬仪、水准仪、塔尺、钢尺等。

22.3.3.4　模板
钢模、压缩木模、竹模等。

22.3.4　作业条件

（1）边坡高度、坡比已经确定。

（2）边坡位置和开挖范围已经确定，征地工作已经完成。

（3）路基或施工便道已进行了平整，各种机械设备通行通畅。

（4）各种施工机具已经到位。

（5）施工建筑材料准备就绪。

（6）安全施工方案已经确定，配套安全保护设施、用品到位。

22.3.5　劳动力组织

路基边坡施工劳动力组织如表 22 - 1 所示。

表 22 - 1　路基边坡施工劳动力组织

施工人员	作业点或范围	职责范围
施工负责人	边坡施工现场	施工现场总指挥、总负责人
现场施工员	边坡施工现场	负责组织班组施工，协调各工序及各工种交叉作业等
技术负责人	边坡施工现场	负责解决施工中的技术问题，编写施工技术方案等
专职安全员	边坡施工现场	负责安全教育工作，跟班检查安全措施、安全措施的执行情况，对安全生产负责
质检员	边坡施工现场	负责跟班检查工程质量，组织各工种交接及质量保证措施的执行情况，对工程现场施工质量负责
测量员	边坡施工现场	负责边坡开挖放样，施工过程负责边坡位置、高程现场测量控制等
挖掘机司机	边坡施工现场	听从现场施工员安排，负责边坡土方开挖、边坡修整、边坡挖方装车等

续表 22-1

施工人员	作业点或范围	职责范围
爆破员	边坡施工现场	负责边坡石方开挖作业；打炮眼、装药、连线爆破
自卸汽车司机	边坡施工现场至路基填方施工段或弃土场	负责边坡开挖土石方运输
空压机操作员	空压机房	负责打眼时的压缩空气供应，空压机的操作控制及保养维修
电工	整个施工现场	负责现场动力、照明、通讯等电器系统的维修保护
材料员	材料仓库	负责施工材料供应及管理
杂工	边坡施工现场	负责人工修整边坡、混凝土浇筑、钢筋捆绑、搬运、安装及现场清理等

注：此表为一个边坡施工人员配置，具体工种、人数根据边坡工程量大小、坡体地质情况而定，后勤、行政等人员未列入。

22.4 工艺设计和控制要求

22.4.1 技术要求

（1）路堤边坡和坡率应根据填料的物理力学性能、边坡高度和工程地质条件确定。

①当地质条件良好，边坡高度不大于 20 m 时，其边坡坡率不宜陡于表 22-2 中规定值。具体参数要求详见表 22-2。

表 22-2 土质路堤边坡坡率

填料类别	边坡坡率	
	上部高度（$H \leq 8$ m）	下部高度（$H \leq 12$ m）
细粒土	1:1.5	1:1.75
粗粒土	1:1.5	1:1.75
巨粒土	1:1.3	1:1.5

②对边坡高度超过 20 m 的路堤，边坡形式宜采用阶梯形，边坡坡率应按实际情况进行稳定性分析计算确定，并进行个别设计。

③浸水路堤在设计水位以下的边坡坡率不宜陡于 1:1.75。

④石路堤的边坡坡率应根据填石料种类、边坡高度和基底的地质条件确定。易风化岩石与软质岩石用作填料时，应按土质路堤边坡设计。路堤基底良好，填石路堤边坡坡率不宜陡于表 22-3 的规定值。具体参数要求详见表 22-3。

表 22 - 3　填石路堤边坡坡率

填石料种类	边坡高度(m)			边坡坡率	
硬质岩石	全部高度	上部高度	下部高度	上部	下部
硬质岩石	20	8	12	1:1.1	1:1.3
中硬岩石	20	8	12	1:1.3	1:1.5
软质岩石	20	8	12	1:1.5	1:1.75

⑤砌石路基砌石顶宽不小于 0.8 m,基底面向内倾斜,砌石高度不宜超过 15 m,砌石内、外坡率不宜陡于表 22 - 4 的规定值。具体参数要求详见表 22 - 4。

表 22 - 4　砌石边坡坡率

序号	砌石高度(m)	内坡坡率	外坡坡率
1	≤5	1:0.3	1:0.5
2	≤10	1:0.5	1:0.67
3	≤15	1:0.6	1:0.75

(2)土质路堑边坡形式及坡率应根据工程地质与水文地质条件、边坡高度、排水措施、施工方法,并结合自然稳定山坡和人工边坡的调查及力学综合确定。边坡高度不大于 20 m 时,边坡坡率不应陡于表 22 - 5 的规定值。具体参数要求详见表 22 - 5。

表 22 - 5　土质路堑边坡坡率

土的类别		边坡坡率
黏土、粉质黏土、塑性指数大于 3 的粉土		1:1.1
中密以上的中砂、粗砂、砂砾		1:1.5
卵石土、碎石土、圆砾土、角砾土	胶结和密实	1:0.75
	中密	1:1

(3)岩质路堑边坡形式及坡率应根据工程地质条件、边坡高度、施工方法,结合自然稳定边坡和人工边坡的调查综合确定。边坡高度不大于 30 m 时,无外倾斜软弱结构面的边坡根据岩体类型,边坡坡率按表 22 - 6 确定。具体参数要求详见表 22 - 6。

土质路堑边坡高度大于 20 m、岩质路堑边坡高度大于 30 m 以及不良地质、特殊岩土地段的挖方边坡,其边坡形式及坡率应进行个别勘察设计。

表 22 - 6　岩质路堑边坡坡率

边坡岩体类型	风化程度	边坡坡率	
		$H < 15\ m$	$15\ m \leqslant H < 30\ m$
Ⅰ类	未风化、微风化	$(1:0.1) \sim (1:0.3)$	$(1:0.1) \sim (1:0.3)$
	弱风化	$(1:0.1) \sim (1:0.3)$	$(1:0.3) \sim (1:0.5)$
Ⅱ类	未风化、微风化	$(1:0.1) \sim (1:0.3)$	$(1:0.3) \sim (1:0.5)$
	弱风化	$(1:0.3) \sim (1:0.5)$	$(1:0.5) \sim (1:0.75)$
Ⅲ类	未风化、微风化	$(1:0.3) \sim (1:0.5)$	—
	弱风化	$(1:0.5) \sim (1:0.075)$	—
Ⅳ类	弱风化	$(1:0.5) \sim (1:1)$	—
	强风化	$(1:0.75) \sim (1:1)$	—

22.4.2　材料质量要求

（1）路堤边坡材料为合格的路基填筑材料。

（2）边坡防护材料应满足具有一定结构强度和耐久性要求，同时满足一定的抗冻、抗渗和抗侵蚀的需要。

（3）片石强度等级不应低于 MU40，块石强度等级不应低于 MU60，混凝土砌块强度等级不应低于 MU20，有裂缝和易风化的石材不应采用。

（4）片石混凝土内片石掺用量不得超过体积的 30%。

22.4.3　职业健康安全要求

（1）施工前做好施工安全交底，施工过程中，安全员应随时检查安全情况。

（2）机械操作员必须持证上岗，专人专岗，并严格遵守各专用设备使用规定和操作规程，不得疲劳操作。

（3）所有进入施工现场的人员必须按规定佩戴安全防护用具。

（4）石方爆破作业，以及爆破器材的管理、加工、运输、检验和销毁等工作均应按国家现行标准《爆破安全规程》GB 6722—2003 的规定。

（5）挖掘机装车作业时，铲斗应尽量放低，并不得砸撞车辆，严禁自御汽车内有人。严禁铲斗从汽车驾驶室顶上越过。

（6）其他无关机械严禁在机械运行范围内停留，行走前应检查周围情况，确认无障碍后鸣笛操作。

22.4.4　环境要求

（1）施工时的临时道路应定期维修和养护，经常洒水，降低灰尘污染。

（2）施工爆破时，严格做好安全防护措施，确定爆破影响范围内无其他人员、机械。

22.5　施工工艺

22.5.1　工艺流程

(1)路堤边坡施工工艺流程如图22-1所示。

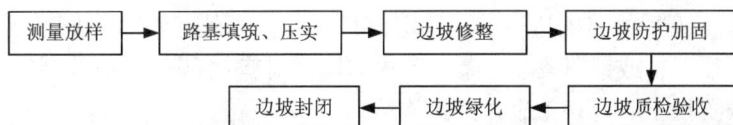

```
测量放样 → 路基填筑、压实 → 边坡修整 → 边坡防护加固
边坡封闭 ← 边坡绿化 ← 边坡质检验收 ←
```

图22-1　路堤边坡施工工艺流程图

(2)路堑边坡施工工艺流程如图22-2所示。

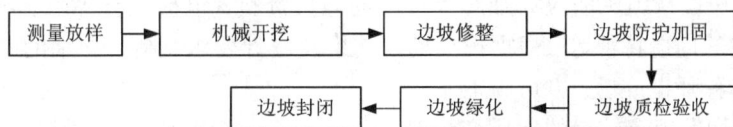

```
测量放样 → 机械开挖 → 边坡修整 → 边坡防护加固
边坡封闭 ← 边坡绿化 ← 边坡质检验收 ←
```

图22-2　路堑边坡施工工艺流程图

22.5.2　操作工艺

22.5.2.1　路堤边坡

(1)根据设计横断面及施工规范要求的超填宽度,精确放出路堤坡脚线。坡脚、护坡道施工用桩用竹片桩(宽不小于5 cm,长不小于50 cm)。并要求在今后的施工过程中对设置的施工桩,要注意保护,经常复核,如遇丢失移动应及时补设。

(2)施工便道应尽量远离主线边坡;当施工便道邻近主线边坡时,应采取措施确保施工便道使用中不挠动主线边坡。

(3)清除表土后,及时进行压实,使其压实度达到90%以上,若达不到规范要求,则应请示监理工程师进行处理。

(4)地面横坡较陡时,根据路基纵向、横向衔接部设计图组织施工,以防止路基填筑后产生纵向、横向裂缝。

(5)填筑时,严格控制松铺厚度不大于30 cm,控制最佳含水量偏差为±2%,严格按照试验路得出的压实方法进行压实,配备足够的施工机械,保证碾压次数。填料来源不同、差别较大时,分层填筑,不分段或纵向分幅填筑,填筑层厚度不小于50 cm。

(6)严格控制填料质量,应选用CBR值、最大干密度、最佳含水量、天然含水量符合试验要求的料源。透水性不良的材料不用于路基填筑,严禁用于路基底部填筑。

(7)路基分层填筑时,每一层填土都应按照设计要求或技术规范要求,在路基的左右两侧各加宽30~50 cm,坡率符合设计要求,以保证路基外缘压实度及路堤边坡的稳定。

（8）路基填筑施工过程中每层填筑均应修整边坡，以保证路基宽度，中轴线、边坡位置准确，线型流畅。

（9）在路基合成坡度下游最低处，边坡上必须设置一条急流槽，其他路段可按 20 m 左右的间距排列设置，急流槽的深度不小于 30 cm，宽度不小于 60 cm，表面应采用 5 cm 厚 M7.5 水泥砂浆衬护。

（10）路基填筑到设计标高后，应对边坡进行修整，使其纵断面高程、路基宽度、平整度、横坡度和边坡坡率等技术指标满足质量要求。

（11）为保证成型后的路堤边坡坡面稳定，不被雨水冲刷、冰雪浸蚀，一般均应进行坡面骨架防护及坡面播草籽或铺草皮、植灌木绿化加固。对脚墙基础不稳或穿越水田、水塘、不良地质的地段设置挡土墙等圬工砌体防护构造。

22.5.2.2 路堑边坡

（1）根据设计横断面边坡坡率、台阶宽度，精确计算路堑堑顶开挖线，用全站仪放样，根据现场坡口标高放出路堑坡口桩。

（2）根据坡口桩放出路堑开挖线，挖机和人工配合进行清表除杂。

（3）深路堑边坡在施工前应详细复查该处的地质资料，包括土石界限、岩层风化厚度及破碎程度，岩层的构造特征等，根据现场勘察结果及设计要求，制订详细的施工组织实施方案，报请监理工程师批准后，方可施工。

（4）开挖中如发现有较大的地质变化时，停止施工，报请监理工程师修正施工方案，必要时重新进行地质补勘，新的方案经监理工程师审批后方可实施。

（5）深挖路堑，因工作量大，施工环境复杂，技术要求高，施工难度大，是控制工程进度的关键工程，必须精心组织，科学施工，严格管理。

（6）边坡石方的开挖，应根据岩石类别、风化程度和节理发育程度，确定开挖方法。对于软石和强风化岩石，能用机械开挖的就用机械开挖，不能用机械直接开挖的石方采用爆破作业开挖。

（7）在石方爆破作业开挖前根据地形、地质，开挖施工断面及施工机械配备情况，编制实施性的爆破作业施工方案，报监理工程师批准后，严格按照监理工程师的指令执行。石质部分采用深孔多排微差爆破法施工。

（8）路堑既长且深时，采用纵向分层分段开挖。每一层先挖出一通道，然后两侧开挖，使每一层有独立的出土道和临时排水系统。对风化破碎岩体，为保证施工中边坡稳定和边坡防护施工作业，采用阶梯式进行开挖，按设计要求的高度设置平台，形成阶梯边坡。开挖时，边坡预留 2~3 m 采用光面爆破或预裂爆破作业，人工刷坡。

（9）路堑边坡施工开挖出来的适宜路基填筑的土石方应规划好，就近利用，不能马上利用的可适当推迟挖掘，将其保留到填筑路段需填筑时再开挖，在保留阶段应避免与其他性质较差的土石混杂。

（10）土质挖方边坡施工时不得出现欠挖和超挖，经修整后的边坡各个方向的平整度不得大于 5 cm（用 3 m 直尺检测）。边坡两端应修整成顺圆的弧面与自然边坡衔接，以体现人工开挖边坡与自然环境的协调。

（11）石质路堑边坡开挖应采取"三逐级"施工，即"逐级开挖、逐级整修、逐级防护"的方法。对自上而下每一级已开挖到位的边坡，应及时清除危石和松石，并应尽早按设计（或变更设计)图纸进行防护工程施工,有利于边坡的稳定。

(12)在高路堑边坡施工时,施工单位应加强对施工过程的动态控制,发现失稳预兆应采取应急措施,并及时向监理报告,尽可能地避免边坡滑塌,确保施工安全。

(13)对顺向坡应及时做好坡顶截水沟的施工,有平台的边坡及时做好平台截水沟。

(14)雨季施工时,边坡应能在雨水冲淋下不发生崩塌,或进行有效覆盖后不发生崩塌,否则不得在雨季施工。

(15)路堑坡体地质与设计不符,经边坡稳定性评价后须改变原设计边坡坡率和防护形式的,应书面报告监理,由监理、设计代表(或业主)与施工单位共同检查确定边坡坡率和防护技术方案。

22.5.2.3 坡面防护

坡面防护的形式多种多样,应用最广的主要有挂三维网植草,播(喷)草籽、护面墙、骨架护坡、挡土墙、锚喷防护等等,这里简述护面墙及骨架防护。

1. 骨架护坡

主要有方格网骨架护坡、拱形骨架护坡、人字形骨架护坡等,常用的圬工材料有浆砌片石、片石混凝土、素混凝土和钢筋混凝土几种。

(1)边坡成形后应尽早进行防护施工,施工前测量人员按照设计图纸对坡面坡率重新测量,对坡率不合要求、亏坡及超填或欠挖的边坡进行人工修整,然后根据测量放出坡顶、坡脚、护坡道的位置,进行骨架防护施工。

(2)根据设计图纸尺寸,人工开挖骨架基坑,保证基础嵌入坡体后露出坡面10 cm。

(3)基础施工完成后回填10 cm厚种植土。坡面绿化后,可栽植灌木。

(4)对坡脚不稳的坡面,可根据实际情况在坡脚增设挡土墙等防护加固结构。

2. 满砌护坡

又称护面墙,分A型和B型两种,一般采用浆砌片石砌筑。对经过低流速沿溪线、鱼塘等冲刷不大的路段一般A型浆砌片石护坡;对经过流速为2～8 m/s的沿溪线、大面积水域(如水库)路段采用B型浆砌片石护坡。施工前均应进行排水、清淤、换填、填筑、防护等工序。

施工用材应因地制宜,但必须保证材料有较好的水稳性。每砌筑10～15 m预留一条沉降伸缩缝,宽2～3 cm,用沥青麻絮填塞,施工时必须严格保证填塞质量,以免浸蚀坡体填料,致使边坡失稳。

3. 挡土墙

(1)基础的基坑断面尺寸、深度、基底承载力应满足设计要求。

(2)基础必须置于稳固的地基上。土质地基埋入深度应不小于1 m。在冻胀性土壤上设置基础时,基底应置于冻结线0.25 m以下。

(3)基底应清洗干净,不得有虚渣、杂物及积水。

(4)石料采用强度不低于25 MPa,厚度不小于15 cm的片石,砌筑时去其尖锐凸出部分,分层错缝搭叠,放置平稳,并用小石子填塞缝隙。

(5)墙面外露部分用10号砂浆勾缝,墙顶抹面。

(6)在墙身适当高度处设置泄水孔,孔为直径5～10 cm的圆孔,孔眼间距为2～3 m,上下排交错设置,最下排泄水孔出口高出地面或常水位0.3 m,在泄水孔进口处应填筑适量的碎石或卵石，以利墙后坡体渗水排出。

（7）挡土墙后填料应符合设计要求，待坏工强度达到70%以上，方可分层填筑夯实，以确保墙后边坡稳定。

（8）成型后的挡土墙要做好保养工作，防止气温过高导致开裂或因保养不当碰坏损伤。同时也要检查泄水孔是否堵塞，遇较严重的暴雨雪天气或长期降水也要检查墙体是否开裂或沉降，发现问题及时修补。

22.6 质量标准

（1）为了保证边坡的稳定和安全，边坡的坡比严格按设计及规范要求控制施工，特殊地质地段根据实际情况另行确定变更方案施工。

（2）坡面应平顺，无明显凸露孤石，也无明显凹陷坑洞，不稳定的坡脚应设置有效的防护措施，其边坡的允许偏差为±5%。

（3）砌体的施工允许偏差应满足表22-7的规定。浆砌砌体实测项目具体参数要求详见表22-7。

表22-7 浆砌砌体实测项目

项次	检查项目		规定值或允许偏差	检查方法和频率
1	砂浆强度/MPa		在合格标准内	按JTGF 80/1—2004 附录F 检查
2	顶面高程 /mm		±15	水准仪：每20 m检查3点
			±20	
3	竖直度 或坡度		0.3%	吊垂线：每20 m检查3点
			0.5%	
4	断面尺寸/mm	料石	±20	尺量：每20 m检查2点
		块石	±30	
		片石	±50	
5	表面平整度 /mm	料石	10	2 m直尺：每20 m检查5处×3尺
		块石	20	
		片石	30	

（4）砌体外观鉴定应满足边缘直顺，外露表面平整，勾缝平顺，缝宽均匀、无脱落现象，混凝土地均匀密实，外观整洁且无蜂窝麻面，强度符合设计要求。

（5）伸缩缝、沉降缝的位置，填塞材料应符合设计要求。

（6）砌体下垫材料或挡墙台背回填材料必须符合设计要求，回填应密实。

（7）泄水位置布置准确、合理，符合规范要求。

（8）根据设计要求，设置必要的检查设备和有关的标志。

22.7　成品保护

（1）边坡开挖时应对定位桩、附近的平面控制桩、水准基点加以保护、防止施工机械或人为损坏。

（2）边坡刷坡完成后，坡顶为顺向坡的必须做好截水沟，坡面应尽早采取防护及绿化措施，避免坡面雨水的冲刷破坏。

（3）边坡施工时尽量避开雨季，在雨季施工时切实做好防冲刷的应对措施，圬工砌筑施工时，应轻搬轻放，防止砌块或镶面砖表面损坏和碰撞已砌好的砌体。对于满砌坡面要及时勾缝处理。

（4）坡面骨架施工完成后，要对坡面及时修整，并保证骨架顶与坡面在同一平面上，严禁出现滑坡，对于塌陷较深的部位，不能填土到位的，可采取码砌土袋甚至浆砌片石填平坡面，确保坡面不因雨水冲刷而导致淘空骨架，使坡面水土流失。

（5）坡顶截水沟与路堑排水系统必须保护完好且连通。

22.8　安全环保措施

22.8.1　安全措施

（1）边坡施工前，根据施工地段的地形、地质、水文、气象等资料，在编制施工组织设计时，制订相应安全技术措施。

（2）参加施工的人员，必须接受安全技术教育，熟知本工种的各项安全技术操作规程，并应定期进行安全技术考核，合格者方可上岗操作。车辆驾驶、焊接、爆破、高空作业等特殊工种人员，应经过专业培训，获得合格证后，方准持证上岗。

（3）施工所用的各种机具设备和防护用品，应定期检查，保证其处于完好状态；不合格的防护用品严禁使用。

（4）安全员配备：每5000万元工程至少配备1名专职安全员。50人以内的施工队伍配备1名安全员，50~200人以内的施工队伍配备2名安全员，200人以上的施工队伍应配备3名安全员。施工过程中，安全员必须跟班作业，非作业时间应定时巡查。

（5）高边坡施工时应遵守下列规定：

①作业人员必须绑系安全带。

②边坡开挖必须自上而下顺序放坡进行，严禁采用挖空底脚的操作方法。

③边坡开挖应与装运作业面相互错开，严禁上、下双重作业。

④弃土下方和有滚石危及的范围内的道路，应设警告标志，作业时坡下严禁通行。

⑤坡面上的操作人员对松动的土、石必须及时清除，严禁在危石下方作业、休息和存放机具。

⑥机械在边坡作业时，应与边缘保持必要的安全距离，使轮胎（履带）落在坚实的地面上。

⑦石质边坡凿打炮眼时，坡面上的浮岩危石应予清理，凿眼所用的工具和机械要详加检

查，确认完好，严禁在残眼上打孔。

（6）深路堑边坡开挖时，现场要设置专职安全员，负责调度施工人员、开挖机械和弃土车辆。

（7）各种施工机械应做好日常维修保养，保证机械的安全使用性能。

（8）炸药等易燃、易爆物品必须分开存放，保持一定的安全距离，设专人看管。

（9）路堑边坡开挖过程中应随时检查，如有滑动、开裂、落石等现象，可适当放缓边坡坡比，或采用锚杆支护、防护栅栏、棚架等措施，以保证施工安全。

（10）地质不良、深路堑边坡地段，施工中应加强防护，并指定专人看管。

22.8.2 环保措施

（1）在桥梁或隧道接口段施工时，应尽量少破坏天然植被，以便最大限度地保护自然景观。

（2）清理边仰坡范围的表层腐殖土、砍伐的荆棘丛林、工程剩余的废料，应根据各自不同的情况，分别处理，不得任意裸露弃置。

（3）清洗施工机械、设备及工具的废水、废油等有害物质以及生活污水，不得直接排放于附近小溪、河流或其他水域中，也不得倾泻于饮用水源附近土地上，以防污染水质和土壤。

（4）在居民区施工时，由机械设备与工艺操作所产生的噪声，不得超过当地政府规定的标准，否则应采取消声措施或避开夜间施工作业。

（5）现场存放油料必须对库房进行防渗漏处理，储存和使用都要采取隔油措施，以防油料污染附近水质。

22.9 质量记录

（1）工程放样与定位测量记录、测量复核记录。

（2）边坡坡面平顺度记录。

（3）边仰坡防护措施隐蔽工程检查记录。

（4）建筑材料质量抽查记录。

（5）工序质量评定表。

23　路基排水施工工艺标准

23.1　总则

23.1.1　适用范围

本标准适用于公路边沟、排水沟、急流槽、截水沟、渗沟等路基排水工程施工。

23.1.2　编制参考标准及规范

(1)《公路工程技术标准》(JTG B01—2014).
(2)《公路桥涵施工技术规范》(JTG/T F50—2011).
(3)《公路工程质量检验评定标准》(JTG F80/1—2017).
(4)《公路路基施工技术规范》(JTG F10—2006).
(5)《公路土工试验规程》(JTG E40—2007).
(6)《公路工程水泥混凝土试验规程》(JTG E30—2005).

23.2　术语

23.2.1　边沟

边沟是指为汇集和排除路面、路肩及边坡的流水，在路基两侧设置的纵向水沟。边沟一般设置在挖方路基的路肩外侧或低路堤坡脚外侧，走向与路中线平行，用以汇集和排除路基范围内和流向路基的少量地面水。平坦地面填方路段的路旁取土坑，常与路基排水设计综合考虑，使之起到边沟的排水作用。边沟的横断面形式主要有梯形、矩形、三角形和流线形等。

分离式路堤中间部位及互通区、服务区场地内侧边沟均采用暗埋式边沟，边沟断面形式、尺寸及材料同挖方路段边沟相同。

23.2.2　排水沟

为将边沟水流、截水沟、边坡和路基附近的积水及路面水引至桥、涵或路基范围之外，设置排水沟。排水沟尺寸与路堤坡脚处边沟相同。排水沟示意图如图23-1所示。

为减少坡面冲刷，路堑边坡平台设置平台排水沟。一般路段排水沟采用矩形断面，沟深

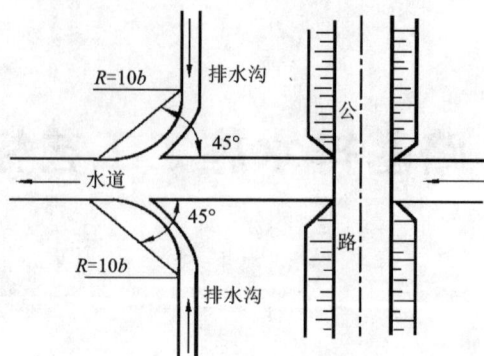

图 23 - 1　排水沟示意图

40 cm，沟宽 40 cm，壁厚 30 cm，采用 M7.5 浆砌片石加固，底部设 10 cm 厚砂砾垫层。

23.2.3　急流槽

在陡坡或深沟地段设置的坡度较陡、水流不离开槽度的沟槽。边沟、排水沟、截水沟出水口受地形限制落差较大时，设置急流槽。急流槽槽身采用 M7.5 号浆砌片石砌筑。急流槽的设置应结合地形、地质情况，一直延伸到沟底或无冲刷处，在急流槽的尽头均设消力设施，防止冲刷，急流槽详图如图 23 - 2 所示。

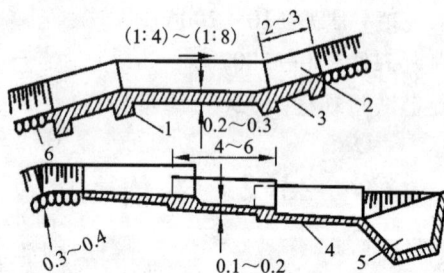

图 23 - 2　急流槽详图

1—耳墙；2—消力池；3—混凝土槽底；4—钢筋混凝土槽底；5—横向沟渠；6—砌石护底

超高路段中央分隔带集水井由横向排水管泄水口沿坡面向下集中排水时，设置边坡急流槽，路堤边坡急流槽断面形式为矩形，采用 M7.5 浆砌片石砌筑。边坡平台排水沟水流从上向下集中排水时，设置急流槽。

急流槽断面形式为矩形，槽深 40 cm，槽宽 60 cm，槽壁及槽底厚 30 cm，M7.5 浆砌片石砌筑。

23.2.4　截水沟

截水沟又称天沟，一般设置在挖方路基边坡坡顶以外，或山坡路堤上方的适当地点，用以拦截并排除路基上方流向路基的地面径流，减轻边沟的水流负担，保证挖方边坡和填方坡脚不受水流冲刷。截水沟示意图如图 23 – 3 所示。

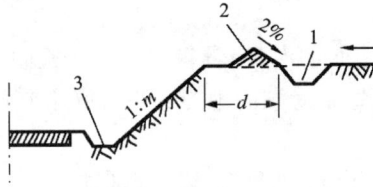

图 23 – 3　截水沟示意图

1—截水沟；2—土台；3—边沟

23.2.5　渗沟

如图 23 – 4 所示，渗沟是常见的一种地下排水沟渠。当路基土含水过多时，可用它来吸收降低、汇集和排除地下水。亦可以用以拦截流向路基的地下水，采用渗透方式将地下水汇集于沟内，并通过沟底通道将水排至指定地点，这种地下排水设施统称渗沟。它的作用是降低地下水位或拦截地下水，其水力特性是紊流，但构造与简易暗沟有所不同。

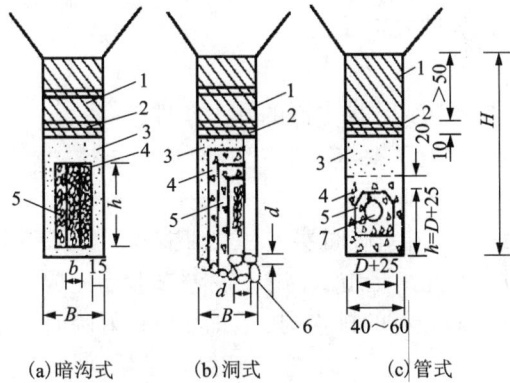

(a)暗沟式　　(b)洞式　　(c)管式

图 23 – 4　渗沟示意图

1—黏土夯实；2—双层反铺草皮；3—粗砂；4—石屑；5—碎石；

6—浆砌片石沟洞；7—预制混凝土管

23.3　施工准备

23.3.1　技术准备

(1)现场核对排水系统施工图时，确定施工段内的排水系统是否完备与妥善，对衔接不上或位置、长度需要变更的水沟应按程序办理变更设计，按批准的变更设计图组织施工。

(2)编制边沟、排水沟、急流槽、截水沟、渗沟的施工方案。

(3)对有关人员进行技术交底。

(4)确定砂浆、混凝土配合比。

23.3.2 材料准备

(1)水泥、片石、砂、钢筋、细骨料、粗骨料进场并经检验合格。

(2)水泥应入库或堆放在工地不受潮的地方,并盖好不受雨淋。水沟砌筑前应组织石工对片石进行修凿,应先选出面石。

(3)钢筋进场后应按类型、直径、批号等条件分别堆放,并避免油污、锈蚀。

(4)混凝土拌制用水宜采用饮用水,当采用其他水源时,其水质应符合《混凝土拌制用水标准》(JGJ63)的规定。

23.3.3 主要机具

(1)施工机械:砂浆搅拌机或混凝土搅拌机。

(2)工艺装备:铁镐、铁锹、撬棍、瓦刀、手锤、手凿、洒水喷壶、托灰板、抹子、筛子、扫帚、灰桶、勾缝条、手推胶轮车、磅秤、小线、安全帽、防护手套等。

(3)模板:木制模板、组合钢模板。

23.3.4 作业条件

(1)征地拆迁已完成,地界已确定。

(2)路基边线已确定。

(3)路基主体已完成,具备边沟、排水沟的开工条件。

(4)机械设备和劳动力满足开工要求。

(5)安全质量措施齐全。

(6)工地布置,施工用水、用电、临时房屋和便道能满足开工要求。

(7)工地试验室已建立,并能满足施工需求,材料试验已完成。

(8)排水设施施工必须切断原有的排水沟、管时,应做好临时排水沟、管,保证排水。

(9)排水设施施工时应有可靠的防护措施。确保施工期间地表水、地下水不得侵入路基而造成路基松软及坡面坍塌。

23.3.5 劳动力组织

(1)根据工程量大小和作业场地情况组织作业工班,每班10~20人,技工不少于50%,深路堑陡坡地段的天沟不宜雨天、夜晚作业。

(2)现场配备施工员一名,负责测量放线和砌筑过程中的作业指导,进行安全质量管理。配备试验员一名,负责水泥、砂、钢筋、石、砂浆、混凝土的取样和送检。

(3)劳动力组织表

表 23 – 1　路基排水工程施工劳动力组织

工种	人数	工作地点	职责范围
施工队长	1	整个施工现场	负责跟班组织施工管理工作、协助总指挥工作等
技术员	1	整个施工现场	负责跟班解决施工中的技术问题，编写技术措施等
安全员	1	整个施工现场	负责跟班检查安全措施、安全措施的执行情况及安全教育工作，对安全生产负责
质检员	1	整个施工现场	负责跟班检查工程质量，组织各工种交接及质量保证措施的执行情况，对工程质量负责
测量工	1	施工现场	负责水沟开挖放样、沟底标高测量
挖掘机操作工	1	水沟开挖施工现场	负责水沟的土方开挖
水沟开挖修整	4	水沟施工现场	负责修整已开挖的水沟
片石选料和砂浆搅拌上料工	3	水沟施工现场	负责砂浆的搅拌操作及砌筑材料的搬运与上料
水沟砌筑	3	水沟施工现场	负责水沟的砌筑及勾缝
杂工	2	整个施工现场	负责水沟施工现场清理等
总计	18	注：此表为一个作业班施工配备人员，未计后勤、行政等人员	

23.4　工艺设计和技术要求

23.4.1　技术要求

（1）路堤排水沟各部尺寸的允许偏差应符合表 23 – 2 规定。

表 23 – 2　排水沟各部允许偏差、检验数量及检验方法

序号	抽样项目	允许偏差	施工单位检验数量	检验方法
1	沟底中心位置	±100 mm		尺量
2	沟底高程	±20 mm		水准测量
3	净空尺寸	±20 mm		尺量
4	沟底坡度	±5% 设计坡度	每 100 m 抽样检验各 5 处	坡度尺
5	浆砌水沟铺砌厚度	–10 mm		尺量
6	沟底平整度	20 mm		2.5 m 长直尺与钢尺量
7	沟顶高程	–20 mm, 0		水准测量

注：1. 砌体砂浆配合比准确，砌缝内砂浆均匀饱满，勾缝密实。
2. 浆砌片（块）石、混凝土预制块的质量和规格符合设计要求。
3. 基础中缩缝应与墙身缩缝对齐。
4. 砌体抹面应平整、压光、直顺，不得有裂缝、空鼓现象。

(2)路堑边沟的各部尺寸的允许偏差应符合表23-3规定。

表23-3　边沟各部允许偏差、检验数量及检验方法

序号	检验项目	允许偏差		施工单位检验数量	检验方法
		石质沟	现浇或预制沟		
1	沟底中心位置	0，+50 mm	0，+50 mm	每100 m抽样检验各5处	尺量
2	沟底高程	±20 mm	±10 mm		水准测量
3	净空尺寸	±20 mm	±20 mm		尺量
4	边坡坡度(偏陡量)	5%设计坡度	5%设计坡度		坡度尺
5	铺砌厚度	-10 mm	-10 mm		尺量
6	沟底坡度	±5%设计坡度	±5%设计坡度		坡度尺
7	沟底平整度	20 mm	10 mm		2.5 m长直尺与钢尺量
8	平台宽度	0，+50 mm	0，+50 mm		尺量
9	沟顶高程	—	-20 mm，0		水准测量

(3)预制水沟及盖板各部尺寸的允许偏差应符合表23-4规定。

表23-4　预制水沟及盖板各部允许偏差、检验数量及检验方法

序号	检验项目		允许偏差	施工单位检验数量	检验方法
1	预制水沟厚度		-10 mm	抽样检验2%	尺量
2	盖板	边长	+3 mm，-2 mm		
3		对角线长	+4 mm，-2 mm		
4		厚度	+4 mm，-2 mm		

(4)渗沟内填充的渗水材料类型、技术指标应符合设计要求，填充碎石应符合表23-5的要求。

表23-5　渗水暗沟填充碎石技术指标

项目	检验指标
母岩强度	不小于30 MPa
碎石粒径	3~8 cm
含泥量(按重量计)	<2%

注：1.盲沟的设置及材料的质量和规格应符合设计要求和施工规范规定。
2.反滤层应用筛选过的中砂、粗砂、砾石等渗水性材料分层填筑。
3.排水层应采用石质坚硬的较大粒料填筑，以保证孔隙度满足要求。

23.4.2　材料质量要求

（1）所用水泥、石、砂、钢筋、水、外加剂和掺合料质量和规格应符合有关规范要求，按规定的配合比施工。

（2）对所购材料应订货前要取得供货厂家的产品合格证书及实验报告，进行采样试验，验证其质量可靠性。

23.4.3　职业健康安全要求

（1）组织职工认真学习各项工程的安全技术规划，同时加强劳动纪律、工作标准和施工程序教育，在施工过程中严格落实安全生产教育制度，对职工实施不间断安全教育，不断提高全体职工的安全意识。

（2）制订科学合理的施工方案，做到好中选优，努力把不利因素减少到最小程度。对重点工程制订专项安全技术措施，在施工中项目主管领导和专职安全员跟班作业，严格按施工方案和安全技术措施进行施工，并随时接受建设单位或监理工程师对安全技术措施的监督检查。

（3）加强安全防护工作，施工中严格按照施工方案和安全技术措施组织施工，严禁擅自变更方案、缩减范围或提取一定的安全措施经费。

（4）在各工点及施工现场设置各类安全标志，所有进入施工现场的人员，必须按规定穿戴安全防护用品。

（5）雨天和冬季进行高空作业时，采取可靠的防滑、防寒和防冻措施。

（6）根据各种施工机械制订相应的安全操作规程，使用过程中严格执行该操作规程，定期维修保养，并做好记录，严防机械伤害事故。

（7）现场的材料保管，依据材料的性能分别采取必要的防雨、防潮、防火等措施，易爆、易燃、易碎物品应分别存放，并设明显标志。

23.4.4　环境要求

（1）施工过程中应随时对作业场地和周边道路洒水降尘，防止粉尘污染。

（2）施工过程中应注意当地水系的保护。

23.5　施工工艺

23.5.1　工艺流程

路基排水施工工艺流程如下：

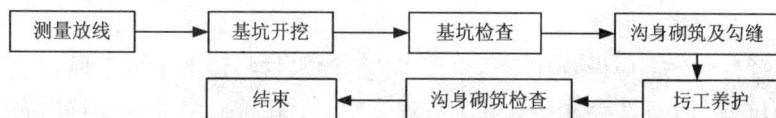

测量放线 → 基坑开挖 → 基坑检查 → 沟身砌筑及勾缝 → 圬工养护 → 沟身砌筑检查 → 结束

图 23-5　路基排水施工工艺流程

23.5.2 操作工艺

路基边沟、排水沟、截水沟等地表排水设施应与天然沟渠和相邻的桥涵、隧道、车站等排水设施及路基面排水、坡面排水、电缆沟槽两侧排水衔接，组成完整的排水系统。路基施工前应核对全线排水系统的设计是否完备和妥善。路基工程施工前，对影响路基稳定的地下水，应予以截断、疏干、降低水位，并引排到路基范围以外。在路基施工期，不得任意破坏地表植被和堵塞水路；各类排水设施应及时维修和清理，保持排水畅通、有效。按施工图进行测量放样，确定施工范围，再进行开挖。

23.5.2.1 边沟施工方法

平曲线处边坡施工时，沟底纵坡应与曲线前后沟底纵坡度平顺衔接，不允许曲线内侧有积水或外溢现象发生。曲线外侧边沟适当加深，其增加值等于超高值；

边沟的加固施工：土质地段当沟底纵度大于3%时应采取加固措施；采用浆砌片石铺砌时，砌缝砂浆应饱满，沟身不漏水。

23.5.2.2 排水沟施工方法

线形要求平顺，尽可能采用直线形，转弯处宜做成弧形，其半径不宜小于10 m，排水沟长度根据实际需要而定，通常不宜大于500 m。低填方段与高填方段的排水沟衔接处宜做成斜交；

沿线布设时，应离路基尽可能远一些，距路基坡脚不宜小于2 m；当因纵坡过大产生水流速度大于沟底、沟壁土的容许冲刷流速时，应采取表面加固措施。排水沟沟底标高应高于涵洞涵底铺砌标高。沟底纵坡宜大于0.5%。排水沟在铺砌之前，对排水沟进行修整，沟底、沟壁坚实平整，断面尺寸符合设计要求。

23.5.2.3 急流槽施工方法

路堤边坡急流槽的修筑应能为水流入排水沟提供一个顺畅通道，路缘石开口及流水进入路堤边坡急流槽的过渡段应连接圆顺。

当急流槽较长时，分段砌筑，每段不宜超过10 m，接头用防水材料填塞，密实无空隙。急流槽的上口与坡型路缘石拦水带的喇叭口衔接时圆滑、顺畅、不漏水，出口与排水沟相接处按设计要求施工，顺畅不积水，U型槽嵌入地面以下。

23.5.2.4 截水沟施工方法

截水沟的位置应根据具体情况确定。在无弃土堆的情况下，截水沟的边缘离开挖方路基坡顶的距离视土质而定，以不影响边坡稳定为原则。如系一般土质至少应离开5 m，对黄土地区不应小于1 m并应进行防渗加固。截水沟挖出的土，可在路堑与截水沟之间修成土台并夯实，台顶应筑成2%倾向截水沟的横坡。路基上方有弃土堆时，截水沟应离开弃土堆脚1~5 m，弃土堆坡脚离开路基挖方坡顶不应小于1 m，弃土堆顶部应设2%倾向截水沟的横坡。山坡上路堤的截水沟离开路堤坡脚至少2 m，并用挖截水沟的土填在路堤与截水沟之间，修筑向沟倾斜坡度为2%的护坡道或土台，使路堤内侧地面水流从截水沟排出。

23.5.2.5 渗沟施工方法

开挖时注意盲沟底部应设置在不透水层以内，渗水材料顶部不低于原有地下水位，开挖后修整坑底及坑壁，保证线型顺畅；基坑清理完毕后，在坑底浇注砼作盲沟底座，且将砼底座每15 m设置一道伸缩缝并用沥青麻絮填塞；铺设土工布及填充透水性材料：沿坑底、坑壁铺设土工布,然后填入粗砾石或碎石,将土工布在透水性层顶部搭接,搭接长度不小于30 cm,再设置封闭层,采用黏土夯压密实。

23.5.2.6 浆砌片石施工方法

(1)片石厚度不小于15 cm(卵形和薄片者不得使用),用于镶面的片石应选择表面平整、尺寸较大者。

(2)块石应大致方正,上下面大致平整,厚度20~30 cm,宽度为厚度的1~1.5倍,长度应为厚度的1.5~3倍,块石用作镶面时,应由外露面四周向内稍加修整,后部可不修凿。

(3)砌筑用砂浆的类别和标号应符合设计规定,砂浆中所用水泥、砂、水等材料质量标准宜符合砼工程相应材料的质量标准,砂浆中的所用砂,宜采用中砂或粗砂,当用于砌筑块石时,砂的最大粒径不宜超过2.5 mm,当用于砌筑片石时,砂的最大粒径不宜超过5 mm,砂浆必须具有良好的和易性,其稠度以标准圆锥体沉入度的测值5~7 cm为准,砂浆应随拌随用,保持适宜的稠度,一般宜3~4 h内使用完毕,气温超过30℃时,宜在2~3 h内使用完毕,运输过程中或在存储器中发生离淅,泌水的砂浆,砌筑前应重新拌和,已凝结的砂浆不得使用。

(4)筑前必须浇水湿润,表面泥土、水锈等应清洗干净,砌体应分层砌筑,砌体较长时可分段分层砌筑,但两排工作段的砌筑高差一般不宜超过1.2 m,分段位置尽量设置于沉降缝或伸缩缝处,各段水平缝应一致。

(5)分层砌筑时,宜将较大石块用于下层,并用宽面为底铺砌,浆砌块石的砌缝宽度不大于3 cm,上下层竖缝错距离不小于8 cm。砌体里层平缝不应大于3 cm,竖缝宽度不应大于4 cm,同一层石料及水平灰缝的厚度要均匀一致,每层按水平砌筑,丁顺相间,砌石灰缝互相垂直。砌石顺序为先角石,再镶面,后填腹。填腹石的分层高度应与镶面相同。

(6)各砌层的砌块应安放稳固,砌块间砂浆应饱满,黏结牢固,不得直接贴靠或脱空。砌筑时,底浆(座浆)应铺满,竖缝砂浆应先在已砌石块侧面铺放一部分,然后于石块放好后填满捣实。砌筑上层砌块时,应避免振动下层砌块。砌筑工作中断后恢复砌筑时,已砌筑的砌层表面应加以清扫和湿润,片石分层砌筑,宜以2~3层砌块组成一工作层,每一工作层大致找平,各工作层竖缝要相互错开,不得贯通。

(7)砂砾垫层可与铺砌层配合铺筑,随铺随砌。但应注意防止出现虚脚或空隙,铺砌块(片)石的过程中还应随时检查坡面平整,斜坡顺直。

23.5.2.7 排水工程施工注意事项

(1)排水沟、边沟、截水沟底必须平整坚实,沟底平顺,排水畅通,无阻水现象,并按图纸要求将水引入排水系统中,基孔挖好后经验收合格方能砌筑。

(2)砌体所用的预制块必须集中预制,机压成形,并使用蒸汽养生,表面做平整。

(3)砌体砂浆配比采用重量法控制,座浆均匀饱满,勾缝前认真清理缝槽,并用水冲洗、湿润。用工程师认可的工具进行勾缝,要求平整密实、直顺圆畅,不得有裂缝、空缝现象,其质量满足设计或《技术规范》要求。

(4)急流槽应嵌入地面,底部砌筑抗滑平台,槽底表面应设具有阻水消力性能的粗糙面,出口处设置消力池及消力槛。

(5)纵向盲沟设置于边沟底部,施工时在基坑内浇筑基础砼,安放PVC-U有孔硬塑管,然后填粗砾石或碎石,边填边放土工布。最后用夯填黏土封顶。

(7)每个施工点必须设置施工标牌,标明桩号、施工项目、技术负责人姓名、施工员姓名及监理工程师姓名,各种施工材料整齐堆放并设立标志,机械合理放置。

23.6 质量标准

(1)路基排水工程应及时实施,防止在施工期间因地表水及地下水的侵入而造成路基松软和坡面坍塌。

(2)混凝土施工应符合以下规定:

①使用的粗、细骨料,水泥,水等原材料应符合国家现行有关标准的规定。

②混凝土应采用机械拌和,其配合比应通过试验确定。

③混凝土运输、浇筑及间歇的时间不应超过混凝土的初凝时间。

④混凝土浇筑完毕后,应及时采取有效的养护措施。

(3)砌筑砂浆施工应符合以下规定:

①拌制砂浆的水泥、水、砂应符合国家现行有关标准的规定。

②砂浆应采用机械拌和,其配合比应通过试验确定;自投料完算起,搅拌时间不得少于2 min。

③砂浆应随拌随用,搅拌好的砂浆应在3 h内使用完毕,当施工期间最高气温超过30℃时,应在拌成后2 h内使用完毕。

④浆砌工程应采用挤浆法分层、分段砌筑,坐浆饱满,勾缝平顺,几何尺寸和垫层厚度符合设计要求。砌筑完成后应及时采取有效的养护措施。

⑤工程所用的砂、石、水泥、钢筋等的品种、规格、质量应符合设计要求,进场时应进行验收。

检验数量:施工单位砂石按同一生产地点每400 m³抽样检验1组,水泥按同一产地、品种、规格每200 t抽样检验1组,钢筋等按同一牌号、批号抽样检验1组。监理单位按施工单位抽样数量的10%平行检验或20%见证检验,且每检验批不少于1组。

检验方法:查验钢筋、水泥的产品质量证明文件和材料性能报告单,现场抽样对水泥的安定性、凝结时间和强度,钢筋的屈服强度、极限强度、伸长率和冷弯性能,砂石含泥量进行检验。

⑥路基排水设施基底处理应符合设计要求,基底应密实、平整,且无草皮、树根等杂物,无积水。

检验数量:施工单位、监理单位全部检验。

检验方法:观察。

⑦排水设施、垫层、滤层的结构形式应符合设计要求,并保证排水通畅。

检验数量:每条沟每50 m施工单位抽样检验3个断面,监理单位平行检验1个断面。

检验方法:观察、尺量。

⑧预制或现浇水沟及盖板混凝土强度等级应符合设计要求。

检验数量:同一配合比的混凝土≤100盘且不大于100 m³为一批。施工单位每批制作2组混凝土抗压强度检查试件。监理单位按施工单位抽样数量的10%平行检验或20%见证检验,且每检验批不少于1组。

检验方法：抗压强度试验。

⑨预制水沟的基础与基坑边坡应密实、平整。预制件应拼装平顺，水泥砂浆粘贴密实，接缝咬合完好，与基础和边坡间应用水泥砂浆填塞缝隙。水沟盖板尺寸及盖板间空隙应符合设计要求，铺设应平稳。

检验数量：每条沟每50 m施工单位抽样检验3处，监理单位平行检验1个断面。

检验方法：观察。

⑩浆砌水沟的砌体砂浆强度等级应符合设计要求。

检验数量：每100 m水沟砌体施工单位做1组砂浆强度等级抽样检验试件。监理单位按施工单位抽样数量的10%平行检验或20%见证检验，且每批检验不少于1组。

检验方法：抗压强度试验。

⑪浆砌水沟铺砌应密实、平顺、整齐、无渗漏水，沟内不积水，无淤塞。

检验数量：施工单位、监理单位全部检验。

检验方法：观察。

⑫路堑侧沟泄水孔设置位置、布置形式、尺寸、数量应符合设计要求，且排水通畅。

检验数量：施工单位全部检验，监理单位按施工单位检验数量的10%平行检验。

检验方法：观察、尺量。

⑬伸缩缝的设置、缝宽与塞封应符合设计要求。

检验数量：施工单位全部检验。监理单位按施工单位检验数量的10%平行检验。

检测方法：观察、尺量。

⑭渗沟内渗水材料填充位置、厚度应符合设计要求。

检验数量：每条沟每50 m施工单位抽样检验3个断面，监理单位平行检验2个断面。

检验方法：观察、尺量。

23.7　成品保护

（1）水沟开挖修整成型后，应尽快进行砌筑，避免雨水的冲刷破坏。

（2）在施工过程中，注意当地水系的畅通，避免破坏当地水系。

（3）排、截水沟挖出的废土应堆置在沟与路堑边坡顶一侧，并予以夯实，避免冲刷破坏已砌筑好的水沟。

（4）要随时清理水沟沟道，树叶、杂物、石块等要及时清理出水沟，避免水沟堵塞。

23.8　安全环保措施

23.8.1　安全措施

（1）按规定使用劳动保护用品。

（2）石料加工时，作业人员应保持一定距离，防止飞石伤人。应先试后搬，禁止抛掷。

（3）对有关人员进行安全技术交底。

（4）施工用电由专业电工负责。

（5）搅拌机应由专人进行操作，持证上岗。搅拌机发生故障时，应及时切断电源再检修。搅拌机清洗前，必须切断电源。

（6）深路堑陡坡地段的天沟施工前应编制专项的安全施工技术方案，并进行专门安全技术交底。

（7）人工挖基，堆土高度不应超过 1.5 m，且距边坡顶缘口不应小于 1 m。

（8）人工挖基，两人横向距离不应小于 2 m，纵向距离不应小于 3 m。

23.8.2　环保措施

（1）施工场地应及时清理，占用的土地进行复耕或恢复植被、地貌。

（2）基坑土应及时运至设计指定位置或就定整平、压实，恢复植被、地貌，防止基坑土被冲刷造成水土流失和损坏植被。

（3）基坑应及时处理，防止被冲刷造成水土流失和损坏植被。

（4）水泥应入库或覆盖，防止粉尘污染周围环境，袋装水泥严禁用铁锹直接在袋子上划口，水泥袋应集中回收。

（5）建筑垃圾应及时清理。

（6）在居民区施工时应采取隔音降噪措施，尽量避开夜间施工。

（7）现场搅拌站应设排水沟和废水沉淀池。

23.9　质量记录

（1）开工报告及相应的分部、分项评定（相应的测量资料）

（2）工序检验申请单。

（3）土沟质检表。

（4）浆砌排水工程质检表或盲沟（或渗沟）质检表。

（5）水泥砂浆抗压强度试验记录表。

（6）施工测量记录表。

24 锚杆框架梁稳固边坡工程施工工艺标准

24.1 总则

24.1.1 适用范围

本标准适用于高速公路路堑边坡稳定加固。

24.1.2 编制参考标准及规范

(1)《公路工程技术标准》(JTG B01—2014).
(2)《公路排水设计规范》(JTG/T D33—2012).
(3)《公路路基设计规范》(JTG D30—2015).
(4)《公路路基施工技术规范》(JTG F10/1—2006).
(5)《公路工程地质勘查规范》(JTG C20—2011).
(6)《公路工程质量检验评定标准》(JTG F80/1—2017).

24.2 术语

24.2.1 锚杆

锚杆适用于路堑边坡稳定性较差,边坡为三级及以上,地质多为砂岩块石、强风化页岩、中风化硅质页岩,且内部岩层裂隙较发育的边坡进行加固。当坡面出现局部崩塌或大面积滑塌时,对垮塌体边坡清刷后,边坡按一定间距进行钻孔(纵横间距一般为 2 - 4 m),然后安装一定长度 HRB335 牌号 $\phi25(\phi28、\phi32)$ 螺纹钢筋,同时在钻孔内灌注水泥砂浆进行固结封闭。通过锚杆将一定深度范围内多块岩层串联起来,最终起到稳定边坡的作用。

24.2.2 框架梁

为了将每根锚杆连接起来,有效地增强坡面整体锚钉效应,在锚杆顶部增设框架形式的钢筋砼方格梁,方格梁纵向钢筋与锚杆顶端焊接,方格梁形式多样,有菱形、人字形、正方形,但统称框架梁。

24.3 施工准备

24.3.1 技术准备

（1）施工人员应认真审核图纸及设计说明书中提到的注意事项。

（2）施工人员必须认真研究工程地质状况及相关的地质补勘资料。

（3）应仔细核对坡面情况，如其锚杆实际布置数量与图纸出入较大时，应提出变更方案，并经设计、监理、建设单位等现场确认。

（4）做好边坡地表截、排水及防渗工作。

（5）清理防护岩面杂物，清除浮石及松动的岩石。

（6）做好技术交底工作，编制锚杆框架梁施工方案，并报建设和监理单位审批。

24.3.2 材料准备

（1）坡面防排水及钻孔材料：PVC管或软式透水管、塑料帆布。

（2）锚杆框架梁材料：R235 光圆钢筋、HRB335 螺纹钢筋、水泥、河砂、级配碎石、外加剂。

24.3.3 主要机具

（1）机械：空压机、潜孔钻机、电焊机、灰浆搅拌机、灌浆机、混凝土搅拌机、卷扬机、发电机。

（2）工具：十字镐、吊线、手推车、吊桶、钢卷尺、木抹子、铁抹子等。

（3）测量仪器：全站型经纬仪、水准仪、塔尺、钢尺等。

24.3.4 作业条件

（1）路堑边坡已开挖到位，出现滑塌的边坡已按要求进行卸载清理。

（2）边坡征地工作已经完成，并已做好坡顶截水沟及坡面临时排水措施。

（3）施工坡面已进行完浮石及松动岩石的清除。

（4）如边坡仍有局部滑塌现象时，需根据实际情况将滑塌位置采用土袋或圬工体进行填充。

（5）依照设计图纸要求，同时根据边坡实际情况，对坡面进行挂线并合理布设锚杆点，布设时尽量将较大处凹凸面布置在框架梁内，锚杆点可采用红油漆或铆钉标识。

（6）做好作业人员的安全防护技术措施。

（7）各种施工机具已经到位；各项材料供应到位。

24.3.5 劳动力组织

锚杆框架梁施工劳动力组织如表 24-1。

表 24-1 锚杆框架梁施工劳动力组织

工种	人数	工作地点	职责范围
施工队长	1	整个施工现场	负责整个班组的施工管理与协调工作、负责传达和督促落实上级各项工作指令等
工班长	2	整个施工现场	负责组织班组进行具体施工，协调各工种交叉作业等
技术员	1	整个施工现场	负责跟班解决施工中的技术问题，负责进行技术交底等
安全员	1	整个施工现场	负责现场安全措施的落实及现场安全巡视教育，开工前对安全进行技术交底等
质量检查员	1	整个施工现场	负责跟班检查工程质量，组织各工种交接及质量保证措施的执行情况，对工程质量负责
架子工	6	整个施工现场	负责对整个边坡进行钢管脚手架的搭设
钻眼机械操作工	4	施工现场	负责对边坡锚杆布置点进行钻孔
空压机操作工	1	施工现场	负责锚杆钻孔时的压缩空气供应，空压机的操作控制及保养维修
钢筋及电焊工	4	施工现场	负责锚杆制作及安装、框架梁钢筋笼的制作及安放
灰浆机搅拌工	4	施工现场	负责砂浆的配料及拌和
灌浆工	4	施工现场	负责钻孔内灌浆施工
混凝土拌和及浇注	10	混凝土搅拌现场	负责框架梁混凝土搅拌时人工配料、拌和、出料，负责混凝土浇筑、捣固、养生
卷扬机操作工	1	混凝土搅拌现场	负责浇筑框架梁砼时提吊、卷扬机的维修保养
电工	1	整个施工现场	负责现场动力、照明、通讯等电器系统的维修保护
材料员	1	材料仓库	负责施工材料供应及管理
杂工	1	整个施工现场	负责现场清理及现场形象整理等
总计	43		

注：钻孔及混凝土浇筑需视实际情况调整。

24.4 工艺设计和控制要求

24.4.1 技术要求

（1）施工时应遵循先上后下、分级、分区、分节施工的原则，在时间上保证工序的衔接，避免外露过久。

（2）锚杆施工时应遵循以下几点要求：

①锚杆施工应避免在雨季，提前做好坡顶截水沟施工。

②锚杆作业时应适当提前做好坡面排水管（PVC管或软式透水管）的施工.

③锚杆钻孔施工应由上往下，从两侧往中间，钻孔后的边坡不宜暴露过久，应及时安装锚杆，并应尽快进行灌浆处理。

④施工过程中如边坡出现新局部崩塌应及时回填并封水处理。

⑤为确保施工安全，施工中应建立严格的监测机制，认真做好交接班记录，发现异常情况，及时反映处理。

（3）锚杆框架梁施工应与坡面排水通盘考虑，妥善安排，确保边坡尽早稳定。

（4）框架梁施工过程中可根据实际情况，适当调整梁体尺寸（需大于原尺寸），确保施工后的锚杆框架梁边坡平顺及牢固。

（5）框架梁底梁必须位于在边坡平台内，且基坑底面质地较硬，确保底梁有效承受框架梁部分自重。

（6）在进行框架梁槽坑开挖时，须挖至边坡内较坚实处，确保现浇方格梁体较好的嵌入山体边坡内，与边坡牢固地镶嵌在一起。

（7）如施工中开挖的山体可能失稳时，应研究采取临时加固方案，并制订相应的施工技术措施。

（8）锚杆框架梁施工中，应派专人负责监测，保证施工安全。

24.4.2 材料质量要求

24.4.2.1 钢筋

（1）钢筋应按《金属拉伸试验方法》（GB/T 228—2002）、《钢及钢产品力学性能试验取样位置及试样制备》（GB/T 2975—1998）、《金属材料弯曲试验方法》（GB/T 232—1999）及《焊接接头冲击试验方法》（GB 2650—89）、《焊接接头拉伸试验方法》（GB 2651—89）的规定进行屈服点、抗拉强度、延伸量和冷弯试验及焊接性能试验，或经监理工程师批准，采用相应的国际上采用的标准。

（2）钢筋必须按不同钢种、等级、牌号、规格及生产厂分批验收，分别堆存，且应立牌以便于识别。

（3）所有钢筋的试验必须在监理工程师同意的试验室进行。

24.4.2.2 水泥

其强度等级不得低于32.5级，且应优先选用普通硅酸盐水泥。

24.4.2.3 水

非饮用水使用前应检查其质量，如水源有变或对水质有怀疑时，应随时检查。

24.4.2.4 集料

细集料应采用中砂或粗砂、细度模数宜大于2.5；含水率宜控制在5%~7%；粗集料应采用砾石或碎石，粒径不大于15 mm。

24.4.3 职业健康安全要求

（1）参加施工的人员，必须接受安全技术教育，熟知和遵守本工种的各项安全技术操作规程，并应定期进行安全技术考核，合格者方准上岗操作。

（2）对于从事电气、高空作业、焊接、提吊等特殊工种的人员，上岗前应进行体检，并应经过专业培训，获得合格证书后，方准持证上岗。

（3）所有进入施工现场的人员必须按规定佩戴安全防护用具。

（4）施工现场的平面布局应科学合理，明确划分材料堆放、加工区、作业区、生活区等。

（5）采用木板、竹子等可燃性搭建的临时建筑，需注意防火。

（6）在施工路段两端及其延伸一定安全距离外，应竖立正在施工的警告标志，标志应鲜明、醒目，并进行隔离围挡。

24.4.4 环境要求

（1）施工场地附近路基范围应经常洒水，减少尘土飞扬。

（2）在孔口应安装吸尘装置，避免钻进过程中尘土飞扬。

（3）对有害物质（如燃料、废料、垃圾等），按规定处理，运至指定的地点进行掩埋，防止对动、植物造成损害。

（4）对搅拌机排水，灌浆材料的稀释水等废物用专用汽车拉运至指定的地点倾倒，并设渗坑进行处理，不排放到河流、水沟、灌溉系统里，以免造成河流和水源污染。

24.5 施工工艺

24.5.1 工艺流程

（1）锚杆施工工艺流程如图 24-1 所示。

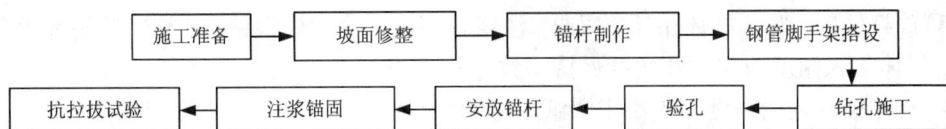

施工准备 → 坡面修整 → 锚杆制作 → 钢管脚手架搭设

抗拉拔试验 ← 注浆锚固 ← 安放锚杆 ← 验孔 ← 钻孔施工

图 24-1 锚杆施工工艺流程

（2）框架梁施工工艺流程如图 24-2 所示。

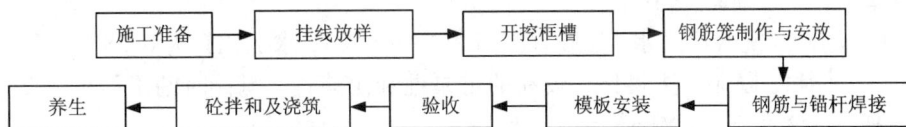

施工准备 → 挂线放样 → 开挖框槽 → 钢筋笼制作与安放

养生 ← 砼拌和及浇筑 ← 验收 ← 模板安装 ← 钢筋与锚杆焊接

图 24-2 框架梁施工工艺流程图

24.5.2 操作工艺

24.5.2.1 准备工作

施工前，应会同监理工程师及设计人员对锚杆框架梁施工范围地段进行视察，根据地质条件和图纸要求布设孔位和定向。并按图纸或监理工程师指示做好如下准备工作：

（1）清理防护岩面杂物，清除浮石及松动的岩石；坡面如有较大裂缝、凹坑时应先嵌补牢实，使坡面平顺整齐。

（2）岩体表面要用高压水冲洗干净，并使岩面保持一定湿度；土体表面要平整、密实、湿润。

24.5.2.2　钻孔施工

（1）钻孔

①人工拉线放样，画出石灰格，按设计要求确定出锚杆点。

②钻机就位、安装调试：钻机安装做到"正、平、稳、固"的要求，确保钻机受力后不摇摆、不移位。钻机安装好后，进行全面质量检查，并用测量方法检查钻机方位、倾角、水平度和开孔钻头落差。钻孔孔口误差不大于 3 cm，钻机定点就位后锚杆水平方向孔距误差不大于 5 cm，垂直方向孔口误差不大于 10 cm。

③钻机钻孔：钻孔时必须保持下倾角的稳定，并随时加以检测，发现钻进下倾角有偏差应及时纠正。钻孔倾斜度允许偏差为 3%，孔口位置允许偏差为 ±50 mm，孔深允许偏差为 ±200 mm。

（2）清孔

①锚杆钻孔完成后，应将孔内岩屑和岩粉等杂物清理干净，并保持孔内干燥。

②清孔可用清水在钻孔内充分冲洗，而后用高压空气将孔内积水吹干，孔底不得保留有积水。清孔后，锚杆在岩层中的有效长度满足设计规定。

24.5.2.3　安放锚杆

（1）杆体使用前应检查杆体的质量、尺寸、规格已经检验合格并符合设计要求。

（2）杆体入孔前，应检查杆体是否平直，并除锈、除油。

（3）放杆体时，防止杆体扭压、弯曲，注浆管随锚杆一同放入钻孔，注浆管头部距孔底为 20 cm，杆体放入角度应与钻孔角度保持一致。

（4）杆体插入孔内长度不应小于图纸规定的 95%。

（5）沿杆体轴线方向每隔 1.5～2.0 m 设置一个对中支架，用于锚杆安放时对中，以便锚杆在孔内正确就位，排气管与杆体绑扎牢固。

（6）杆体安放后不得随意敲击，3 d 内不得悬挂重物。

（7）锚杆与坡面垂直，与水平角为 −26.5°。

24.5.2.4　注浆锚固

（1）注浆用砂浆配合比。水泥：砂宜为（1∶1）～（1∶2），水灰比宜为 0.38～0.45；水泥砂浆应采用机械拌和，以保证注浆具有较高的可泵性和泌浆性，搅拌时间不应少于 2 min。砂浆 28 d 抗压强度不低于 25 MPa。

（2）注浆液应搅拌均匀，随拌随用，浆液应在初凝前用完，并严防石块、杂物混入浆液。

（3）注浆作业开始和中途停止较长时间（超过 30 min），再作业时应用水或稀水泥净浆润滑注浆泵及注浆管线。

（4）注浆管应插至距孔底 50～100 mm。

（5）孔口溢出浆液或排气管停止排气时可停止注浆。

（6）浆体硬化后，不能充满锚杆体时，应进行补浆。

（7）注浆严格做好记录。

（8）输送管路使用耐压胶管，管口连接采用快速接头以保证注浆速度。

24.5.2.5　框架梁施工

1. 开挖

按图纸设计将框架梁位置及尺寸进行放样挂线，然后开挖框架梁基坑，确保基坑底面坚实。

2. 安装模板

模板内应无污物、砂浆及其他杂物，使用前涂以脱模剂或其他相当的代用品，模板应能易于脱模，并使混凝土不变色。

支架应稳定、坚固，能抵抗在施工过程中可能发生的偶然冲撞和振动。支架立柱必须安装在有足够承载力的地基上，保证浇筑混凝土后不发生超过图纸规定的允许沉降量。

3. 钢筋制作及安装

所有钢筋均应按照设计图纸要求进行加工，框架梁纵向钢筋应牢固地与锚杆预留弯起筋焊接固定，焊接符合规范要求。

在浇筑混凝土以前，须经监理工程师检查认可。

4. 混凝土浇筑

混凝土浇筑前，对模板、钢筋进行检查，符合设计要求后方可浇筑。模板如有缝隙，需填塞严密。砼浇筑时应充分振捣。在混凝土浇筑过程中，随时注意模板、支架情况，如有变形或沉陷应立即校对并加固。

5. 砼养生

混凝土浇筑完成后，在收浆后尽快予以覆盖和洒水养护，覆盖时不得损伤或污染混凝土的表面。混凝土的洒水养护时间一般为 7 d，每天洒水次数以能保持混凝土表面经常处于湿润状态为度。

6. 拆模

侧模板在混凝土强度能保证其表面及棱角不致因拆模而受损坏时方可拆除，一般应在混凝土抗压强度达到设计强度 70% 以上时方可拆除。

24.6　质量标准

24.6.1　锚杆施工

锚杆施工的检查项目应符合表 24－1 的规定。

表 24－1　锚杆边坡防护检查项目

项次	检查项目	规定值或允许偏差	检查方法
1	混凝土或砂浆强度 /MPa	在合格标准内	《公路工程质量检验评定标准》附录 D、E、F 检查
2	锚杆拔力/kN	拔力平均值不小于图纸规定值，最小拔力为 ±0.9 图纸规定值	按锚杆数 1%，且不少于 3 根做拔力试验
3	锚孔间距/mm	±50	抽查 10%，用钢尺量

续表 24-1

项次	检查项目	规定值或允许偏差	检查方法
4	锚孔倾斜度/%	±3	查钻孔记录
5	锚孔深度/mm	+200，0	查钻孔记录

24.6.2 钢筋骨架

钢筋网及钢筋骨架的检验项目应符合表 24-2 的规定。

表 24-2 钢筋网和钢筋骨架的检查项目

项次	检查项目		规定值或允许偏差/mm	检查方法
1	网的长、宽		±10	用尺量
2	网眼尺寸		±10	用尺量抽查 3 个网眼
3	对角线差		10	用尺量抽查 3 个网眼对角线
4	骨架的宽、高		±5	按骨架总数 30% 抽查
5	骨架的长		±10	按骨架总数 30% 抽查
6	箍筋间距		±20	用尺量，每方向抽查 3~5 个
7	受力钢筋	间距	±10	用尺量，每构件二个断面，每断面每间距
		排距	±5	

24.6.3 混凝土浇筑施工

混凝土的浇筑应连续进行，如因故必须间断，间断时间应小于前层混凝土的初凝时间或能重塑的时间。混凝土的运输、浇筑及间歇的全部时间不得超过表 24-3 的规定。

表 24-3 混凝土的运输、浇筑及间歇的全部允许时间

混凝土强度等级	气温不高于 25℃/min	气温高于 25℃/min
≤C30	210	180
>C30	180	150

24.7 成品保护

(1)边坡修整完成后，应立即对其进行防排水处理，如遇雨期可适当采用塑料布等进行覆盖，避免过多地表水渗透，影响坡面稳定。

(2)锚杆在清洁、干燥的条件下存放，堆放高度在地面以上 30 cm，并加遮盖，避免锈蚀

和污染。

(3)锚杆在安放时，注意保护杆体的直顺，避免碰击弯曲。

(4)拆除脚手架时，脚手杆、板应用人工传递或吊机吊送，严禁随意抛掷。

(5)框架梁钢筋骨架的焊接及绑扎拼装应在坚固的工作台上进行，预制成的钢筋骨架，必须具有足够的刚度和稳定性，以便在安装和浇筑混凝土时不致松散、移位、变形，必要时可在钢筋骨架的某些连接点处加以焊接或增设加强钢筋。

(6)在安装完钢筋笼之后，一定要认真检查钢筋笼与模板两侧的保护层厚度及密封性，确保浇筑后的框架梁整体性结构牢固。

(7)在进行框架梁侧模拆除时，需轻轻敲击模板，避免梁体棱角遭到损坏。

24.8 安全环保措施

24.8.1 安全措施

(1)现场设立专职或兼职安全检查人员；施工人员必须戴安全帽，穿工作鞋；严禁酒后和带病作业。

(2)用电开关插头及用电设施，设置安全防护、悬挂用电警示牌，能保证用电安全，雇用专职电工，并持证上岗。

(3)脚手架搭设在边坡上时，应加设防滑条；架体必须固定稳妥、牢靠，禁止摆动摇晃；施工中应随时检查，发现松动、变形或沉陷应及时加固。

(4)严禁在坡面上行走，上下必须用爬梯，作业在脚手架上进行，架上作业时，架下不准有人操作或停留。

(5)雨雪天应采取防滑措施，当风速在 10.8 m/s 以上和雷电、暴雨、大雾等恶劣天气时，应停止作业。

(6)作业所用工具、材料严禁投掷，上下主体交叉作业确有需要时，中间应设隔离设施。

(7)在施工过程应随时注意观察边坡动态变化，进行有效的施工监测。

(8)施工所用的各种机具设备和劳动保护用品，应定期进行检查和做必要的检验，保证其经常处于完好状态；严禁使用不合格的机具设备和劳动保护用品。

(9)各种电气设备的检查维修，一般应停电作业；如必须带电作业时，应有可靠的安全措施并派专人监护。

(10)操作人员在工作中不得擅自离开岗位，不得操作与操作证不相符合的机械，不得将机械设备交给无本机种操作证的人员操作。

24.8.2 环保措施

(1)在施工中，严格遵守国家环境保护的有关规定，采取有效的措施预防和消除任何因施工造成的环境污染。

(2)不破坏原有植被，不随意砍伐树木，并在其周围植草或植树绿化。

(3)对清洗施工机械、设备及工具的废水、废油等有害物资以及生活污水，采取修建排污系统排放。

（4）在居民区进行施工时，由机械设备与工艺操作所产生的噪声，不得超过当地政府规定的标准，否则应采取消声措施或避开夜间施工作业。

（5）按指定地点弃土，保证弃土堆的自身稳定，防止弃土对农田、水利、河道的污染，并采取有利于复耕的措施。

（6）做好生产、生活区的卫生工作，保持场地清洁，定时打扫，垃圾定点存放，定期运到环保部门指定的位置。

（7）施工完成后，施工现场及其他临时施工用地应进行清理整平。

24.9　质量记录

（1）施工放样测量记录。

（2）锚喷支护质检记录。

（3）水泥砂浆抗压强度试验记录。

（4）钢筋及骨架质检记录表

（5）现浇砼构造物模板安装质检记录表

（6）混凝土施工过程质检记录。

（7）水泥砼拌和物坍落度、稠度试验记录。

（8）砼抗压强度试验记录。

（9）护坡质检表。

25 抗滑桩工程施工工艺标准

25.1 总则

25.1.1 适用范围

本标准适用于高速公路路堑边坡滑坡处治。

25.1.2 编制参考标准及规范

编制参考标准及规范有：
(1)《公路工程技术标准》(JTG B01—2014).
(2)《公路桥涵施工技术规范》(TG/T F50—2011).
(3)《公路路基施工技术规范》(JTG F10—2006).
(4)《公路基桩动测技术规程》(JTG/T F81-01—2004).
(5)《公路工程地质勘查规范》(JTG C20—2011).
(6)《公路工程质量检验评定标准》(JTGF80/1—2017).

25.2 术语

25.2.1 抗滑桩

由于路堑边坡稳定性较差，在开挖施工或坡面防护过程中，在坡口外部早期会产生多条裂缝，随着时间推移，坡体不断产生多级的牵引式滑移，为及时阻止边坡继续滑塌，同时有效阻挡滑塌体，在滑塌边坡面一定高度位置顺路基走向增设若干根钢筋砼方桩，并通过压顶梁(桩顶连续梁)将各桩串联，最终起到抵抗和控制边坡滑动的作用。

25.2.2 压顶梁

为了将每根抗滑桩串联起来，有效地发挥排桩效应，在抗滑桩顶部增设钢筋砼连续梁，连续梁纵向钢筋与抗滑桩桩顶预留竖向主筋焊接，由于连续梁压在抗滑桩顶部，因此称压顶梁。

25.3 施工准备

25.3.1 技术准备

(1)施工人员应认真审核图纸及设计说明书中提到的注意事项。

(2)施工人员必须认真研究工程地质状况及相关的地质钻探资料。

(3)抗滑桩平面位置应按图纸放样,开挖前应核对滑面情况。如其实际位置与图纸出入较大时,应提出施工处理对策,并经设计、监理、建设单位等会审确认,实际桩底高程应报监理工程师会同设计单位现场检查确定。

(4)整平孔口地面。对施工区域内有碍施工的电杆、建筑物、道路等均应拆迁或移改。

(5)做好桩区地表截、排水及防渗工作。

(6)对现场施工场地进行清理,在雨季施工时,孔口应搭雨棚。孔口地面下0.5 m内应先做好加强衬砌。孔口地面上加筑适当高度的围埝。

(7)做好技术交底工作,编制抗滑桩施工方案,并报建设和监理单位审批。

25.3.2 材料准备

(1)开挖爆破器材:炸药、雷管。

(2)钢筋砼材料:水泥、河砂、级配碎石、外加剂、钢筋。

25.3.3 主要机具

(1)机械:起重吊车、混凝土搅拌机、出料绞车(或卷扬机)、混凝土运输车、风钻、凿岩钻机、空压机、发电机等。

(2)工具:十字镐、风镐、铁铲、吊桶(塑料桶)、手推车、吊线、钢卷尺、木撑(或钢管)等。

(3)测量仪器:全站型经纬仪、水准仪、塔尺、钢尺等。

25.3.4 作业条件

(1)路堑边坡已开挖到位,出现滑塌的边坡已按要求进行卸载清理。

(2)边坡征地工作已经完成,并已做好坡顶截水沟及坡面临时排水措施。

(3)抗滑桩施工平台按设计要求开挖整平,并进行碾压或夯实处理,如土质较松软需进行封水处理,减少渗水破坏。

(4)施工平台下边坡有局部滑塌现象时,需将滑塌位置采用浆砌片石(或片石砼)挡墙(护面墙)进行围挡,避免抗滑桩在开挖时因土体牵引式滑塌出现塌孔。

(5)根据需要在边坡顶外缘设置好对滑坡变形、移动的观测设施。

(6)抗滑桩附近测设有不少于三个平面控制点和两个水准测量基点。

(7)做好作业人员的安全防护技术措施。

(8)各种施工机具已经到位;电线架设到位,各项材料供应到位。

25.3.5 劳动力组织

抗滑桩施工劳动力组织如表 25 - 1。

表 25 - 1 抗滑桩施工劳动力组织

工种	人数	工作地点	职责范围
施工队长	1	整个施工现场	负责整个班组的施工管理与协调工作、负责传达和督促落实上级各项工作指令等
工班长	2	整个施工现场	负责组织班组进行具体施工,协调各工种交叉作业等
技术员	1	整个施工现场	负责跟班解决施工中的技术问题,负责进行技术交底等
安全员	1	整个施工现场	负责现场安全措施的落实及现场安全巡视教育,开工前对安全进行技术交底等
质量检查员	1	整个施工现场	负责跟班检查工程质量,组织各工种交接及质量保证措施的执行情况,对工程质量负责
测量工	2	施工现场	负责抗滑桩开挖放样,桩身位置高程等测量
开挖人员	10 ~ 20	整个施工现场	负责抗滑桩基坑开挖及护壁作业,2 人/根
钻眼机械操作工	2	施工现场	负责对抗滑桩开挖遇到的石方进行打炮眼、装药、连线爆破
吊车司机	1	施工现场	负责进行钢筋吊装、提吊漏斗进行混凝土浇注
钢筋及电焊工	6	施工现场	负责抗滑桩钢筋的除锈、制作、绑扎、电焊
混凝土拌和及浇注	10	混凝土搅拌现场	负责混凝土搅拌时人工配料、拌和、出料,负责混凝土浇筑、捣固、养生。
空压机操作工	1	施工现场	负责石方爆破打眼时的压缩空气供应,空压机的操作控制及保养维修
电工	1	整个施工现场	负责现场动力、照明、通讯等电器系统的维修保护
材料员	1	材料仓库	负责施工材料供应及管理
杂工	1	整个施工现场	负责现场清理及现场形象整理等
总计	41 ~ 51		

注:开挖人员需视抗滑桩数量而定,2 人/桩。

25.4 工艺设计和控制要求

25.4.1 技术要求

(1)抗滑桩施工时应贯彻"跳桩开挖施工"的原则。

（2）抗滑桩施工需满足以下几点要求：

①抗滑桩施工宜在旱季进行。

②施工前应做好坡面排水，抗滑桩应由两侧向中间靠。

③施工过程中如边坡出现新的裂缝需用黏土填埋并夯实。

④开挖过程中要及时做好支撑和护壁，基坑不宜暴露过久，应尽快浇筑。

⑤为确保施工安全，施工中应建立严格的监测制度，认真做好交接班记录，发现异常情况，及时反映处理。

（3）抗滑桩施工应与坡面防护、排水通盘考虑，妥善安排，确保边坡尽早稳定。

（4）抗滑桩护壁施工过程中可根据实际情况，在混凝土护壁两侧设置斜撑、横撑，以防止护壁变形，保证施工质量及安全。

（5）施工中如发现坑壁上有明显出水点处，应设置导水管排水。

（6）在人工开挖施工中，应派专人监测，保证施工安全。

（7）如抗滑桩开挖的山体可能失稳时，应研究采取临时加固方案，并制订相应的施工技术措施。

（8）抗滑桩开挖施工遇到石方时，尽量用十字镐、风镐开挖，当不得已采用爆破时，应采用松动爆破，严格禁止放大炮。

25.4.2　材料质量要求

（1）水泥：对进场的同厂家、同品质、同编号、同生产日期的水泥，袋装不超过 200 t 为一批、散装不超过 500 t 为一批验收，每批至少取样一次，按《水泥胶砂强度检验方法（ISO 法）》（GB/T 17671—1999）、《水泥压蒸安定性试验方法》（GB/T 750—1992）、《水泥标准稠度用水量、凝结时间、安定性检验方法》（GB/T 1346—1989）、《水泥细度检验方法》（GB/T 1345—1991）的规定做胶砂强度（3 d、7 d、28 d）、安全性、凝结时间、细度等项目试验。若对水泥品质有怀疑时，可委托有关单位做组成材料分析试验。

在正常保管情况下，每三个月检查一次，对质量有怀疑时，应随时检查。

（2）水：非饮用水，使用前应检查其质量。如水源有变或对水质有怀疑时，应随时检查。

（3）外加剂：

①应根据外加剂的特点，结合使用目的，通过技术、经济比较来确定外加剂的使用品种。

②所采用的外加剂，必须是经过有关部门检验并附有检验合格证明的产品，其质量应符合《混凝土外加剂》（GBJ 8076—1997）的规定，使用前应复验其效果，使用时应按产品说明及规范关于混凝土配合比、拌制、浇筑等各项规定以及外加剂标准中的有关规定进行操作。

③有关混凝土外加剂现场复试检测项目及标准见《公路桥涵施工技术规范》（JTJ 041—2000）。不同品种的外加剂应分别存储，做好标记，在运输与存储时不得混入杂物。

（4）集料：集料应清洁、坚硬、坚韧、耐久、无外包层、匀质，并不含结块、软弱或片状颗粒，无黏土、尘土、盐、碱、壤土、云母、有机物或其他有害物质。必要时，集料应予清洗和过筛，以除去有害物质。不同来源的集料不得混合或储存在同一料堆，也不得交替使用在同类的工程中或混合料中。

①碎石：对进场的同料源、同级配的碎石每 500 m³ 为一批验收，每批至少取样一次，做筛分分析试验、视密度试验、容重试验、含泥量试验和针片状含量试验、压碎指标值试验。

②砂：对进场的同料源、同开采单位，每200 m³为一批验收，每批至少取样一次，做筛分分析试验、视密度试验、容重试验、含泥量试验。

在施工中，对集料含水率每工作班至少测定两次，天气骤变时，应酌情增加次数。

25.4.2.1 细集料技术指标要求

（1）细集料应由颗粒坚硬、强度高、耐风化的天然砂构成，经监理工程师批准，也可由质量占50%的用硬质岩石加工的机制砂与天然砂组成。

（2）按细度模数（M_x）将砂分组如下：

粗砂 $M_x = 3.7 \sim 3.1$

中砂 $M_x = 3.0 \sim 2.3$

细砂 $M_x = 2.2 \sim 1.6$

在混凝土配制时应同时考虑砂的细度模数和级配情况，细度模数的计算可按《公路工程集料试验规程》（JTJ 058—2000）的规定执行。

（3）细集料的级配范围、坚固性、杂质的最大含量应符合表25－2、表25－3及表25－4要求，试验应按《公路工程集料试验规程》（JTJ058—2000）进行。

表 25－2 细集料配范围表

筛孔尺寸/mm	级配区		
	Ⅰ 区	Ⅱ 区	Ⅲ 区
	累计筛余（质量%）		
10.00	0	0	0
5.00*	10 ~ 0	10 ~ 0	10 ~ 0
2.5	35 ~ 5	25 ~ 0	15 ~ 0
1.25	65 ~ 35	50 ~ 10	25 ~ 10
0.63*	85 ~ 71	70 ~ 41	40 ~ 16
0.315	95 ~ 80	92 ~ 70	85 ~ 55
0.16*	100 ~ 90	100 ~ 90	100 ~ 90

注：1. 混凝土中细集料的级配范围应符合表25－2任一区。

2. 表中除带有＊号筛孔外，其余各筛孔累计筛余允许超过分界线，但其总量不得大于5%。

3. Ⅰ区砂宜提高砂率以配低流动性混凝土，Ⅱ区砂宜优先选用以配不同等级混凝土，Ⅲ区砂宜适当降低砂率以保证混凝土强度。

表 25 - 3   砂的坚固性指标

混凝土所处的环境条件	循环后的质量损失/%	混凝土所处的环境条件	循环后的质量损失/%
在寒冷地区室外使用，并经常处于潮湿或干燥交替状态下的混凝土	≤8	在其他条件下使用的混凝土	≤12

注：1. 寒冷地区系指最寒冷月份的平均温度为 0 ~ -10℃ 且日平均温度 ≤5℃ 的天数不超过 145 d 的地区。

2. 对同一产源的砂，在类似的气候条件下使用已有可靠的经验时，可不做坚固性检验。

3. 对于有腐蚀介质作用或经常处于水位变化区的地下结构混凝土用砂，其循环后的质量损失率应小于 8%。

表 25 - 4   细集料杂质最大含量

混凝土级别	≥C30	<C30
含泥量/%	≤3	≤5
其中泥块含量/%	≤1.0	≤2.0
硫化物及硫酸盐折算为 SO_3/%	<1	<1
有机质含量（用比色法试验）	颜色不应深于标准色，如深于标准色，应以水泥砂浆进行抗压强度对比试验，加以复核	
云母含量/%	<2	<2
轻物质含量	<1	<1

注：1. 对有抗冻、抗渗或其他特殊要求的混凝土用砂，总含泥量应不大于 3%，其中泥块含量应不大于 1.0%，云母含量不应超过 1%。

2. 对有机质含量进行复核时，用原状砂配制的水泥砂浆抗压强度不低于用洗除有机质的砂所配制的砂浆的 95% 时为合格。

3. 砂中如含有颗粒状的硫酸盐或硫化物，则要进行混凝土耐久性试验，满足要求时方能使用。

4. 杂质含量均按质量计。

25.4.2.2   粗集料技术指标要求

(1) 粗集料应由符合表 25 - 5 级配的坚硬卵石、砾石或碎石组成。

(2) 粗集料的技术要求及有害物质含量，应分别符合表 25 - 6、表 25 - 7 规定。

(3) 粗集料最大粒径应不超过结构物最小尺寸的 1/4 和钢筋最小净距的 3/4；粗集料粒径不得超过 100 mm。用混凝土泵运送混凝土时的粗集料最大粒径，除应符合上述规定外，对碎石不应超过输送管内径的 1/3；对于卵石不应超过输送管内径 1/2.5。

表 25 – 5　粗集料级配范围表

级配情况	公称粒级/mm	累计筛余(质量%)											
		筛眼孔径(圆)/mm											
		2.5	5	10	16	20	25	31.5	40	50	63	80	100
连续级配	5~10	95~100	80~100	0~15	0								
	5~6	95~100	90~100	30~60	0~10	0							
	5~20	95~100	90~100	40~70		0~10	0						
	5~25	95~100	90~100		30~70		0~5	0					
	5~31.5	95~100	90~100	70~90		15~45		0~5	0				
	5~40		95~100	75~90		30~60			0~5	0			
单级配	10~20		95~100	85~100		0~15	0						
	16~31.5		95~100		85~100			0~10	0				
	20~40			95~100		80~100			0~10	0			
	31.5~63				95~100			75~100	45~75		0~10	0	
	40~80					95~100			70~100		30~60	0~10	0

表 25 – 6　粗集料的技术要求表

指标	混凝土强度等级			
	C55~C40	≥C30	≤C35	<C30
石料压碎指标值/%	≤12	—	16	—
针片状颗粒含量/%	—	≤15	—	≤25
含泥量(按质量计)/%	—	≤1.0	—	≤2.0
泥块含量(按质量计)/%	—	≤0.5	—	≤0.7
小于 2.5 mm 颗粒含量/%	≤5	≤5	≤5	≤5

表 25 – 7　碎石和卵石中的有害物质含量

项目	品质指标
硫化物及硫酸盐折算为 SO_3(按质量计)/%	≤1
卵石中有机物含量(用比色法试验)	颜色不应深于标准色,如深于标准色,则应配制成混凝土进行强度试验,抗压强度应不低于95%

注:如含有颗粒硫酸盐或硫化物,则要进行混凝土耐久性试验,确认能满足要求时方能采用。

(4)混凝土结构物处于表 25 – 8 所列条件下时,应按《公路工程集料试验规程》(JTJ 058—2000)规定对碎石和卵石进行坚固性试验,试验结果应符合表 25 – 6 的规定值。当由同一来源的粗集料曾在同样使用条件下使用满足要求时,经监理工程师同意,可不进行坚固性试验。

表 25 - 8   碎石和卵石的坚固性试验及指标

混凝土所处环境条件	在溶液中循环次数	试验后质量损失不宜大于/%
寒冷地区，经常处于干湿交替状态	5	5
严寒地区，经常处于干湿交替状态	5	3
混凝土处于干燥条件，但粗集料风化或软弱颗粒过多时	5	12
混凝土处于干燥条件，但是抗疲劳、耐磨、抗冲击要求高或强度大于 C40	5	5

注：有抗冻、抗渗要求的混凝土用硫酸钠法进行坚固性试验不合格时，可再进行直接冻融试验。

（5）粗集料应予以冲洗。

（6）除另有注明者外，粗集料的试验按《公路工程集料试验规程》(JTJ 058—2000)进行。

25.4.3   职业健康安全要求

（1）参加施工的人员，必须接受安全技术教育，熟知和遵守本工种的各项安全技术操作规程，并定期进行安全技术考核，合格者方准上岗操作。

（2）对于从事电气、起重、下井作业、焊接、爆破等特殊工种的人员，应经过专业培训，获得合格证书后，方准持证上岗。

（3）所有进入施工现场的人员必须按规定佩戴安全防护用具。

（4）石方爆破作业，以及爆破器材的管理、加工、运输、检验和销毁等工作均应按国家现行标准《爆破安全规程》GB 6722 的规定。

（5）井口围护应高出地面 200～300 mm，防止土、石、杂物落入孔内伤人。

（6）孔下照明必须采用安全电压。

（7）孔下工作人员不宜超过 2 人，且必须配戴安全帽、安全绳，必要时应搭设掩体。

（8）提取土渣的吊桶、吊钩、钢丝绳、卷扬机等机具，应经常检查。挖孔工作暂停时，孔口必须罩盖。

（9）随时测量孔下空气污染浓度，当挖孔内的空气污染物超过《环境空气质量标准》(GB 3095—1996)规定的各污染物的浓度限值三级标准时，需采取通风措施；对含量虽不超过规定，但作业人员有呼吸不适感觉时，亦应采取通风或换班作业等措施。

25.4.4   环境要求

（1）施工场地附近路基范围应经常洒水，减少尘土飞扬。

（2）桩身开挖后的弃土应堆置整齐、稳定，有必要时及时清理废弃，避免对周围的建筑物、排水及其他设施产生干扰或损坏，避免对环境造成污染。

25.5   施工工艺

25.5.1   工艺流程

（1）抗滑桩施工工艺流程如图 25 – 1。

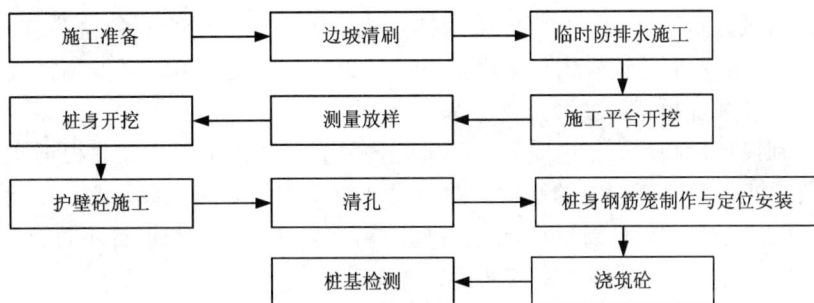

```
施工准备 → 边坡清刷 → 临时防排水施工
                              ↓
桩身开挖 ← 测量放样 ← 施工平台开挖
   ↓
护壁砼施工 → 清孔 → 桩身钢筋笼制作与定位安装
                              ↓
桩基检测 ← 浇筑砼
```

图 25 – 1   抗滑桩施工工艺流程

（2）压顶梁施工工艺流程如图 25 – 2。

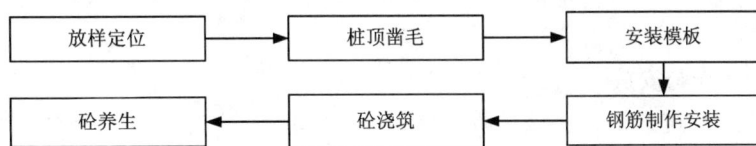

```
放样定位 → 桩顶凿毛 → 安装模板
                        ↓
砼养生 ← 砼浇筑 ← 钢筋制作安装
```

图 25 – 2   压顶梁施工工艺

25.5.2   操作工艺

25.5.2.1   施工平台开挖

首先对边坡清刷到位，再进行测量放样，根据设计标高将施工平台进行开挖。

25.5.2.2   抗滑桩施工

（1）测量放样。

①测量、放样、定位：用全站仪放桩基中心桩位，并在桩位纵、横向放出四个位置桩，用砼固定，以便施工过程中迅速恢复桩中心。

②埋设护筒，（或用砖、石砌筑，现浇砼），护筒高出地面 0.5 m，埋入地基 0.5 ~ 1 m，内径大于设计桩径 20 cm。护筒安装好后，再用全站仪复核中心位置，误差小于 2 cm。

③安装施工平台，固定出料绞车（或卷扬机），准备开挖设备：十字镐、风镐、凿岩钻机、砼拌和机等。

（2）开挖及护壁。

①开挖桩基础由现场施工员指导进行，土层及软石不能放炮。用十字镐、风镐开挖，岩

层采用弱松动爆破，电雷管起爆，炮眼孔径 $\phi 40$ mm，深度 $0.5 \sim 0.8$ m，炮孔距桩径孔壁 0.2 m 以上。先开挖桩中心，再开挖四周，用十字镐、铁铲等将孔壁修整平滑、圆润，孔壁上的松土、悬石要彻底清除。施工要连续作业，中间不能停顿，开挖进度不能太快，根据地质条件，一般每挖深 1 m，护壁一节，护壁厚度要经过计算确定，保证孔壁四周地基的稳定。稳定的基岩，也可不护壁。

护壁用钢模立模，所用钢模要坚固，同时，要方便安拆，钢模做成上小下大的圆锥体，1 m 一节，每节 2～3 块。立模后，用吊锤进行对中，检查孔径和垂直度，合格后固定。

②护壁砼由试验室设计配合比，砼采用拌和机现场拌制。用特制的料斗装，每斗装 2/3 体积，用手动绞车吊入护壁钢模内，每斗装满钢模 30 cm 高度，用钢钎振捣密实。护壁砼强度达设计 80% 后，才能拆模，继续开挖桩基。

③当开挖到设计标高后，应由质检员到桩孔内检查岩层地质情况，并根据实地绘出地质柱状图，特别是桩底 5 m 范围内的基岩。并与设计对比。如果满足设计要求，检验孔径、标高、垂直度、平面坐标，填写质检表，交监理验收。如果地质条件与设计不符，应立即报告监理工程师，并停止开挖，待处理方案落实后，再施工。

④在滑动面处的护壁应加强。在承受推力较大的护壁和孔口加强衬砌，其混凝土中应加钢筋。

⑤护壁混凝土模板的支架可于灌注后 24 h 拆除，开挖应在上一节护壁混凝土终凝以后进行。在围岩松软破碎和有滑动面的节段，应在护壁内顺滑坡方向用临时横撑加强支护，并注意观察其受力情况，及时进行加固。当发现横撑受力变形、破损而失效时，孔下施工人员必须立即撤离。

（3）钢筋笼制作与安放。

①钢筋验收：购进的钢材要核对质保单和出厂检验单，进行数量、外观检查，查对标牌，并按有关规定抽样试验后，合格后方可使用，按炉号、直径分批验收，堆放，并做好防雨措施。

②钢筋笼放样：技术人员根据设计图纸和现场实际绘制加工图，经技术负责审核后，按加工图施工。检查桩孔断面尺寸，凿毛护壁，做好安置钢筋的放样。

③钢筋笼制作：钢筋宜预制成笼，可在桩孔内搭接，搭接不得设在土石分界和滑动面处，钢筋笼制作允许偏差为：

主筋间距：±20 mm

箍筋间距：0，-20 mm

钢筋笼直径（长宽）：±5 mm

为保证钢筋笼制作质量，应当严格按放样图下料，并严格按钢筋笼制作偏差要求和焊接要求加工，注意焊接笼身定位筋，以保证钢筋笼不会挨上孔壁，符合最小保护层厚度。

④钢筋笼的安放：钢筋笼起吊用吊车，采用偏心多支点活动滑轮起吊和安放。钢筋笼下放前必须仔细检查钢筋笼的朝向顺序，严格区分钢筋笼的背面和正面，避免影响结构受力，同时，对每节钢筋笼的顶中底部箍筋，要临时加焊十字钢筋，以加强钢筋笼的刚度，防止钢筋笼变形，钢筋笼吊到井口时，要扶正缓缓下入井口，当前钢筋笼下入后，即用足够强度的钢具临时搁支在大梁或护筒口，再起吊另一节笼，焊接合格后，逐段放入孔内至设计标高。

（4）砼灌注。

灌注混凝土必须连续作业，如因故中断灌注其接缝面应做特殊处理。严禁施工缝处在滑动面上。在施工中有滑动迹象时，应加快施工进度，可采用速凝和早强混凝土。当自孔底及孔壁渗入的地下水，其上升速度较大（参考值：>6 mm/min）时，应采用水下灌注混凝土桩的方法。

①灌注混凝土（干处）：干处浇筑混凝土时由于孔较深，不允许直接将混凝土从井口倒入井内，应通过串筒徐徐倾注，防止混凝土离析，串筒距孔底或混凝土顶面最高不超过 50 cm。每次浇注混凝土达到 30 cm 厚时，用振动器振实。混凝土浇注一次性浇注完毕，如遇特殊情况而中断，在第二次继续浇注前，必须先将原混凝土表面凿毛，清洗干净后方可继续浇注。砼宜采用集中拌和，搅拌运输车运输。

②灌注混凝土（湿处）：水下砼浇筑（导管法）：砼浇筑采用起重机吊斗浇注。导管在浇筑前进行水密、承压和接头抗拉试验。在灌注砼开始时，导管底部至孔底应有 25~40 cm 的空间，在第一次灌注时，导管漏斗应保持足够的砼，以保证第一次灌入砼后导管埋深达 1 m 以上，灌注过程中导管的埋置深度控制在 2~6 m。砼连续浇筑至顶面，并高出理论截面 50~100 cm，以保证截面以下的砼具有较高质量。砼浇筑过程中随时测量并记录导管埋置深度和砼的表面高度。浇注完成之后，及时清理现场，清除桩头浮浆，待砼强度达 0.5 MPa 时，凿除桩头浮浆砼，凿除浮浆砼时，要注意不要震坏桩身砼。砼采用集体拌和场搅拌，搅拌运输车运输。

③砼灌注施工注意事项：

a. 导管灌注砼时，导管对准孔中心。砼在导管中自由坠落。开始灌注砼时，孔底积水不应超过 50 mm，灌注速度应尽可能加快，使砼对孔壁的侧压力大于渗水压力，以防水渗入孔内。

b. 用导管法灌筑时，桩顶 2 m 以下的砼可利用其自由坠落捣实，在此线以上的砼必须用振动棒捣实。

c. 孔内砼应尽可能连续灌注完毕，若施工缝不可避免时，应按照施工缝的要求处理，并应在施工缝上设置上下连接钢筋。连接钢筋的截面积可按桩截面的 1% 设置，若在施工缝上设有钢筋骨架，则钢筋骨架的截面积可以作为上述 1% 的配筋的一部；若钢筋的总截面积超过桩截面的 1%，则可不设置连续钢筋。

d. 导管应具有足够的强度、刚度和良好的密封性，并且要求内径一致，连接牢固，不漏气，不进水。

e. 保持检测管畅通，接头要用套口焊接，以免堵塞。

25.5.2.3 压顶梁施工

（1）施工准备。

按图纸设计将压顶梁位置及标高进行放样，并每隔 10~20 m 打桩及挂线。将抗滑桩桩头混凝土按要求凿毛至设计标高。

（2）安装模板。

模板内应无污物、砂浆及其他杂物，使用前彻底涂以脱模剂或其他相当的代用品，砼易于脱模，并使其不变色。

支架应稳定、坚固，应能抵抗在施工过程中可能发生的偶然冲撞和振动。支架立柱必须安装在有足够承载力的地基上，保证浇筑混凝土后不发生超过图纸规定的允许沉降量。

（3）钢筋制作及安装。

所有钢筋均应按照设计图纸要求进行加工，压顶梁纵向钢筋应牢固地与桩顶预留钢筋焊接固定，搭接要求符合《公路桥涵施工技术规范》要求。

用于保证钢筋固定于正确位置的预制混凝土垫块，其设计应避免混凝土垫块在浇筑混凝土时倾倒，同时，其强度应与相邻的混凝土强度一致。

钢筋的垫块间距在纵横向均不得大于 1.2 m。

在浇筑混凝土以前，须经监理工程师检查认可。

（4）混凝土浇筑。

①混凝土浇筑前，对模板、钢筋进行检查，符合设计要求后方可浇筑。模板如有缝隙，需填塞严密。

②为减少砼表面接缝，保证砼表面光滑，系梁砼均采取一次性浇筑方案。砼浇筑时分层振捣，分层高度不超过 30 cm。

③在混凝土浇筑过程中，随时注意模板、支架情况，如有变形或沉陷应立即校对并加固。

（5）砼养生

混凝土浇筑完成后，在收浆后尽快予以覆盖和洒水养护，覆盖时不得损伤或污染混凝土的表面，混凝土面有模板覆盖时，在养护期间经常使模板保持湿润。混凝土的洒水养护时间一般为 7 d，每天洒水次数以能保持混凝土表面经常处于湿润状态为度。

（6）拆模

侧模板在混凝土强度能保证其表面及棱角不致因拆模而受损坏时方可拆除，一般应在混凝土抗压强度达到 2500 kPa 时方可拆除。

25.6 质量标准

25.6.1 开挖施工

（1）孔径、孔深必须符合图纸要求。

（2）挖孔达到设计深度后，应及时进行孔底处理，必须保证孔底无松渣、淤泥等扰动软土层，使孔底情况符合图纸要求。

（3）桩孔开挖中的位置、孔底高程允许偏差应符合表 25-9 的要求。

（4）护壁混凝土的级别不得低于桩身混凝土的级别。

（5）挖孔的平面尺寸不得小于桩的设计断面。在浇筑混凝土时不能拆除的临时支撑及壁所占的面积，不应计入有效断面。

表 25 - 9 桩孔开挖中心位置、孔底高程允许偏差

项次	检查项目	规定值或允许偏差	检查方法
1	中心位置（路基中线为基线）	纵向 ±100 mm 横向 +100 mm -50 mm	经纬仪测，尺量孔口、孔底纵横各计 1 点，每孔测 4 点
2	孔底高程	±50 mm	水准仪测，每孔测 3 点

注：不以路基中线为基线，而以设计的定位轴线为基线的桩，其中心位置允许偏差纵横均为 ±200 mm。

25.6.2 钢筋骨架

（1）钢筋网及钢筋骨架的检验项目应符合表 25 - 10 的规定。

（2）外观：钢筋表面无铁锈及焊渣。

表 25 - 10 钢筋网和钢筋骨架的检查项目

项次	检查项目		规定值或允许偏差/mm	检查方法
1	网的长、宽		±10	用尺量
2	网眼尺寸		±10	用尺量抽查 3 个网眼
3	对角线差		10	用尺量抽查 3 个网眼对角线
4	骨架的宽、高		±5	按骨架总数 30% 抽查
5	骨架的长		±10	按骨架总数 30% 抽查
6	箍筋间距		±20	用尺量，每方向抽查 3 ~ 5 个
7	受力钢筋	间距	±10	用尺量，长度 ≤20 m 时，每构件二个断面；长度 >20 m 时，每构件检查 3 个断面
		排距	±5	

25.6.3 混凝土浇筑施工

混凝土分层浇筑厚度不应超过表 25 - 11 规定。混凝土的浇筑应连续进行，如因故必须间断，间断时间应小于前层混凝土的初凝时间或能重塑的时间。混凝土的运输、浇筑及间歇的全部时间不得超过表 25 - 12 的规定。

表 25 - 11 混凝土分层浇筑厚度表

项次	振捣方法	浇筑层厚度/mm
1	用插入式振动器	300
2	用附着式振动器	300

续表 25-11

项次	振捣方法		浇筑层厚度/mm
3	用表面振动器	无筋或配筋稀疏时	250
		配筋较密时	150
4	人工捣实	无筋或配筋稀疏时	200
		配筋较密时	150

表 25-12 混凝土的运输、浇筑及间歇的全部允许时间

混凝土强度等级	气温不高于 25℃/min	气温高于 25℃/min
≤C30	210	180
>C30	180	150

25.6.4 抗滑桩整体实测项目

抗滑桩整体实测项目情况见表 25-13。

表 25-13 抗滑桩实测项目情况

项次	检查项目		规定值或允许偏差	检查方法和频率	权值
1	混凝土强度/MPa		在合格标准内	按规范规定检查	3
2	桩长/m		不小于设计	测绳量：每桩测量	2
3	孔径或断面尺寸/mm		不小于设计	探孔器：每桩测量	2
4	桩位/mm		100	经纬仪：每桩测量	1
5	竖直度/mm	钻孔桩	1% 桩长，且不大于 500	测壁仪或吊垂线：每桩检查	1
		挖孔桩	0.5% 桩长，且不大于 200	吊垂线：每桩检查	
6	钢筋骨架底面高程/mm		±50	水准仪：测每桩骨架顶面高程后反算	1

25.7 成品保护

（1）抗滑桩施工平台完成后，应立即对其进行防排水处理，避免地表水渗透。

（2）开挖时应对定位桩、附近的平面控制桩、水准基点加以保护、防止施工机械或爆破的损坏。

（3）钢筋骨架的焊接拼装应在坚固的工作台上进行，预制成的钢筋骨架，必须具有足够

的刚度和稳定性,以便在运送、吊装和浇筑混凝土时不致松散、移位、变形,必要时可在钢筋骨架的某些连接点处加以焊接或增设加强钢筋。

(4)在吊装完钢筋笼之后,浇筑砼前,一定要认真检查声测管的完整性及密封性,确保浇筑后的抗滑桩能顺利进行结构完整性检测。

(5)完成压顶梁施工后,需将桩组上或与桩相邻的挡土、排水、防渗等设施,与抗滑桩正确连接,配套完成。

25.8　安全环保措施

25.8.1　安全措施

(1)现场设立专职或兼职安全检查人员;施工人员必须戴安全帽,穿工作鞋;严禁酒后和带病作业。

(2)孔内经爆破后,应先通风排烟,经检查无毒气后,施工人员方可下井继续作业。

(3)孔顶出土机具应有专人管理,并设置高出地面的围栏;孔口不得堆集土渣及沉重机具;夜间作业应悬挂警示红灯。挖孔暂停时,孔口应设置罩盖及标志。

(4)炸药等易燃、易爆物品必须分开存放,保持一定的安全距离,设专人看管。

(5)起重吊装时,如遇恶劣天气和六级(含六级)以上大风时,应停止作业。

(6)引入工地的电力线路的架设和变压器的安装应严格按照电力施工的有关规范和要求进行。

(7)施工现场所有用电设备,除做保护接零外,必须在设备负荷线的首端处加设两极漏电保护装置。遇到跳闸时,应查明原因,排除故障后再行合闸。

(8)施工所用的各种机具设备和劳动保护用品,应定期进行检查和做必要的检验,保证其经常处于完好状态;严禁使用不合格的机具设备和劳动保护用品。

(9)各种电气设备的检查维修,一般应停电作业;如必须带电作业时,应有可靠的安全措施并派专人监护。

(10)操作人员在工作中不得擅自离开岗位,不得操作与操作证不相符合的机械,严禁将机械设备交给无本机种操作证的人员操作。

25.8.2　环保措施

(1)不在施工现场随意修理设备;机械夜间施工时,不随意鸣号。

(2)边坡截水沟施工时,尽量避免破坏山体原有植被。

(3)清洗施工机械、设备及工具的废水、废油等有害物资以及生活污水,不得直接排放于附近小溪、河流或其他水域中,也不得倾泻于饮用水源附近土地上,以防污染水质和土壤。

(4)在居民区进行施工时,由机械设备与工艺操作所产生的噪声,不得超过当地政府规定的标准,否则应采取消声措施或避开夜间施工作业。

(5)对开挖废弃材料,根据工程需要进行处理,防止水土流失,水源、环境污染。

(6)施工中所产生的垃圾和废弃物应分别处理,不得任意裸露弃置。

(7)尽量避免"黑色污染"、"白色污染"对周围环境造成的视觉污染。

（8）施工完成后，对施工现场及其他临时施工用地应进行清理整平。

25.9　质量记录

（1）施工放样测量记录、水准测量记录。

（2）桩基挖孔过程及成孔质检记录。

（3）钢筋加工及安装质检记录。

（4）混凝土施工过程质检记录。

（5）水泥砼拌和物坍落度、稠度试验记录。

（6）挖孔灌注质检记录。

（7）砼抗压强度试验记录。

26 加筋土挡土墙施工工艺标准

26.1 总则

26.1.1 适用范围

本标准适用于公路、城市道路及桥梁工程中加筋土挡土墙施工。

26.1.2 编制参考标准及规范

编制参考标准及规范有：
(1)《公路工程技术标准》(JTG B01—2014)．
(2)《公路桥涵施工技术规范》(JTG/T F50—2011)．
(3)《公路路基施工技术规范》(JTG F10—2006)．
(4)《公路工程质量检验评定标准》(JTG F80/1—2017)．

26.2 术语

26.2.1 加筋土

加筋土是由土和筋体组成的复合土体。在填土工程过程中铺设加筋带或土工格栅或土工织物等加筋材料，以增强土体的抗拉、抗剪强度和整体稳定性。主要用于堤坝和挡土结构物中。古时加筋材料为动物毛发、植物茎条、竹片等；现代加筋材料为高分子材料(PP、PVC、PE)、表面镀锌钢筋带等。

26.2.2 三油二布

"三油二布"中"油"一般是沥青漆、沥青、聚氨酯、环氧树脂等。"布"一般是玻璃丝布、无纺布和其他的纺织品。使用"油"和"布"类型由设计指定。这种"三油两布"，就是在清理除锈后的金属物体上，涂抹一层"油"后，缠裹一层"布"，然后再涂抹一层"油"。待"油"干后，再涂抹一层"油"，缠裹一层"布"，表面再均匀完整的涂抹一层"油"。

26.3　施工准备

26.3.1　技术准备

（1）熟悉设计文件，认真进行现场核对，编制实施性施工组织设计并报审批。

（2）完成分项开工报告、混凝土试配、材料报验申报及批复手续及业主、监理要求的各项技术性文件。

（3）施工方案已审批，已对相关人员进行安全、技术交底。

26.3.2　材料准备

26.3.2.1　面板

（1）一般采用混凝土预制构件，强度大于 C18，厚度大于 80 mm，常用形状有十字形、六角形、槽形、L 形、矩形等。一般应采用工厂化施工制作。

（2）预制面板质量应符合下列规定：

①预制面板应表面平整，外光内实，外形轮廓清晰、线条直顺、企口分明。

②预制板应色泽一致，无蜂窝、麻面、露筋、掉角等。

③面板尺寸符合设计要求。

④面板混凝土的原材料、配合比及混凝土的拌和、浇筑、养生等应符合国家现行标准《公路桥涵施工技术规范》JTG/TF50—2011 的有关规定。

26.3.2.2　拉筋

一般有镀锌钢带、钢筋混凝土带、聚丙烯土工带等。下文将主要介绍土工布加筋土挡土墙的应用。

（1）拉筋采用聚丙烯土工带。其进场时应有出厂质量证明和试验报告，进场后应取样进行技术指标测定。测定的主要项目为断裂抗拉强度、伸长率及偏斜度，其质量应符合国家现行标准《公路路基施工技术规范》JTJ F10—2006 的规定。

（2）应采用专业厂家生产的防老化聚丙烯土工带，以 5 t 为一个批量进行检测。表面压纹清晰，色泽均匀、无开裂、损伤、穿孔等缺陷，断面一致。

26.3.2.3　填料

（1）加筋土的填料的选用应符合设计及规范要求，一般选用级配较好的砾类、砂土、碎石土、黄土、工业废渣。

（2）填料应取样做标准击实试验，确定其最大干密度和最佳含水量，作为压实过程的压实度控制标准。当料场变化时按新料场填料重新做标准击实试验。填料不得含有冻土、有机料和垃圾。填料粒径不宜大于填料压实厚度的 2/3，且最大粒径不得大于 150 mm。

（3）当设计单位需核定填料与拉筋的似摩擦系数时，可在现场做拉拔试验测定似摩擦系数。

26.3.2.4　面板填缝材料

（1）沉降缝用沥青木板、沥青麻絮等填塞。

（2）面板间的水平接缝处的混凝土局部承压强度不能满足要求时可采用砂浆砌筑或用沥

青软木板衬垫。

26.3.2.5 水

宜采用饮用水,采用其他水源时,应先按国家有关标准进行化验,确认合格后方可使用。

26.3.3 主要机具

(1)机具:汽车吊、推土机、平地机、自行式振动压路机、振动平板夯、蛙式夯、手扶式振动压路机等。

(2)检测用具:全站仪、水准仪、钢尺、卷尺、3 m 靠尺等。

26.3.4 作业条件

(1)挡土墙基槽开挖完成,基底(或经处理)满足设计要求,验收合格。

(2)施工现场的排水系统已完善,保证基底不受水的浸泡,确保地基承载力。

(3)测量放线完成并复核无误,对桩点进行加密和保护。

(4)施工现场已按有关规定进行场地清理、平整压实等作业,经监理工程师验收满足构件安装和筋带铺设的要求。

26.3.5 劳动力组织

加筋土挡土墙工程施工劳动力组织如表 26 - 1。

表 26 - 1 加筋土挡土墙工程施工劳动力组织

工种	人数	工作地点	职责范围
施工队长	1	整个施工现场	负责跟班组织施工管理工作、协助总指挥工作等
工班长	1	砌筑施工现场	负责跟班组织施工,协调各工种交叉作业等
技术员	1	整个施工现场	负责跟班解决施工中的技术问题,编写技术措施等
安全员	1	整个施工现场	负责跟班检查安全措施、安全措施的执行情况及安全教育工作,对安全生产负责
质量检查员	1	整个施工现场	负责跟班检查工程质量,组织各工种交接及质量保证措施的执行情况,对工程质量负责
测量工	2	施工现场	负责基槽开挖放样,挡土墙位置高程等测量
挖掘机操作工	1	基槽开挖施工现场	负责基槽的土方开挖
自卸卡车司机	6	施工现场	负责土石方弃渣运输及转运加筋土填料
混凝土搅拌运输车司机	2	拌和场、施工现场	负责混凝土运输
输送泵操作工(或吊车司机)	1	施工现场	负责混凝土输送泵操作、日常保养(负责吊车操作)
基槽垫层施工	6	施工现场	负责基底清理、垫层施工

续表 26－1

工种	人数	工作地点	职责范围
模板工及混凝土浇筑工	10	施工现场	负责挡土墙基础、板缝、墙顶等模板安装及混凝土浇筑
钢筋工	6	钢筋加工车间及施工现场	负责钢筋制作及安装
拉筋安装工	6	拉筋加工场及施工现场	负责拉筋的下料、连接、铺设和固定
吊装工	8	施工现场	负责墙面预制块吊装、安设
推土机、平地机司机及辅助工	4	施工现场	负责填料机械摊铺及人工配合摊铺
压路机司机	1	施工现场	负责填料碾压
电焊工	3	施工现场	负责预制挡土墙板安设定位后板体与基础预埋件的焊接固定
电工	1	整个施工现场	负责现场动力、照明、通讯等电器系统的维修保护
材料员	1	材料仓库	负责施工材料供应及管理
杂工	1	整个施工现场	负责搬运及现场清理等
总计	64		

注：此表为一个作业班施工配备人员，未计后勤、行政等人员。

26.4　工艺设计和控制要求

26.4.1　技术要求

（1）基槽开挖施工时应满足"基坑稳定"的原则，确保施工过程中人身安全。实际开挖的基底承载力应满足设计要求，否则需作应对性处理。

（2）基础施工应保证质量，防止基础沉降及断裂，影响挡土墙的稳定与安全。

（3）用于加筋土挡土墙的建筑材料之规格、强度应满足设计要求。

（4）应保证挡土墙位置准确、尺寸符合设计要求。

（5）施工设置的排水系统、墙后填料渗水性能应符合设计要求。

26.4.2　材料质量要求

加筋土挡土墙相关建筑材料的质量要求与前述章节相同。

26.4.3　职业健康安全要求

（1）所有进入施工现场的人员必须按规定佩戴安全防护用具。混凝土振捣人员必须戴胶手套、穿绝缘鞋。

（2）严禁在机械运行范围内停留，机械行走前应检查周围情况，确认无障碍后鸣笛操作。挖掘机装车作业时，铲斗应尽量放低，并不得砸撞车辆，严禁车厢内有人。严禁铲斗从汽车驾驶室顶上越过。

（3）机械操作工必须持证上岗，专人专岗，严格遵守各专用设备使用规定和操作规程，且不得疲劳操作。吊装作业由专人指挥，吊臂下不得站人，非施工人员不得进入吊装作业现场。

26.4.4　环境要求

（1）施工时的临时道路应定期维修和养护，经常洒水，减少尘土飞扬。

（2）保护植被，对施工区域内的植被、树木等尽量维持原状，严禁乱砍乱伐。

26.5　施工工艺

28.5.1　工艺流程

加筋挡土墙施工工艺流程如图 26 - 1。

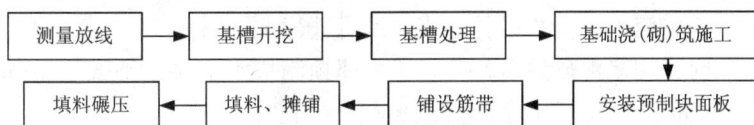

图 26 - 1　加筋挡土墙施工工艺流程

26.5.2　操作工艺

26.5.2.1　测量放线

（1）根据设计图纸，中线测量、恢复原有中线桩，测定加筋土挡土墙的墙面板基线。直线段 20 m 设一桩曲线段 10 m 设一桩，如有必要根据地形适当加桩，并设置好护桩进行保护。

（2）放出基础开挖边线，开挖基槽。设置施工水准点。

（3）复测中线桩核对横断面并按需要增补横断面测量。

26.5.2.2　基槽开挖

（1）基槽开挖一般采用明挖，根据基础和土质及现场施工条件，合理确定开挖顺序，基坑开挖大小需满足基础施工的要求，槽底平面尺寸一般大于基础外缘 300 mm。

（2）在松软地层或坡积层地段开挖时，基坑不宜全段贯通，而应采用跳槽办法开挖以防止上部失稳。

（3）基槽开挖后应及时做好防、排水工作。

26.5.2.3　基槽处理

（1）基槽开挖时不得扰动基底原状土，如有超挖，应回填原状土，并按道路击实标准夯实。

（2）当基底土质为碎石土、砂砾土、砂性土、黏性土等时，将其平整夯实。对未风化的岩石应将岩面凿成水平台阶,台阶长度除满足预制面板安装需要外,高度比不宜大于1:2。

(3)基槽开挖到设计标高后,按设计要求进行基底钎探,并请有关方面进行验槽。若基槽地质现状与勘探资料不相符时,应及时与勘探、设计单位联系,办理变更洽商。按勘探、设计要求进行基础处理。当遇有基底软弱或不良地段时,应按不同的情况以不同的方法进行有效的处理。常用的基础处理方法可采用开挖换填、挤密砂桩等。

26.5.2.4 垫层施工

(1)为保护基底不受雨水等影响,可在验槽后及时浇筑5 cm厚混凝土垫层。

(2)垫层混凝土强度应符合设计要求,振捣密实,抹压平整。

26.5.2.5 基础浇(砌)筑施工

(1)基础的浇(砌)筑施工应按国家现行标准《公路桥涵施工技术规范》JTJ041有关规定执行,并严格控制基础顶标高,砌筑基础可用水泥砂浆找平。

(2)基础浇(砌)筑时,应按设计要求预留沉降缝。

26.5.2.6 安装预制块面板

1.墙面混凝土预制块安装

(1)第一层预制块安装。

①在已浇筑完成的基础顶面上,准确放出预制块外缘线,曲线部位应加密控制放样。

②在外缘线上确定第1块面板的控制点,然后进行水平测量。

③预制块安装时采用水泥砂浆调平,同层相邻预制块水平误差不大于10 mm,轴线偏差每20 m不大于10 mm。

④按设计要求的垂直度、坡度挂线安装,安装缝宽宜小于10 mm。

⑤当填料为黏性土时,宜在预制块后不小于0.5 m范围内回填砂砾材料或采用筐装砾石包。

⑥预制块安装可采用人工或机械吊装就位。安装时,单块预制块可考虑预先内倾1%以内的斜度,以便填土碾压后预制板位于设计位置,并设置测斜观测点。

⑦预制块安装后,经检测无误,浇筑基础槽口混凝土。

(2)后续各层预制块安装。

①上层预制块应在下层预制块填土作业完成后安装。沿预制块纵向每5 m间距设标桩,每层安装均需用垂球或挂线核对,每3层预制块安装完毕后均应测量标高及轴线,其偏差应符合有关规定。

②为防止相邻预制块误差,第1层用斜撑固定,以后各层用夹木螺栓固定施工。水平误差用软木条或水泥砂浆逐层调整,避免累计误差。严禁采用硬石子及铁片支垫。

③对于上下板承压面积较大的情况,水平及竖直缝安装时一般不做处理,采用干砌。

④当上下板的承压面积较小、板轻、填料不流失、加筋土体有少量渗水时,水平缝宜采用低强度砂浆砌筑,垂直缝干砌。

⑤当上下板的承压面积较小、板轻、加筋土体不渗水时,水平缝宜铺浆,并对所有缝预勾缝的做法,当缝宽较大时,采用沥青木板、沥青麻絮等进行填缝处理。

⑥对预制块尺寸大、质量大(如大型十字形板、六角形板),应在水平缝间垫以具有一定强度的衬垫,在垂直缝宜嵌入聚氨脂泡沫塑料。

(3)设有错台的高加筋挡土墙,上墙预制块的底部应按设计要求进行处理,随同上墙预制块的铺设，错台表面及时封闭。

2.桥台墙面预制块安装

(1)在条形基础上准确放出前墙、翼墙预制块外缘线。

(2)处于同一水平层的桥台前墙、翼墙宜同时安装预制块，转角处采用角隅型预制块，并不得留有竖直通缝。

(3)加筋土挡土墙的顶面纵坡，可采用异型预制块、浆砌块(片)石或现浇混凝土等进行调整处理。

26.5.2.7　铺设筋带

(1)拉筋裁料：聚丙烯土工带的裁料长度一般为2倍设计长度加上穿孔长度。

(2)拉筋的连接、铺设和固定。

①连接：聚丙烯土工带与面板的连接一般可将土工带的一端从面板的预埋拉环或预留孔中穿过，折回后与另一端对齐。穿孔方式有单孔穿、上下穿或左右环孔合并穿三种。并以活结绑扎牢固。采用拉环形式时，拉环与聚丙烯土工带可采用以下方法隔离：利用拉环上的三油二布、涂塑防锈层或橡胶等衬垫物。

②铺设：拉筋底面的填料压实平整后，铺设拉筋。拉筋铺设应平顺，无重叠、扭曲，铺设时要捡除硬质棱角填料。在直线部位，拉筋可按扇形辐射状铺设，在拐角及曲线部位，布筋方向应与墙面垂直，当设有加强筋时，可与面板斜交。土工布搭接长度一般为300~400 mm，并按设计要求留出折回长度。

③固定：聚丙烯土工带在铺设时，可用夹具将拉筋两端均匀拉紧，再用少量填料压住使之固定。

26.5.2.8　填料、摊铺

(1)墙板设置泄水孔处，孔口的大小 $D = 5$ cm，间距2~3 m上下错开，在墙身下部或渗水较多处可适当加密，为防止堵塞，泄水孔的后面应用砂砾石作反滤层，泄水孔、砂砾反滤层应与墙体同步进行。反滤层选择粒径较大的卵石进行铺设，防止填料堵塞泄水孔，使泄水孔不能正常进行排泄，从而影响墙体的稳定性。砂砾反滤层应在安装一层后，进行填筑一层。

(2)拉筋未用少量填料覆盖固定前，车辆等不可上行驶。卸料时车辆应与面板距离1.5 m以上。

(3)填料应根据拉筋竖向间距进行分层等厚摊铺和压实，摊铺机具作业时距面板不小于1.5 m，距面板1.5 m范围以内应用人工摊铺。

(4)填筑时，距面板1.5 m范围内先不填筑，推土机及平地机应平行于面板按作业幅宽由远及近顺次作业，填筑的进度应为近墙面处快于远墙面处。

26.5.2.9　填料碾压

(1)碾压前应进行压实试验。根据碾压机械和填料性质确定分层摊铺厚度、碾压遍数。摊铺厚度不宜大于250 mm，压实度应符合设计要求。

(2)每层填料摊铺完成后应及时碾压成型，并随时检查含水量，测定压实度。

(3)压实时应注意勿使墙面板受较大的冲击影响，临近墙背1 m范围内，应采用小型压实机具碾压，距面墙1000 mm范围外，填料采用大型振动压实机械压实。

(4)分层碾压，作业方式一般为先轻后重，先静后振。压实应先从拉筋中部开始，逐步碾压至拉筋尾部,再碾压靠近墙面部位。用小型压实机械(5 t 以下)压实时,先从墙面后轻压,再逐步向路中心线压实,碾压困难时,辅助以人工夯实,确保面板不错位及压实质量符合设计要求。

(5)填料压实度要求应符合表 26-2 的规定。

表 26-2 加筋土工程填料压实度表

填土范围	路槽底面以下深度/cm	压实度/%	
		三、四级公路	高速、一级、二级公路
距面板 1.0 m 范围以外	0~80	>93	>95
	0~80	>90	>90
距面板 1.0 m 范围以内	全部墙高	≥90	≥90

注:高速公路,一、二级公路按重型击实试验方法确定压实度标准,三级以下(包括三级)公路按轻型击实试验方法求得。

26.5.3 季节性施工

26.5.3.1 冬期施工
加筋土挡土墙不宜在冬期施工。

26.5.3.2 雨季施工
(1)雨季到来前应做好整个施工场地的排水措施,防止墙体、基槽浸泡。
(2)加强对气象信息的收集,尽量避免下雨时浇筑混凝土和面板安装、摊铺碾压作业。如突然遇雨,应对已入模振捣成型的混凝土及时覆盖,防止雨水冲淋。
(3)已摊铺未压实填料遇雨后需翻晒晾干,待含水量符合要求后方可进行碾压。

26.6 质量标准

26.6.1 基本要求

(1)拉筋布设、填土层厚、压实度符合设计和规范规定。
(2)基础、面板与加筋土形成稳定的结构整体。
(3)墙板安装符合要求。
(4)挡土墙板、帽石、基础沉降缝上下贯通;泄水管通畅。

26.6.2 实测项目

(1)加筋土挡土墙基底检查项目及允许偏差详见表 26-3。

表 26 - 3　基底检查项目及允许偏差表

项目	允许偏差	检查方法及频率
轴线偏位/mm	30	经纬仪:每 20 m 检查 2 个点
基底高程/mm	± 30	水准仪:每 20 m 检查 3 个点
断面尺寸	符合设计	尺量:用 20 m 小线和直尺每 20 m 检查 2 个点

(2)加筋土挡土墙面板基础检查项目及允许偏差详见表 26 - 4。

表 26 - 4　加筋土挡土墙面板基础检查项目及允许偏差表

项目	允许偏差	检查方法及频率
基础结构强度/MPa	符合设计要求	按《公路工程质量检验评定标准》检查
断面尺寸/mm	不小于设计	尺量:用 20 m 小线和直尺每 20 m 检查 3 个点
轴线偏位/mm	25	经纬仪:每 20 m 检查 2 个点
基底高程/mm	± 20	水准仪:每 20 m 检查 3 个点
基顶平整度/mm	10	尺量:用 2 m 直尺每 20 m 检查 3 个点

(3)加筋土挡土墙面板安装检查项目及允许偏差详见表 26 - 5。

表 26 - 5　加筋土挡土墙面板安装检查项目及允许偏差表

项目	允许偏差	检查方法及频率
每层面板顶高差/mm	± 10	水准仪:每 20 m 检查 4 组板
轴线偏位/mm	± 10	经纬仪:每 20 m 检查 3 个点
面板垂直度或坡度/%	0,- 0.5	铅锤法:用垂球挂线和直尺每 20 m 检查 3 个点

注:面板安装以同层相邻两板为一组。

(4)填料压实实测项目情况见表 26 - 6。

表 26 - 6　填料压实实测项目情况

项目	允许偏差/%	检查方法及频率
距面板 1 m 范围以内	70	每层 100 米取 3 点做现场压实度试验,小于 100 延米取 3 点
距面板 1 m 范围以外	97	每层 500 m² 或每 50 延米取 3 点做现场压实度试验

注:不合格测点的最低压实度,不得低于要求压实度3%。

（5）拉筋施工实测项目情况见表26－7。

表 26－7　拉筋施工实测项目情况

项目	允许偏差	检查方法及频率
拉筋长度	不小于设计	每20 m检查5根(束)
拉筋根数	不小于设计	每20 m检查5根(束)
拉筋与面板连接	符合设计要求	每20 m检查5处
拉筋与拉筋连接	符合设计要求	每20 m检查5处
拉筋铺设	符合设计要求	每20 m检查5处
钢件防锈处理	符合设计要求	每20 m检查10处

注：聚丙烯土工带按束检查，钢带及混凝土带按根检查。

（6）加筋土挡土墙总体工程实测项目情况见表26－8。

表 26－8　加筋土挡土墙总体工程实测项目情况

项目		允许偏差	检查方法及频率
墙顶高程 /mm	路堤式	±50	水准仪：检查3个点
	路肩式	±50	水准仪：检查3个点
	桥台	±20	水准仪：每一直面不小于2个点
墙顶平面位置 /mm	路堤式	+50，-100	尺量：用20 m直尺检查3处
	路肩式	±50	尺量：用20 m直尺检查3处
	桥台	±50	尺量：用20 m直尺检查每一直面不少于2处
墙面垂直度或坡度		+0.005H 及 +50 -0.01H 及 -100	铅锤法：用垂球挂线或坡度板和直尺检查2处
面板缝宽/mm		10	尺量：用2 m直尺检查不少于5条竖缝
墙面平整度/mm		≤15	尺量：用2 m直尺和塞尺检查3处

注：1.桥台顶面高程指前墙不少于2点，翼墙各不少于1点。桥台平面位置每一墙面为一检测单位。

2.平面位置及垂直度"＋"为外，"－"为内。

3.以20 m为检查单位，小于20 m按20 m计。

4.垂直度或坡度的两个允许偏差值取其小值。

26.6.3　外观鉴定

（1）墙面板外露面光洁、色泽一致、平顺美观、板缝均匀。

（2）挡土墙线形顺适，沉降缝整齐竖直，上下贯通。

（3）附属及防护排水设施齐全，泄水孔通畅。

26.7　成品保护

（1）混凝土基础浇筑后要及时覆盖并浇水养生，防止混凝土表面开裂。

（2）预制面板可竖向堆放，也可平放，平放时高度不宜超过5块。板块间宜用方木衬垫，防止扣环变形和棱角破损。

（3）拉筋宜堆放在通风遮光的室内并做好支垫。

（4）未填料碾压时不可在上安装第二层面板，以确保面板不受损坏。

（5）施工作业应有专人指挥，不同作业区设立明显标牌，卸料、摊铺和碾压时机械要保证与面板的安全距离。机具不得在未覆盖填料的拉筋上行驶或停车，禁止碾压设备在拉筋铺设区域急剧改变方向和急刹车。

（6）加筋土体完工后应按设计要求及时修筑护角。

26.8　安全环保措施

26.8.1　安全操作要求

（1）严把上岗关，严禁无证上岗和无证操作。技术工人必须先培训，经考核合格后再上岗。做好三级安全技术交底，严禁违章操作、野蛮施工。

（2）必须保证"三宝"（安全帽、安全带、安全网）及防护手套的使用。

（3）吊装作业由专人指挥，吊臂下不得站人，非施工人员不得进入吊装作业现场。大雪、大雾和五级以上大风时应停止吊装作业。

26.8.2　安全技术措施

（1）定期进行安全检查，发现隐患，及时报告，及时消除不安全因素。

（2）施工前编制专项安全技术方案，并严格执行三级安全技术交底制度。

（3）施工中的小型机具要指定专人负责，集中管理。

26.8.3　环保措施

（1）施工垃圾要分类处理，封闭清运，避免遗洒、污染环境。

（2）加强对施工机械的维修保养，遇到漏油、漏水的机械必须修好后方可继续参与施工，废油回收后集中存放，统一处理。

（3）在临近居民区施工作业时，应采取降噪、减尘措施。尽量避免夜间施工扰民。

（4）混凝土搅拌运输车要在指定地点清洗，污水要经沉淀池处理后方可排放，避免污染农田、河流等。

26.9 质量记录

(1)建筑材料质量抽查记录。原材料(地材)试验及检验合格报告等

(2)基础混凝土配合比申请单、通知单。混凝土抗压强度试验报告。混凝土试块强度统计、评定记录。混凝土强度(性能)试验汇总表。混凝土见证记录。浆砌片石基础应有砂浆配合比申请单、通知单。砂浆抗压强度试验报告。原材料(片石)试验及检验合格报告等。砂浆试块强度统计、评定记录。砂浆强度(性能)试验汇总表。

(3)填料土工试验报告、最佳击实试验报告、压实度试验记录。

(4)基槽钎探记录、验收记录。

(5)测量放样记录和复核记录。

(6)构件吊装记录、预检工程检查记录和隐蔽工程检查记录。

(7)工序质量评定表和工程部位质量评定表。

27 砌体(块石、片石)挡土墙施工工艺标准

27.1 总则

27.1.1 适用范围

本标准适用于公路、城市道路及桥梁工程中砌体(砖、块石、片石)挡土墙施工。

27.1.2 编制参考标准及规范

编制参考标准及规范有:
(1)《公路工程技术标准》(JTG B01—2014).
(2)《公路桥涵施工技术规范》(JT G/TF 50—2011).
(3)《公路路基施工技术规范》(JTG F10—2006).
(4)《公路工程质量检验评定标准》(JTG F80/1—2017).
(5)《公路工程集料试验规程》(JTG E42—2005).
(6)《公路工程岩石试验规程》(JTG E41—2005).
(7)《爆破安全规程》(GB 6722—2011).

27.2 术语

27.2.1 片石

片石是指符合工程要求的岩石,一般指用爆破法或楔劈法开采的形状不规则的、边长一般不小于15 cm的石块。其厚度不小于150 mm,其宽度及长度不小于厚度的1.5倍。

27.2.2 块石

块石指的是符合工程要求的岩石,经开采并加工而成的形状大致方正的石块,块石厚度不宜小于200 mm,长度应大于厚度,顶面及底面应平整。块石分有多种类型,主要有花岗岩块石、砂石块石等。

27.3　施工准备

27.3.1　技术准备

(1)测量放样:恢复路基中线,精确测定挡墙基座主轴线和起讫点两端的衔接是否顺适,根据路段线形一般10~20 m设一桩,地形复杂处应适当加桩。测定的重要控制桩应有护桩,并至少由2~3组组成,以便相互核对,确保精度。

(2)按施工放样的实际需要补增横断面桩,测量中桩和挡土墙各点的地面标高,并设置施工所需的水准点。

(3)熟悉设计文件,认真进行现场核对,根据核对的工程量、工地特点、工期要求及施工条件,结合施工队伍的设备能力,做出实施性施工组织设计,包括施工方法、工程数量、开工及完工日期、需要劳力、机械设备、材料数量以及其他临时工程和场地布置等。

(4)应切实做好场地排水设施,外购及指定材料在进场前,先应通过试验检测,合格后方可进场,提前做好砂浆配比及墙背材料的击实试验。

27.3.2　材料准备

(1)开挖基础爆破器材:炸药、雷管(毫秒级)。

(2)挡土墙圬工材料:砌体挡土墙的建筑材料是片石、块石、水泥、砂浆等。

27.3.3　主要机具

(1)机具:砂浆强制搅拌机、小型发电机、小推车、铁锹、洒水喷壶、磅秤、托灰板、灰桶、橡皮锤、瓦刀、抹子、皮数杆等。

(2)安全防护设施:脚手架、安全网、安全带、防护手套、竹架板。

(3)计量检测用具:水平尺、靠尺、坡度尺、小线。

27.3.4　作业条件

(1)场地清理要达到地表植被(干净清除)、表层松土(至少30 cm)、树根(全部挖除)、垃圾、淤泥(根据现场触探深度,清到底)等不良土质彻底清理,不留隐患。挡土墙基槽开挖完成,基底(或经处理)满足设计要求,验收合格。

(2)施工现场的排水系统已完善,保证基底不受水的浸泡,确保地基承载力。

(3)测量放线完成并复核无误,对桩点进行加密和保护。

(4)按技术要求,完成分段设置。

27.3.5　劳动力组织

砌体(块石、片石)挡土墙工程施工劳动力组织如表27-1。

表 27 −1　砌体(块石、片石)挡土墙工程施工劳动力组织

工种	人数	工作地点	职责范围
施工队长	1	整个施工现场	负责跟班组织施工管理工作、协助总指挥工作等
工班长	1	砌筑施工现场	负责跟班组织施工,协调各工种交叉作业等
技术员	1	整个施工现场	负责跟班解决施工中的技术问题,编写技术措施等
安全员	1	整个施工现场	负责跟班检查安全措施、安全措施的执行情况及安全教育工作,对安全生产负责
质量检查员	1	整个施工现场	负责跟班检查工程质量,组织各工种交接及质量保证措施的执行情况,对工程质量负责
测量工	2	施工现场	负责基槽开挖放样,挡土墙位置高程等测量
挖掘机操作工	1	洞口开挖施工现场	负责基槽的土方开挖
自卸卡车司机	3	弃渣至弃土场	负责土石方弃渣运输
基槽垫层施工及砂浆搅拌上料工	6	施工现场	负责基底清理、垫层施工 负责砂浆的搅拌操作砌筑材料的搬运与上料
砌筑工	6~8	施工现场	负责挡土墙基础、墙身等的砌筑
架子工	6	施工现场	负责外围护拦、施工架子平台搭设
电工	1	整个施工现场	负责现场动力、照明、通讯等电器系统的维修保护
材料员	1	材料仓库	负责施工材料供应及管理
杂工	1	整个施工现场	负责搬运及现场清理等
总计	32~34		

注:此表为一个作业班施工配备人员,未计后勤、行政等人员。

27.4　工艺设计和控制要求

27.4.1　技术要求

(1)基槽开挖施工时应贯彻"基坑稳定"的原则,确保施工过程中人身安全。实际开挖的基底承载力应满足设计要求,否则需做应对性处理。基础施工应保证质量,防止基础沉降及断裂,影响挡土墙的稳定与安全

(2)用于砌体挡土墙的建筑材料之规格、强度,砌筑用的砂浆标号应满足设计要求。水泥砂浆严禁人工拌和。

(3)应保证砌体尺寸符合设计要求、墙面与墙内用料一致,砌筑工艺符合规定,砂浆饱满、砂浆外加剂用量符合规定比例,保证墙体运营期间安全。

(4)施工设置的排水系统应符合设计要求,包括泄水孔的数量、尺寸、位置等。

(5)需待砌体砂浆强度达70%以上时,方可回填墙背填料。墙背填料渗水性能满足设计要求,禁用腐植土、盐渍土、淤泥土等。保证墙后水分及时排干、防止墙身受额外静水压力破坏。

27.4.2 材料质量要求

27.4.2.1 石料

强度必须符合设计要求，应结构密实、石质均匀、不易风化、无裂缝的硬质石料，其强度应按现行《公路工程石料试验规程》JTJ054 执行，标号以 20 cm×20 cm×20 cm 的含水饱和试件的极限抗压强度为准。

石料规格要求：

用作镶面的片石应表面平整，尺寸较大时稍加修整，并严禁大面立砌。

用作镶面的块石应稍加修整，去棱凸角，表面凹入不宜大于 20 mm。

27.4.2.2 水泥

（1）应根据结构物所处环境选用水泥品种，对于冬期施工及无侵蚀性环境的地区、严寒地区、受水及冰冻共同作用的环境，宜采用硅酸盐水泥及普通水泥；对于侵蚀性环境的地区，宜采用火山灰水泥或矿渣水泥。

（2）水泥进场应有产品合格证和出厂检验报告，进场后工地试验室应对强度、安定性及其他必要的性能指标进行取样复试。其质量必须符合现行国家标准的规定。

（3）水泥要根据施工进度确定单批次进货数量，做好施工现场保管、储藏、使用工作，当对水泥质量有怀疑或水泥出厂超过三个月时，在使用前必须重新取样检验，以便掌握水泥活性情况，并按复试结果确定是否选用或废弃，不同品种的水泥不得混合使用。

27.4.2.3 砂

（1）砂宜采用合格中砂或粗砂，当缺少中砂和粗砂时方可考虑细砂或机制砂。

（2）砂的质量标准应符合混凝土工程中相应的质量标准要求。砂的最大粒径：用于砌筑片石时不宜大于 5 mm，用于砌筑块石时不宜大于 2.5 mm。砂要求质地坚硬，颗粒洁净，耐久性好，且不得含有团块、黏土、盐碱等有害物质，其中杂质含量应通过试验测定，并不应超过规范的规定。砂的级配应符合表 27-2 规范要求。

表 27-2 砂中杂质最大含量

项目	≥M5 的混凝土	<M5 的混凝土
含泥量/%	≤5	≤7
其中泥块含量/%	≤1.0	≤2.0
云母含量/%	<2	
轻物质含量/%	<1	
硫化物及硫酸盐折算为 SO₃/%	<1	
有机含量（用比色法试验）	颜色不应深于标准色，如深于标准色，应以水泥砂浆进行抗压强度对比试验，加以复核	

27.4.2.4 水

拌制砂浆及养生用水宜采用饮用水，采用其他水源时，应先按有关标准进行化验，确认合格后方可使用。

27.4.2.5 砂浆

(1)砂浆标号以 7.07 cm×7.07 cm×7.07 cm 的试件在标准养护条件下 28 d 的抗压强度为准,其标号、类型应符合设计规定,应具有良好的和易性,其适宜的稠度为 5~7 cm,气温较高时可适当增大。

(2)砂浆的配合比应通过试验确定,可采用质量比法或体积比法,并应满足现行国家标准《公路桥涵施工技术规范》JTG/TF50 的砂浆技术要求。当更换砂浆的组成材料时,其配比应重新试验确定。

(3)砂浆配料要满足表 27-3 要求。

表 27-3　配料数量允许偏差

材料类别	允许偏差/%	
	现场拌制	预制场或集中搅拌站拌场
水泥、混合材料	±2	±1
粗、细骨料	±3	±2
水、外加剂	±2	±1

27.4.3　职业健康安全要求

(1)所有进入施工现场的人员必须按规定佩戴安全防护用具。

(2)砌块切割时应搭设加工棚,加工棚应具有隔音降噪功能和除尘设备,切割人员应佩戴防噪、防尘、护目、鞋盖等防护用品。

(3)高温季节应根据进度计划和职工人数,合理安排生产班次和劳动作息时间,对在特殊环境下(烈日)施工的人员应采取早晚时间施工等方法防止中暑、昏迷等事故发生。高温季节,在施工现场应准备凉开水、茶水、绿豆汤等饮品,准备应急药物(如人丹等)预防突发事件的发生。

(4)配备必要的通讯设施,加强对突发事故的处理能力。

(5)石方爆破作业,以及爆破器材的管理、加工、运输、检验和销毁等工作均应按国家现行标准《爆破安全规程》GB 6722—2011 的规定。

(6)挖掘机装车作业时,铲斗应尽量放低,并不得砸撞车辆,严禁车厢内有人。严禁铲斗从汽车驾驶室顶上越过。

27.4.4　环境要求

(1)施工时的临时道路应定期维修和养护,经常洒水,减少尘土飞扬。

(2)保护植被,对施工区域的植被、树木等尽量维持原状,严禁乱砍乱伐。

27.5 施工工艺

27.5.1 工艺流程

砌体(块石、片石)挡土墙施工工艺流程如图 27 - 1。

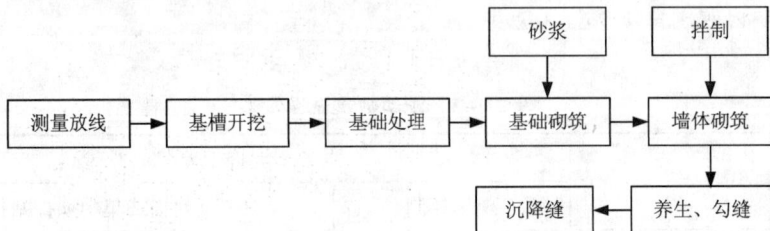

图 27 - 1 砌体(块石、片石)挡土墙施工工艺流程

27.5.2 操作工艺

27.5.2.1 测量放线

(1)根据设计图纸,计算挡土墙控制点坐标,采用全站仪准确测放挡土墙的平面位置和纵断高程。

(2)在已验收的基槽上弹出轴线及墙身线。

27.5.2.2 基槽开挖

(1)基槽开挖一般采用明挖,基坑开挖大小,需满足基础施工的要求,要根据基坑的地质情况及排水设施等要求来确定开挖大小。

(2)在松软地层或坡积层地段开挖时,基坑不宜全段贯通,应采用跳槽办法开挖以防止上部失稳。

(3)基础的各部尺寸、形状、埋置深度均按设计要求施工。当基础开挖后,若发现与设计情况有出入时,应按实际情况进行调整设计。

27.5.2.3 基础处理

(1)当基底土质为碎石土、砂砾土、砂性土、黏性土等时,将其平整夯实。

(2)当遇有基底软弱或不良地段时应按不同的情况以不同的方法进行有效的处理。常用的基础处理方法可采用开挖换填、挤密砂桩等。

(3)挡土墙基础与原有构筑物基础相衔接时,基础结合部位按设计要求处理。

27.5.2.4 砂浆拌制

(1)砂浆现场拌制应采用机械搅拌,投料前必须用磅秤控制重量,严格按照配合比进行拌和,投料顺序先后为砂子、水泥、掺和料、水。

(2)搅拌时间宜为 3 ~ 5 min,砂浆稠度应控制在 50 ~ 70 mm。

(3)砂浆应用机械拌和,随拌随用,保持适当的稠度,一般宜在 2 ~ 4 h 用毕,气温高时选低值。发生离析、泌水的砂浆砌筑前应重新拌和,已开始凝结的砂浆不得使用。

(4)并应根据现场进度做好砂浆试件，各个构筑物或每 50 m³ 砌体制作试块 6 块以应满足试验频率的要求。

27.5.2.5　基础砌筑

(1)基础石料砌筑时，第一皮石块应坐浆，即在开始砌筑前先铺砂浆 30~50 mm，然后选用较大较整齐的石块，大面朝下，放稳放平，从第二皮开始，应分皮卧砌，并上下错缝，内外搭接，不得采用外面侧立石块中间填心的砌法。

(2)基础转角和交接处应同时砌筑，将皮数杆立于石砌体的转角和交接处，在皮数杆之间挂线控制水平灰缝高度。对不能同时砌筑而又必须留置的临时间断处，按斜槎处理。

(3)基础砌筑时，石块间较大的空隙应先填塞砂浆，后用碎石块嵌塞，不得采用先摆好碎石块，后塞砂浆或干填碎石块的方法。

(4)基础的最上一皮，宜选用较大的片石砌筑。转角处、交接处和洞口处宜选用较大的平料石砌筑。

(5)基础灰缝宽度控制在 20~30 mm，砂浆饱满，石块间互相不接触。

27.5.2.6　墙体砌筑

(1)分段砌筑时，分段位置应设在基础变形缝或伸缩缝处，各段水平砌缝应一致。相邻砌筑高差不宜超过 1.2 m。填缝材料应符合设计要求。

(2)相邻挡土墙设计高差较大时应先砌高墙段，挡土墙每天连续砌筑高度不宜超过 1.2 m，砌筑过程中墙体不得移位变形。

(3)泄水管、预埋件及砌筑预留口应位置准确。

(4)砌筑过程中应经常校正挂线位置，保证砌体尺寸符合设计要求。

(5)石块底面应卧浆铺砌，立缝填浆捣实，不得有空缝和贯通立缝，砌筑中断时，应将砌好的石块空隙用砂浆填满。再次砌筑时石层表面应清理干净，洒水湿润，工作缝留斜槎。

27.5.2.7　镶面石砌筑

(1)镶面石表面四周应修整，其修整进深不应小于 70 mm，尾部较修整部尺寸略小，镶面丁石长度应大于顺石宽度的 1.5 倍，每层镶面石应事先配好料，保证满足灰缝宽度及错缝要求，采用卧浆法砌筑，随砌随填立缝。

(2)砌筑前应选好石料，在同一部位使用同类石料，计算好层数。曲线段与直线段相接镶面，应先安角石，并从曲线段开始。

(3)每层镶面应采用一丁一顺砌法，砌缝宽度 20~30 mm，所有立缝应垂直，错开大于 100 mm。

(4)一层镶面石砌筑完成后方可砌填心石，并与镶面石齐平。

(5)砌筑时应随时用水平尺和垂线校核。

27.5.2.8　片石挡土墙墙体砌筑

(1)片石宜分层砌筑，以 2~3 层石块组成一工作层，每工作层的水平缝大致齐平，竖缝应错开，不能贯通。

(2)外圈定位行和转角石选择形状较方正，尺寸相对较大的片石，使砌体表面平整，不得用小石块镶垫，并长短相间地与里层砌块咬成一体，上下层也应交错排列，避免竖缝重合，砌缝宽度一般不应大于 4 cm。

(3)较大的砌块应使用于下层，石块宽面朝下，石块之间均要有砂浆隔开，不得直接接触,竖缝较宽时可在砂浆中塞以碎石块,但不得在砌块下面用小石子支垫。

(4)砌体中的石块应大小搭配,相互错叠,咬接密实并备有各种小石块,较大空隙灌缝后应用挤浆法填缝,挤浆采用小石块用小锤轻轻敲入空隙中。

27.5.2.9　块石挡土墙墙体砌筑

(1)每层块石应高度一致,每砌高3层找平1次。

(2)砌筑块石,错缝应按规定排列,同一层用1丁1顺或用1层丁石1层顺石。灰缝宽度不大于20 mm。

(3)砌筑填心石,灰缝应彼此错开,水平缝不得大于30 mm,垂直灰缝不得大于40 mm,个别空隙较大的应用挤浆法填缝。

(4)可采用丁顺叠砌,即一皮丁石叠加一皮顺石组砌而成,先丁后顺;或采用丁顺后砌,即一皮内用丁石和顺石相互交替相隔砌筑,灰缝上下错开至少1/4石长。

27.5.2.10　养生、勾缝

(1)勾缝一般采用平缝或凸缝,较规则的块石可采用凹缝。

(2)勾缝前应先将石面清理干净,勾缝宽度不大于20 mm,深(厚)度为10～20 mm。再将墙面洒水湿润,勾缝的顺序是从上至下,先水平缝再竖直缝。勾缝后用扫帚去除余灰,注意浇水养生,做好成品保护。

(3)勾缝砂浆宜采用过筛砂,其强度不应低于砌体砂浆强度,勾缝应嵌入砌缝内20 mm,缝槽深度不足时应凿够深度后再勾缝。

(4)勾缝应深浅一致、交圈对口、密实光滑,搭接处平整圆滑,阳角方正,阴角处不能上下直通,不能有丢缝、瞎缝。灰缝不得空鼓、脱落,没有毛刺。

(5)砌体养生应贯穿整个砌筑工程,在砂浆初凝后,采用洒水或覆盖养生7～14 d,确保砌筑砂浆、勾缝时刻保持湿润状态。

27.5.2.11　沉降缝

挡墙按设计要求设置沉降缝,缝宽2～3 cm,缝内采用沥青麻丝填塞,塞入深度不小于0.15 m。

27.5.3　季节性施工

27.5.3.1　冬期施工

(1)砌体工程不宜在冬期施工。如在冬期施工需采取暖棚法、蓄热法等辅助措施,砌块温度在5℃以上,并需根据不同气温条件编制具体的施工方案。

(2)冬期施工前应先清除冰雪等冻结物。气温低于5℃时不能洒水养生。

(3)冬期砌筑砂浆宜采用普通硅酸盐水泥,水泥砂浆在拌和前对原材料进行加热处理,但水温不超过80℃,砂子不超过40℃,使砂浆不低于20℃。砂浆应随拌随用,搅拌时间比常温延长0.5～1倍,稠度40～60 mm。

(4)当日气温低于－15℃时采用抗冻砂浆,其强度比常温提高一级标号,温度不应低于5℃,抗冻剂掺量应通过试验确定。

(5)解冻期间应对砌体进行检查,当发现裂缝、不均匀沉降等情况时,应暂停砌筑,分析具体原因并采取相应补救措施。

27.5.3.2   雨季施工

(1)雨季到来前应做好整个施工场地的排水措施,防止墙体、基槽浸泡。

(2)雨季施工应有防雨措施,防止砂浆初凝前被冲刷,下雨时应停止砌筑,对新砌砌体进行必要的覆盖、遮雨。

(3)路基填土也要做好排水设施,防止路基坍塌破坏砌体。

27.6   质量标准

27.6.1   基本要求

(1)石料规格和质量符合设计和规范规定。

(2)地基承载力满足设计要求或经处理符合设计要求。

(3)砂浆配合比符合试验规定,强度满足设计要求。

(4)台背回填材料符合设计和施工规范要求。施工质量符合规范规定。

27.6.2   实测项目

浆砌片石(块石)挡土墙质量实测项目情况见表 27 – 4。

表 27 –4   浆砌片石(块石)挡土墙实测项目情况

检查项目		规定值或允许偏差		检查方法和频率
砂浆强度/MPa		不小于设计强度		注2,注3
平面位置/mm		50		经纬仪:每20 m检查墙顶外边线3点
顶面高程/mm		±20		水准仪;每20 m检查1点
底面高程/mm 土方 石方		±50 ±20 ±50		水准仪:每20 m检查2点
垂直度或坡度/%		0.5		吊垂线:每20 m检查2点
断面尺寸		不小于设计		尺量:每20 m量2个断面
表面平整度/mm	片石	30	≤10	2 m直尺:每20 m检查3处,每处检查竖直和墙长两个方向
	块石	20		

注:1.表中 H 为构筑物全高(m);

2.各个构筑物每50 m³砌体制作试块6块,如砂浆配合比变更时,相应制作试块,满足检验频率要求。

3.砂浆试块的平均强度不低于设计规定,任意一组试块的强度最低值不低于设计值的85%。

27.6.3   外观鉴定

(1)砌体坚实牢固,边缘顺直,勾缝平顺,缝宽均匀无脱落现象。

（2）泄水孔倾斜向外，无堵塞。

（3）沉降缝整齐竖直，上下贯通。

27.7　成品保护

（1）墙面砌筑时防止砂浆流到墙面造成表面污染。

（2）现场搬运石块应轻搬轻放，防止砌块表面损坏和碰撞已砌好的墙体。

（3）砌体砌筑完成后，未经有关人员验收检查，轴线桩、水准点不得扰动和拆除。

27.8　安全环保措施

27.8.1　安全操作要求

（1）严把上岗关，严禁无证上岗和无证操作。技术工人必须先培训，经考核合格后再上岗。

（2）汽车运输石料时，石料不应高出槽帮，车槽内不得载人。

（3）人工搬运石块时，作业人员应协调配合，动作一致。

（4）如有吊装作业，吊装石块时必须使用四周有围栏的吊篮，并严禁用吊勾拖吊吊篮。

27.8.2　安全技术措施

（1）定期进行安全检查，发现隐患，及时报告，及时消除不安全因素。

（2）施工前编制专项安全技术方案，并严格执行三级安全技术交底制度。

（3）砌筑高度超过 1.2 m 时应搭设脚手架，严禁脚手架上下交叉作业。

（4）向脚手架搬运石块时，严禁抛掷。脚手架上石料应及时使用，且不得集中堆放。

（5）砂浆搅拌机、起重设备、切割机具等各种设备要置于安全稳定的地基上，操作和临时用电应符合有关安全操作规程。

27.8.3　环保措施

（1）砌块切割时污水应汇集到沉淀池，避免污染农田、河流等。

（2）加强对施工机械的维修保养，遇到漏油、漏水的机械必须修好后方可继续参与施工，废油回收后集中存放，统一处理。

（3）对开挖的弃土及时组织平整或外运，保持施工现场整洁。废物和垃圾集中放置，并及时处理或运至监理工程师和当地环保部门都同意的地点放置，以防污染地表水。

（4）在沿线人群居住密集区附近，不得在夜间安排噪声很大的石料切割施工。

27.9　质量记录

（1）建筑材料质量抽查记录、原材料（地材）试验及检验合格报告等。

（2）砂浆配合比申请单、通知单；砂浆抗压强度试验报告；砂浆试块强度统计、评定记录。砂浆强度(性能)试验汇总表。

(3)工程放样与定位测量记录、测量复核记录。

(4)有见证试验记录;隐蔽工程验收记录。

(5)工序质量评定表。

(6)工程部位质量评定表。

28 现浇钢筋混凝土挡土墙施工工艺标准

28.1 总则

28.1.1 适用范围

本标准适用于公路、城市道路及桥梁工程中现浇钢筋混凝土挡土墙施工。

28.1.2 编制参考标准及规范

编制参考标准及规范有：

(1)《公路工程技术标准》(JTG B01—2014).

(2)《公路桥涵施工技术规范》(JTG/T F50—2011).

(3)《公路路基施工技术规范》(JTG F10—2006).

(4)《公路工程质量检验评定标准》(JTG F80/1—2017).

(5)《公路工程集料试验规程》(JTG E42—2005).

(6)《混凝土外加剂》(GB 8076—2005).

(7)《混凝土外加剂应用技术规定》(GB 50119—2003).

(8)《钢筋混凝土用钢 第1部分热轧光圆钢筋》(GB 1499.1—2008).

(9)《钢筋混凝土用热轧带肋钢筋》(GB 1499.2—2007).

(10)《钢筋混凝土用冷轧带肋钢筋》(GB 13788—2017).

(11)《爆破安全规程》(GB 6722—2011).

28.2 术语

混凝土掺合料：在混凝土拌和物制备时，为节约水泥、改善混凝土性能，调节混凝土强度，而加入的天然的或人造的矿物材料，统称为混凝土掺合料。用于混凝土的掺合料分为活性矿物掺合料和非活性矿物掺合料两大类。非活性矿物掺合料一般与水泥组分不发生化学作用，或作用很小，如磨细石英砂、石灰石、硬矿渣等。活性矿物掺合料虽然本身不水化或水化速度很慢，但能与水泥水化产生的 $Ca(OH)_2$ 反应，生成具有水硬性的胶凝材料，如粒化高炉矿渣、粉煤灰、火山灰质材料、硅灰等。通常使用的掺合料多为活性矿物掺合料。

28.3　施工准备

28.3.1　技术准备

（1）熟悉设计文件，认真进行现场核对，根据核对的工程量、工地特点、工期要求及施工条件，结合施工队伍的设备能力，作出实施性施工组织设计并报审批。

（2）完成分项开工报告、混凝土试配、材料报验申报和批复手续及业主、监理要求的各项技术性文件。

（3）测量放样：恢复路基中线，进行挡墙平面与高程控制测量。精确进行施工放样，并按实际需要补增横断面桩，测量中桩和挡土墙各点的地面标高，并设置施工所需的水准点。

（4）施工方案已审批，已对相关人员进行安全、技术交底。

28.3.2　材料准备

28.3.2.1　水泥

应根据结构物所处环境选用水泥品种，对于冬期施工及无侵蚀性环境的地区、严寒地区、受水及冰冻共同作用的环境，宜采用硅酸盐水泥及普通水泥；对于侵蚀性环境的地区，宜采用火山灰水泥或矿渣水泥。

水泥进场应有产品合格和出厂检验报告，进场后工地试验室应对强度、安定性及其他必要的性能指标进行取样复试。其质量必须符合现行国家标准的规定。当对水泥质量有怀疑或水泥出厂超过三个月时，在使用前必须重新取样检验，以便掌握水泥活性情况，并按复试结果确定是否选用或废弃，不同品种的水泥不得混合使用。

28.3.2.2　石子

石子一般采用坚硬的卵石或碎石。其质量标准应符合混凝土工程中相应的质量标准要求。并按国家现行标准《公路工程集料试验规程》JTG E42—2005 的规定进行取样试验。

28.3.2.3　砂

砂宜采用合格中砂或粗砂。砂的质量标准应符合混凝土工程中相应的质量标准要求。砂的级配应符合规范要求。并按国家现行标准《公路工程集料试验规程》JTG E42—2005 的规定进行取样试验。

28.3.2.4　水

拌制砂浆及养生用水宜采用饮用水，采用其他水源时，应先按有关标准进行化验，确认合格后方可使用。

28.3.2.5　外加剂

外加剂应具有产品说明书、出厂合格证明书和检验报告单，应有相应资质等级的检测部门出具的性能检测报告、有害物含量检测报告；进场前应取样复试合格，并应检测外加剂与水泥的适应性。其质量及应用技术须符合现行国家标准《混凝土外加剂》GB 8076—2005、《混凝土外加剂应用技术规定》GB 50119—2003 等的规定。

28.3.2.6　掺合料

掺合料一般采用粉煤灰、高炉矿渣、硅粉等活性矿物掺合料，应具有出厂合格证明书或质量证明书,应有相应资质等级的检测部门出具的质量检测报告,进场后应取样复试合格,其质量须符合现行国家标准的规定,其掺量应通过试验确定。

28.3.2.7 钢筋

钢筋应具有出厂合格证明书和试验报告单;钢筋的品种、级别、规格应符合设计要求,进场时应抽取试样做力学性能试验,其质量须符合现行国家标准《钢筋混凝土用热轧光圆钢筋》GB 13013—1991、《钢筋混凝土用热轧带肋钢筋》GB 1499—2007、《钢筋混凝土用冷轧带肋钢筋》GB 13788—2007 等的规定。

28.3.2.8 电焊条

电焊条应具有出厂合格证明书,与钢筋母材匹配。

28.3.3 主要机具

(1)机具:混凝土搅拌机、混凝土搅拌车、卷扬机、切割机、弯曲机、电焊机、混凝土输送泵(或汽车吊)等。

(2)安全防护设施:脚手架、安全网、安全带、防护手套、安全网、竹架板。

(3)工具:小推车、钢板、水平尺、靠尺、振捣器、溜槽、吊斗。

28.3.4 作业条件

(1)桥梁主体结构施工完成或路基填筑高程超过挡土墙基础底标高。挡土墙基槽开挖完成,基底(或经处理)满足设计要求,验收合格。

(2)施工现场的排水系统已完善,保证基底不受水的浸泡,确保地基承载力。

(3)测量放线完成并复核无误,对桩点进行加密和保护。

(4)按技术要求,完成分段设置。

28.3.5 劳动力组织

现浇钢筋混凝土挡土墙工程施工劳动力组织如表28-1。

表28-1 现浇钢筋混凝土挡土墙工程施工劳动力组织

工种	人数	工作地点	职责范围
施工队长	1	整个施工现场	负责跟班组织施工管理工作、协助总指挥工作等
工班长	1	砌筑施工现场	负责跟班组织施工,协调各工种交叉作业等
技术员	1	整个施工现场	负责跟班解决施工中的技术问题,编写技术措施等
安全员	1	整个施工现场	负责跟班检查安全措施、安全措施的执行情况及安全教育工作,对安全生产负责
质量检查员	1	整个施工现场	负责跟班检查工程质量,组织各工种交接及质量保证措施的执行情况,对工程质量负责
测量工	2	施工现场	负责基槽开挖放样,挡土墙位置高程等测量
挖掘机操作工	1	洞口开挖施工现场	负责基槽的土方开挖

续表 28 – 1

工种	人数	工作地点	职责范围
自卸卡车司机	3	弃渣至弃土场	负责土石方弃渣运输
混凝土搅拌运输车司机	2	拌和场、施工现场	负责混凝土运输
输送泵操作工（吊车司机）	1	施工现场	负责混凝土输送泵操作、日常保养（负责吊车操作）
基槽垫层施工	6	施工现场	负责基底清理、垫层施工
模板工及混凝土浇筑工	10	施工现场	负责挡土墙基础、墙身等模板安装及混凝土浇筑
钢筋工	6	钢筋加工车间及施工现场	负责钢筋制作及安装
架子工	6	施工现场	负责外围护拦、施工架子平台搭设
电工	1	整个施工现场	负责现场动力、照明、通讯等电器系统的维修保护
材料员	1	材料仓库	负责施工材料供应及管理
杂工	1	整个施工现场	负责搬运及现场清理等
总计	45		

注：此表为一个作业班施工配备人员，未计后勤、行政等人员。

28.4　工艺设计和控制要求

28.4.1　技术要求

（1）基槽开挖施工时应满足"基坑稳定"的原则，确保施工过程中操作人员的人身安全。实际开挖的基底承载力应满足设计要求，否则需作应对性处理。

（2）用于钢筋混凝土挡土墙的建筑材料规格、强度应满足设计要求。

（3）应保证挡土墙位置准确、尺寸符合设计要求。

（4）施工设置的排水系统、墙后填料渗水性能应符合设计要求，保证墙后水分及时排干。

28.4.2　材料质量要求

钢筋混凝土挡土墙相关建筑材料的质量要求与前述章节相同。

28.4.3　职业健康安全要求

（1）所有进入施工现场的人员必须按规定佩戴安全防护用具。混凝土振捣人员必须戴胶手套、穿绝缘鞋。电焊人员必须戴护目镜、绝缘手套等防护用品。

（2）机械操作工必须持证上岗，专人专岗，严格遵守各专用设备使用规定和操作规程，且不得疲劳操作。

（3）严禁在机械运行范围内停留，机械行走前应检查周围情况，确认无障碍后鸣笛操作。挖掘机装车作业时，铲斗应尽量放低，并不得砸撞车辆，运土车车厢内有人。严禁铲斗从汽车驾驶室顶上越过。

（4）基坑石方爆破作业，以及爆破器材的管理、加工、运输、检验和销毁等工作均应按国家现行标准《爆破安全规程》GB 6722—2011 的规定。

（5）高温季节应根据进度计划和职工人数，合理安排生产班次和劳动作息时间，对在特殊环境下（烈日）施工的人员应采取利用早晚时间施工等方法防治中暑、昏迷等事故发生。高温季节，在施工现场应准备凉开水、茶水、绿豆汤等饮品，准备应急药物（如人丹等）预防突发事件的发生。

28.4.4 环境要求

（1）施工时的临时道路应定期维修和养护，经常洒水，减少尘土飞扬。

（2）保护植被，对施工区域的植被、树木等尽量维持原状，严禁乱砍乱伐。

28.5 施工工艺

28.5.1 工艺流程

现浇钢筋混凝土挡土墙施工工艺流程如图 28-1 所示。

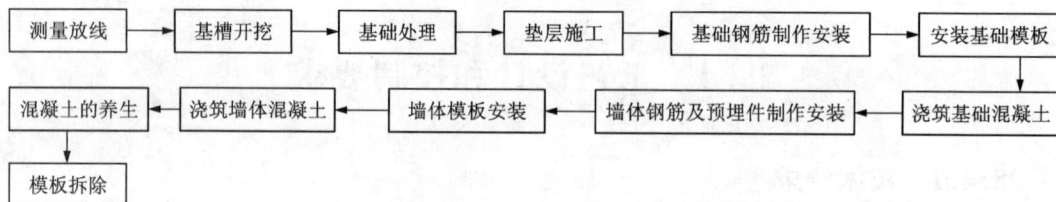

图 28-1 现浇钢筋混凝土挡土墙施工工艺流程

28.5.2 操作工艺

28.5.2.1 测量放线

（1）根据设计图纸，计算挡土墙控制点坐标，采用全站仪准确测放挡土墙的平面位置和纵断高程，设置好护桩并进行保护。

（2）在已验收的基槽上弹出轴线及基础线。

28.5.2.2 基槽开挖

（1）基槽开挖一般采用明挖，基坑开挖大小，需满足基础施工的要求，要根据基坑的地质情况及排水设施等要求来确定开挖大小。

（2）在松软地层或坡积层地段开挖时，基坑不宜全段贯通，而应采用跳槽办法开挖以防止上部失稳。

（3）基础的各部尺寸、形状、埋置深度均按设计要求施工。当基础开挖后，若发现与设计情况有出入时，应按实际情况进行调整设计。

28.5.2.3　基础处理

（1）当基底土质为碎石土、砂砾土、砂性土、黏性土时，将其平整夯实。

（2）当遇有基底软弱或不良地段时应按不同的情况以不同的方法进行有效的处理。常用的基础处理方法有开挖换填、挤密砂桩等。

28.5.2.4　垫层施工

（1）垫层混凝土强度应符合设计要求，振捣密实，抹压平整。

（2）垫层施工完成后，应按设计图纸和挡土墙中线桩弹出墙体轴线，基础尺寸线和钢筋控制线。

（3）垫层底面不在同一高度时，施工时按先深后浅的顺序进行。

28.5.2.5　基础钢筋制作安装

（1）钢筋在进场前，必须进行检验，检验合格并报监理工程师审批后，方可进场。

（2）材料进场后应按品种规格、批号、类型等分别存放在仓库或料棚内，不得直接堆放在地面上，必须用方木或其他方法垫高。工地临时保管钢筋时，应选择地势高、地面干燥的场所，根据天气情况，在雨天必要时加盖棚布。

（3）钢筋下料前，首先对施工图中各种规格的钢筋长度、数量进行核对，确认无误后方可进行下料，根据钢筋原料长度与图纸设计长度并结合规范要求，在满足设计、规范要求的同时，尽量减少钢筋损耗，合理搭配钢筋，错开接头位置，由钢筋加工车间将符合规范和监理工程师要求的钢筋加工成半成品。

（4）钢筋绑扎前，对基坑垫层进行清扫；在现场安装时，先用石笔画出主筋、分布筋位置，按间距先安装主筋，后放分布筋，必要时需增加施工架立筋，以保证基础钢筋位置准确性及牢固性，并确保浇筑混凝土时不松动变形；底层、顶层及四周钢筋要进行点焊，加强骨架的稳定，钢筋间距、搭接长度均要符合规范要求，钢筋绑扎完后经监理工程师检查后，方可装模。同时应注意准确设置预埋件、预埋管等；所有钢筋位置、间距、保护层厚度要满足设计和规范要求。

（5）钢筋连接方法宜采用焊接或机械连接。钢筋焊接前不得有水锈、油渍，焊缝不得咬肉、裂纹、夹渣，焊药皮应清除干净。

28.5.2.6　安装基础模板

（1）基础模板采用大面积钢模板，以型钢为加劲肋，施工中模板要有足够的强度、刚度及稳定性，其验收按有关技术规范和监理工程师要求进行。

（2）安装前在模板表面涂刷脱模油，保证拆模顺利并且不破坏砼外观。采用人工或吊车吊入基坑进行安装，根据挡土墙的纵、横轴线及设计几何尺寸进行立摸，模板与模板的接头处，应采用海绵条或双面胶带堵塞，以防止漏浆。安装模板时力求支撑稳固，以保证模板在浇筑砼过程中不发生变形和移位；用对拉围檩和对拉螺杆控制定位，保证其结构尺寸和平整度，并加强模板的整体刚度。

（3）模板安装完毕后，对其平面位置、顶部标高、节点联系及模板稳定性等进行检查，保证模板表面平整，内侧线型顺直，内部尺寸符合设计要求；并报监理工程师签证。浇砼时随时注意模板情况，确保浇注砼过程中模板无变形、走位现象发生。

28.5.2.7 浇筑基础混凝土

（1）基础混凝土应符合设计强度要求。

（2）基础混凝土浇筑时自由倾落高度不得大于 2 m，超过时需用导管或溜槽配合浇筑，以免砼产生离析

（3）基础浇筑方案应依据挡土墙的具体形式、尺寸确定。当基础与墙体分开浇筑时应符合下列规定：

①基础混凝土强度达到 2.5 MPa 时方可进行墙体施工，安装墙体模板。

②在基础适宜位置设置预埋件，以利墙体模板安装、固定。

（4）混凝土振捣：

①基础砼应水平分层浇筑，并应边浇筑边振捣，砼浇筑应尽可能地连续作业，不得中断，防止砼浇筑间歇时间超过已浇砼的初凝时间。

②砼采用插入式振捣器振捣，由专人负责，严格按砼振捣的操作要求进行，移动间距不得超过振捣器作用半径的 1.5 倍，以保证砼的振捣质量；砼按每 30 cm 厚度分层浇筑，前后两层的间距在 1.5 m 以上。振动棒与侧模应保持 5～10 cm 的距离，应插入下层砼中 5～10 cm，并应在下层砼初凝以前振动完成其相应部位的上层砼，控制好振动时间和振动频率，防止漏振和泌水，振捣密实后徐徐提出振捣棒；应避免振捣棒碰撞模板、钢筋及其他预埋件，造成模板变形，预埋件移位等。

③振捣至砼不再有显著的沉落、不再出现气泡、砼表面均匀、平整、泛浆，使砼密实均匀，以确保砼质量。

④浇筑砼期间，设专人检查支撑、模板、钢筋和预埋件的稳固情况，当发现有松动、变形、移位时，应及时进行处理。

28.5.2.8 墙体钢筋及预埋件制作安装

墙体钢筋及预埋件制作和安装参照有关规定执行。

28.5.2.9 墙体模板安装

（1）墙体高度超过 2 m 时需搭设钢管支架。采用 ϕ48 钢管脚手架搭设单排或双排支架，作为施工人员操作平台以及小型机具（如振动器、电焊机等）的施工支撑平台。钢管支架以钢管作为斜撑，并加设风缆进行加强稳固，支架顶面铺满竹跳板，并设护栏，四周加设安全网，同时在支架角点处搭设"之"字楼梯，以便人员上下，确保施工方便，人员安全。特别注意的是支架平面位置应使支架、模板不相接触，应为相互独立体系。

（2）墙体模板的对拉围檩和对拉螺杆规格、间距应在模板设计时明确规定，安装完成后应检查螺栓、扣件等是否牢固，模板与基础接口是否密实，其余可参照有关规定执行。

28.5.2.10 浇筑墙体混凝土

（1）墙体混凝土浇筑前基础混凝土表面应凿毛处理。基础混凝土达到 0.5 MPa 即可在已浇砼顶面进行浮浆清除，将碎石裸露即可，待墙体浇砼前用清水冲洗干净，并用棉纱吸干。

（2）墙体混凝土应连续浇筑，分层厚度不大于 300 mm，每层间隔时间不超混凝土初凝时间，墙体混凝土施工缝宜设置在设计伸缩缝处。

（3）混凝土浇筑完毕，按设计标高控制线对墙体上口进行找平，并对砼裸露面及时进行修整、抹平，采用铁锹收浆、抹面、压光二遍，使顶面平整光滑。

（4）墙体混凝土的其他施工可参照有关规定施工。

28.5.2.11   混凝土的养生

（1）混凝土浇筑完毕后，夏季收浆后用草毡或土工布进行覆盖养护，采取覆盖蓄水和洒水养生，时刻保持湿润；派专人洒水养生不少于 7 d，每天洒水的次数以能保持砼表面经常处于湿润状态为度。冬季施工要采取覆盖保温等加强养护；以确保混凝土质量，防止产生表面裂纹。

（2）对大体积混凝土挡墙的养护，应根据实际情况采取温控措施，将温度控制在设计要求的范围内。

28.5.2.12   模板拆除

（1）根据承重模板与非承重模板，以及拆模时砼早期强度的要求，并明确拆除顺序、安全保护措施、拆除方法，确保其砼表面及棱角不因拆除模板而受损坏后，方可拆除。

（2）模板拆除时逐段松开并拆除对拉杆，一次松开长度不宜过大，不允许以猛烈的敲打和强扭等方法进行。

（3）模板拆除后，应将模板表面灰浆、污垢清理干净，并维修整理，在模板上涂抹脱模剂，等待下次使用。拆除后应对现场进行及时清理，模板堆放整齐。

28.5.3   季节性施工

28.5.3.1   冬期施工

（1）冬期施工可选用普通水泥、普通硅酸盐水泥，控制水灰比小于 0.5，并掺加防冻剂。

（2）冬期施工前应先清除冰雪等冻结物。气温低于 5℃时，不能洒水养生。

（3）混凝土浇筑时在裸露部位表面采用塑料薄膜覆盖并加保温被。

（4）当混凝土表面与外界温差大于 15℃时，拆模后的混凝土表面、及结构边棱角等易受冻的部位应采取保温覆盖措施。

28.5.3.2   雨季施工

（1）雨季到来前应做好整个施工场地的排水措施，防止墙体、基槽浸泡。

（2）雨季施工应有防雨措施，混凝土浇筑施工时要随时准备遮盖挡雨及排出积水，以防雨水浸泡、冲刷，影响混凝土质量。

（3）雨期要及时测定砂石含水率的变化情况，调整施工配合比，确保混凝土质量。

（4）加强对气象信息的收集，尽量避免下雨时浇筑混凝土。如突然遇雨，应对已入模振捣成型的混凝土及时覆盖，防止雨水冲淋。若停歇时间过长，超过混凝土初凝时间时，应按施工缝处理。雨后继续施工时，先对结合部位进行处理后再进行浇筑。

28.6   质量标准

28.6.1   现浇混凝土挡土墙

28.6.1.1   基本要求

（1）混凝土质量符合设计和规范规定。

（2）混凝土应振捣密实，无蜂窝、麻面。

28.6.1.2　实测项目

(1)现浇钢筋混凝土挡土墙实测项目情况详见表28-2。

表28-2　现浇钢筋混凝土挡土墙实测项目情况

检查项目	规定值或允许偏差	检查方法和频率
混凝土抗压强度/MPa	不小于设计强度	注2,注3
长度/mm	±20	尺量:每座量1个断面
断面尺寸/mm	不小于设计	尺量:每20 m量1点
垂直度或坡度/%	0.3	吊垂线:每20 m检查1点
外露面平整度/mm	5	尺量:每20 m量4个断面
顶面高程/mm	±20	水准仪:每20 m测1个点

注:1.表中 H 为构筑物全高(m)。

2.各个构筑物每50 m³制作试块一组6块,如混凝土配合比变更时,相应制作试块,满足检验频率要求。

3.混凝土试块的平均强度不低于设计规定,任意一组试块的强度最低值不低于设计值的85%。

28.6.1.3　外观鉴定

(1)混凝土表面的蜂窝、麻面不得超过该面积的0.5%,深度不超过10 mm。

(2)泄水孔倾斜向外,无堵塞。

(3)沉降缝整齐竖直,上下贯通。

28.6.2　模板

28.6.2.1　基本要求

(1)模板安装支撑牢固,不得有松动、跑模、下沉等现象。

(2)应保证挡土墙设计形状、尺寸及位置准确,并便于拆卸;应按实际要求设置沉降缝,沉降缝应贯通,缝板应平直,安设牢固。

28.6.2.2　实测项目

现浇钢筋混凝土挡土墙基础及墙身模板允许偏差应符合表28-3、表28-4的规定。

表28-3　现浇钢筋混凝土挡土墙基础模板允许偏差表

项目		允许偏差	检查方法及频率
相邻两板表面高差	刨光模板	1	尺量:用塞尺每20 m检查2个点
	不刨光模板	3	
	钢模板	1	
表面平整度/mm	刨光模板	3	尺量:用2 m直尺和塞尺每20 m检查4个点
	不刨光模板	5	
	钢模板	±1	

续表 28 – 3

项目	允许偏差	检查方法及频率
断面尺寸/mm	±5	尺量：用钢尺每 20 m 检查 2 个断面
轴线位移/mm	±15	经纬仪：每 20 m 检查 1 个点
基础底面高程/mm	±15	经纬仪：每 20 m 检查 1 个点
预埋件中心位置/mm	3	尺量：用 2 m 直尺每个检查 1 个点

表 28 – 4 现浇钢筋混凝土挡土墙模板允许偏差表

项目		允许偏差	检查方法及频率
相邻两板表面高差 /mm	刨光模板、钢模板	1	尺量：用钢尺每 20 m 检查 4 个点
	不刨光模板	3	
表面平整度 /mm	刨光模板、钢模板	3	尺量：用 2 m 直尺和塞尺每 20 m 检查 4 个点
	不刨光模板	5	
垂直度/%		0.5	吊垂线：每 20 m 检查 2 个点
模内尺寸/mm		±20	尺量：用钢尺每 20 m 检查长、宽、高 3 个点
轴线位移/mm		±15	经纬仪：每 20 m 检查 2 个点
顶面高程/mm		±15	水准仪：每 20 m 检查 1 个点

28.6.2.3 外观鉴定

(1)模板拼缝应严密、不漏浆，模内应清洁。

(2)模板隔离剂涂刷均匀，不得对钢筋造成污染。

28.6.3 钢筋成型与安装

28.6.3.1 基本要求

(1)所配置钢筋的级别、钢种、根数、直径、强度等应符合设计要求。

(2)绑扎成型时，绑丝应扎紧，不得松动、折断、位移，绑丝头应弯回背向模板。

(3)焊缝不得咬肉、裂纹、夹渣，焊药皮应清除干净。

(4)绑扎或焊接成型的网片或骨架应牢固，浇筑混凝土时不得松动和变形。

28.6.3.2 实测项目

现浇钢筋混凝土挡土墙钢筋成型与安装实测项目情况详见表 28 – 5。

表 28 – 5 现浇钢筋混凝土挡土墙钢筋成型与安装实测项目情况

项目	允许偏差	检查方法及频率
配置两排以上受力筋时钢筋的排距/mm	±5	尺量：用钢尺每 10 m 检查 2 个较大偏差值
受力筋间距/mm	±20	尺量：用 2 钢尺每 10 m 检查 2 个较大偏差值

续表 28 – 5

项目	允许偏差	检查方法及频率
箍筋间距/mm	0，– 20	尺量：用钢尺每 5 个箍筋间距检查 2 个较大偏差值
保护层厚度/mm	± 30	尺量：用钢尺每 10 m 检查 2 个较大偏差值

28.7　成品保护

(1)混凝土浇筑后要及时覆盖并浇水养生，防止混凝土表面开裂。

(2)施工中要有防雨措施，避免雨水冲刷未初凝混凝土，影响混凝土内在质量。

(3)安装模板轻起轻放，防止碰撞已完成的混凝土成品。

(4)拆模不得硬砸硬撬，不得损坏混凝土表面及棱角。拆模时间应按有关规定执行。

28.8　安全环保措施

28.8.1　安全操作要求

(1)严把上岗关，严禁无证上岗和无证操作。技术工人必须先培训，经考核合格后再上岗。

(2)必须保证"三宝"(安全帽、安全带、安全网)及防护手套的使用。

(3)浇筑混凝土时，振捣器应由两人操作(1 人操作振捣器，1 人操作振捣棒)，操作人员必须戴绝缘手套，穿绝缘鞋。

(4)如有吊装作业，由专人指挥，吊臂下不得站人，非施工人员不得进入吊装作业现场。

28.8.2　安全技术措施

(1)定期进行安全检查，发现隐患，及时报告，及时消除不安全因素。

(2)施工前编制专项安全技术方案，并严格执行三级安全技术交底制度。

(3)施工高度超过 1.2 m 时，基槽两侧用钢管安装防护栏，墙体施工高度超过 2 m 时应按高空作业要求搭设脚手架，严禁脚手架上下交叉作业。

(4)起重设备、电焊机具等各种设备要置于安全稳定的地基上，操作和临时用电应符合有关安全操作规程。

28.8.3　环保措施

(1)施工垃圾要分类处理，封闭清运，避免泄漏、污染环境。

(2)加强对施工机械的维修保养，遇到漏油、漏水的机械必须修好后方可继续参与施工，废油回收后集中存放，统一处理。

(3)混凝土搅拌运输车要在指定地点清洗，污水要经沉淀池处理后方可排放，避免污染农田、河流等。

28.9　质量记录

（1）建筑材料质量抽查记录；原材料（地材）试验及检验合格报告等。

（2）混凝土抗压强度试验报告。混凝土强度（性能）试验汇总表。混凝土配合比申请单、通知单。混凝土试块强度统计、评定记录。混凝土见证记录。

（3）钢筋焊接试验见证记录。

（4）工程放样与定位测量记录、测量复核记录。

（5）预检工程检查记录。隐蔽工程验收记录。

（6）工序质量评定表。

（7）工程部位质量评定表。

29 装配式钢筋混凝土挡土墙施工工艺标准

29.1 总则

29.1.1 适用范围

本标准适用于公路、城市道路及桥梁工程中装配式钢筋混凝土挡土墙施工。

29.1.2 编制参考标准及规范

编制参考标准及规范有：

(1)《公路工程技术标准》(JTG B01—2014).

(2)《公路桥涵施工技术规范》(JTG/T F50—2011).

(3)《公路路基施工技术规范》(JTG F10—2006).

(4)《公路工程质量检验评定标准》(JTG F80/1—2017).

(5)《公路工程集料试验规程》(JTG E42—2005).

(6)《混凝土外加剂》(GB 8076—2005).

(7)《混凝土外加剂应用技术规定》(GB 50119—2003).

(8)《钢筋混凝土用钢 第1部分热轧光圆钢筋》(GB 1499.1—2008).

(9)《钢筋混凝土用热轧带肋钢筋》(GB 1499.2—2007).

(10)《钢筋混凝土用冷轧带肋钢筋》(GB 13788—2017).

29.2 术语

装配式钢筋混凝土挡土墙是由预制钢筋混凝土立板(挡墙板)、现场浇注的钢筋混凝土前趾底板、后趾底板、墙顶帽等组成的轻型挡土墙结构。

29.3 施工准备

29.3.1 技术准备

(1)熟悉设计文件，认真进行现场核对，编制实施性施工组织设计并报审批。

（2）完成分项开工报告、混凝土试配、材料报验申报及批复手续及业主、监理要求的各项技术性文件。

（3）施工方案已审批，已对相关人员进行安全、技术交底。

29.3.2 材料准备

29.3.2.1 预制混凝土挡墙板

（1）预制混凝土挡墙板应有生产日期、编号、检验合格出厂标志及相应的钢筋、混凝土原材料、强度检测、试验资料。

（2）预制混凝土挡墙板质量应符合下列规定：

①混凝土的原材料、配合比符合规范规定，强度符合设计要求。

②预制板外露面光洁、色泽一致，无蜂窝、麻面、露筋、掉角等。

③有裂缝、硬伤等不得使用（经设计及有关部门鉴定并采取措施者除外）。

④预制钢筋混凝土挡土墙板质量或允许偏差应符合表 29-1 的规定。

表 29-1 预制钢筋混凝土挡土墙板允许偏差表

项目	允许偏差	检查方法及频率	检查范围
混凝土强度/MPa	符合设计要求	符合规范规定	抽查板数的 10% 且不少于 5 块
厚、高/mm	±5	尺量：用钢尺每块板检查 1 个点	
宽度/mm	0，-10		
侧弯/mm	L/1000		
板面对角线差/mm	≤5		
外露平整度/mm	≤5	尺量：用 2 m 直尺和塞尺每块检查 2 个点，取最大值	

29.3.2.2 水泥

一般宜采用硅酸盐水泥及普通水泥；对于侵蚀性环境的地区，宜采用火山灰水泥或矿渣水泥。

水泥进场应有产品合格和出厂检验报告，进场后工地试验室应对强度、安定性及其他必要的性能指标进行取样复试。其质量必须符合现行国家标准的规定。当对水泥质量有怀疑或水泥出厂超过三个月时，在使用前必须重新取样检验，以便掌握水泥活性情况，并按复试结果确定是否选用或废弃，不同品种的水泥不得混合使用。

29.3.2.3 石子

石子一般采用坚硬的卵石或碎石。其质量标准应符合国家现行标准《公路桥涵施工技术规范》JTG/T F540—2011 中混凝土工程中相应的质量标准要求，并按国家现行标准《公路工程集料试验规程》JTG E42—2005 的规定进行取样试验合格。

29.3.2.4 砂

砂宜采用合格中砂或粗砂。砂的质量标准应符合混凝土工程中相应的质量标准要求。砂的级配应符合规范要求。并按国家现行标准《公路工程集料试验规程》JTG E42—2005 的规定进行取样试验合格。

29.3.2.5 水

宜采用饮用水。采用其他水源时，应先按国家有关标准进行化验，确认合格后方可使用。

29.3.2.6 外加剂

外加剂应具有产品说明书、出厂合格证明书和检验报告单，应有相应资质等级的检测部门出具的性能检测报告、有害物含量检测报告；进场前应取样复试合格，并应检测外加剂与水泥的适应性。其质量及应用技术须符合现行国家标准《混凝土外加剂》GB 8076—2005、《混凝土外加剂应用技术规定》GB 50119—2003 等的规定。

29.3.2.7 钢筋

钢筋应具有出厂合格证明书和试验报告单；钢筋的品种、级别、规格应符合设计要求，进场时应抽取试样做力学性能试验，其质量须符合现行国家标准《钢筋混凝土用热轧光圆钢筋》GB 13013、《钢筋混凝土用热轧带肋钢筋》GB 1499.2—2007、《钢筋混凝土用冷轧带肋钢筋》GB 13788—2017 等的规定。

29.3.3 主要机具

(1)机械：混凝土搅拌机、混凝土搅拌运输车、卷扬机、切割机、弯曲机、电焊机、混凝土输送泵(或汽车吊)、料斗、挖机等。

(2)检测用具：全站仪、水准仪、钢尺、卷尺 3 m 靠尺、塞尺、混凝土试模、坍落度仪等。

29.3.4 作业条件

(1)挡土墙基槽开挖完成，基底(或经处理)满足设计要求，验收合格。

(2)施工现场的排水系统已完善，保证基底不受水的浸泡，确保地基承载力。

(3)测量放线完成并复核无误，对桩点进行加密和保护。

(4)预制混凝土挡土墙板已在工厂订货、加工。

29.3.5 劳动力组织

装配式钢筋混凝土挡土墙工程施工劳动力组织如表 29 - 2 所示。

表 29 - 2 装配式钢筋混凝土挡土墙工程施工劳动力组织

工种	人数	工作地点	职责范围
施工队长	1	整个施工现场	负责跟班组织施工管理工作、协助总指挥工作等
工班长	1	砌筑施工现场	负责跟班组织施工，协调各工种交叉作业等
技术员	1	整个施工现场	负责跟班解决施工中的技术问题，编写技术措施等
安全员	1	整个施工现场	负责跟班检查安全措施、安全措施的执行情况及安全教育工作，对安全生产负责
质量检查员	1	整个施工现场	负责跟班检查工程质量，组织各工种交接及质量保证措施的执行情况，对工程质量负责

续表 29 – 2

工种	人数	工作地点	职责范围
测量工	2	施工现场	负责基槽开挖放样，挡土墙位置高程等测量
挖掘机操作工	1	基槽开挖施工现场	负责基槽的土方开挖
自卸卡车司机	3	弃渣至弃土场	负责土石方弃渣运输
混凝土搅拌运输车司机	2	拌和场、施工现场	负责混凝土运输
输送泵操作工（或吊车司机）	1	施工现场	负责混凝土输送泵操作、日常保养(负责吊车操作)
基槽垫层施工	6	施工现场	负责基底清理、垫层施工
模板工及混凝土浇筑工	10	施工现场	负责挡土墙基础、板缝、墙顶等模板安装及混凝土浇筑
钢筋工	6	钢筋加工车间及施工现场	负责钢筋制作及安装
吊装工	4	施工现场	负责预制挡土墙板吊装、安设
电焊工	3	施工现场	负责预制挡土墙板安设定位后板体与基础预埋件的焊接固定
电工	1	整个施工现场	负责现场动力、照明、通讯等电器系统的维修保护
材料员	1	材料仓库	负责施工材料供应及管理
杂工	1	整个施工现场	负责搬运及现场清理等
总计	46		

注：此表为一个作业班施工配备人员，未计后勤、行政等人员。

29.4 工艺设计和控制要求

29.4.1 技术要求

（1）基槽开挖施工时应满足"基坑稳定"的原则，确保施工过程中人身安全。实际开挖的基底承载力应满足设计要求，否则需做应对性处理。基础施工应保证质量，防止基础沉降及断裂，影响挡土墙的稳定与安全。

（2）用于装配式钢筋混凝土挡土墙的建筑材料的规格、强度应满足设计要求。

（3）应保证挡土墙位置准确、尺寸符合设计要求。

（4）施工设置的排水系统、墙后填料应符合设计要求。

29.4.2 材料质量要求

装配式钢筋混凝土挡土墙相关建筑材料的质量要求与前面章节相同。

29.4.3 职业健康安全要求

(1)所有进入施工现场的人员必须按规定佩戴安全防护用具。混凝土振捣人员必须戴胶手套、穿绝缘鞋。电焊人员必须戴护目镜、绝缘手套等防护用品。

(2)严禁在机械运行范围内停留,机械行走前应检查周围情况,确认无障碍后鸣笛操作。挖掘机装车作业时,铲斗应尽量放低,并不得砸撞车辆,铲斗内严禁运土车车厢有人。严禁铲斗从汽车驾驶室顶上越过。

(3)机械操作工必须持证上岗,专人专岗,严格遵守各专用设备使用规定和操作规程,且不得疲劳操作。吊装作业由专人指挥,吊臂下不得站人,非施工人员不得进入吊装作业现场。

29.4.4 环境要求

(1)施工时的临时道路应定期维修和养护,经常洒水,减少尘土飞扬。

(2)保护植被,对施工界区域内的植被、树木等尽量维持原状,严禁乱砍乱伐。

29.5 施工工艺

29.5.1 工艺流程

装配式钢筋混凝土挡土墙施工工艺流程如图 29-1 所示。

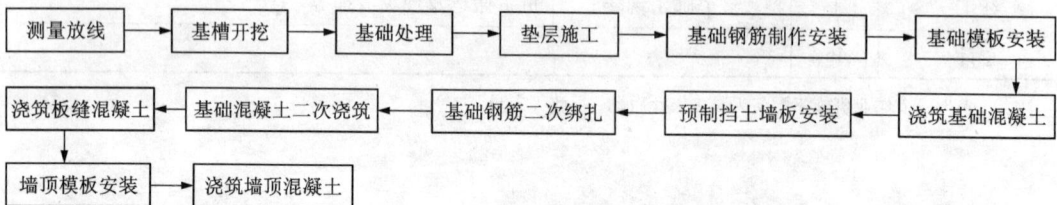

图 29-1 装配式钢筋混凝土挡土墙施工工艺流程

29.5.2 操作工艺

29.5.2.1 测量放线

(1)根据设计图纸,计算挡土墙控制点坐标、高程,采用全站仪准确测放挡土墙的平面位置和纵断高程,设置好护桩并进行保护。

(2)放出基础开挖边线,开挖基槽。

29.5.2.2 基槽开挖

(1)基槽开挖一般采用明挖,根据基础和土质及现场施工条件,合理确定开挖顺序,基坑开挖大小需满足基础施工的要求,要根据基坑的地质情况及排水设施等要求确定开挖大小,按开挖施工方案留置工作宽度和边坡坡度,确保边坡稳定。

(2)在松软地层或坡积层地段开挖时,基坑不宜全段贯通,而应采用跳槽法开挖以防止上部失稳。

(3)基础的各部尺寸、形状、埋置深度均按设计要求施工。

(4)场地有条件堆放土方时,可留足好土以备回填用土,多余土方应一次运至弃土处,避免二次搬运。

29.5.2.3 基础处理

(1)基槽开挖时不得扰动基底原状土,如有超挖,应回填原状土,并按道路击实标准夯实。

(2)基槽开挖到设计标高后,按设计要求进行基底钎探,并请有关方面进行验槽。若基槽地质现状与勘探资料不相符时,应及时与勘探、设计单位联系,办理变更洽商,按勘探、设计要求进行基础处理。

(3)当基底土质为碎石土、砂砾土、砂性土、黏性土时,将其平整夯实。

(4)当遇有基底软弱或不良地段时应按不同的情况以不同的方法进行有效的处理。常用的基础处理方法可采用开挖换填、挤密砂桩等。

29.5.2.4 垫层施工

(1)为保护基底不受雨水等影响,可在验槽后及时浇筑 5 cm 厚混凝土垫层。

(2)垫层混凝土强度应符合设计要求,振捣密实,抹压平整。

29.5.2.5 基础钢筋制作安装

(1)钢筋在进场前,必须进行检验,检验合格并报监理工程师审批后,方可进场。

(2)由钢筋加工车间将符合规范和监理工程师要求的钢筋加工成半成品。

(3)钢筋绑扎前,对基坑垫层进行清扫;在现场安装时,先由测量人员放出基础位置边线和基础预埋钢板位置线,按墙面板排放位置放出沉降缝位置线,沉降缝设置间距应符合设计要求。并据此放出钢筋及预埋件的位置线。钢筋绑扎由一端沉降缝向另一端进行。

(4)钢筋主筋直径大于或等于 25 mm 时,连接方法宜采用焊接或机械连接。搭接焊接时,双面焊缝长度不小于 $5d$(d 为钢筋直径),单面焊缝长度不小于 $10d$。焊缝外观检查应符合有关规定要求。焊条符合设计要求并与母材相适应。

(5)钢筋绑扎时,应保证钢筋位置准确,绑扎稳定牢固,绑丝头背向模板。保护层垫块采用混凝土垫块或塑料垫块,垫块与钢筋绑扎牢固,采用梅花形布置,保证钢筋净保护层符合设计要求。

29.5.2.6 基础模板安装

(1)基础模板要有足够的强度、刚度及稳定性,其验收按有关技术规范和监理工程师要求进行。

(2)安装前在模板表面涂刷脱模油,保证拆模顺利并且不破坏砼外观。采用人工或吊车吊入基坑进行安装,根据挡土墙的纵、横轴线及设计几何尺寸进行立模,模板与模板的接头处,应采用海绵条或双面胶带堵塞,以防止漏浆。安装模板时力求支撑稳固,以保证模板在浇筑砼过程中不发生变形和移位;用对拉围檩和对拉螺杆控制定位,保证其结构尺寸和平整度,并加强模板的整体刚度。

(3)模板安装完毕后,对其平面位置、顶部标高、节点联系及模板稳定性等进行检查,保证模板表面平整,内侧线型顺直,内部尺寸符合设计要求;并报监理工程师签认。浇砼时随时注意模板情况,确保浇注砼过程中模板无变形、走位现象发生。

29.5.2.7 浇筑基础混凝土

(1)基础混凝土应符合设计强度要求。

(2)基础混凝土浇筑时自由倾落高度不得大于 2 m,超过时需用导管或溜槽配合浇筑,以免砼产生离析。

(3)基础浇筑顺序:先浇筑基础预埋件下部混凝土,待挡土墙预制板安装后,再浇筑预埋件以上的基础混凝土,应注意不同段第一次浇筑基础混凝土的高度不同。

(4)混凝土振捣。

①基础砼应水平分层浇筑,并应边浇筑边振捣,砼浇筑应尽可能地连续作业,不得中断,防止砼浇筑间歇时间超过已浇砼的初凝时间。

②砼采用插入式振捣器振捣,由专人负责,严格按砼振捣的操作要求进行,移动间距不得超过振捣器作用半径的 1.5 倍,以保证砼的振捣质量;砼按每 30 cm 厚度分层浇筑,前后两层的间距在 1.5 m 以上。振动棒与侧模应保持 5~10 cm 的距离,应插入下层砼中 5~10 cm,并应在下层砼初凝以前振动完成其相应部位的上层砼,控制好振动时间和振动频率,防止漏振和泌水,振捣密实后缓慢提出振捣棒;应避免振捣棒碰撞模板、钢筋及其他预埋件,造成模板变形、预埋件移位等。

③振捣至砼不再有显著的沉落、不再出现气泡、砼表面均匀、平整、泛浆,使砼密实均匀,以确保砼质量。

④浇筑砼期间,设专人检查支撑、模板、钢筋和预埋件的稳固情况,当发现有松动、变形、移位时,应及时进行处理。

⑤基础混凝土初凝前按设计要求进行压槽处理,保证二次基础混凝土与一次基础混凝土结合紧密。

⑥基础混凝土浇筑时除按规定留置标准养护试件外,还应根据需要留置同条件养生的混凝土试块,以作为墙面板安装及板后回填的依据。

29.5.2.8 预制挡土墙板安装

(1)符合设计要求,且外观无棱角破坏、裂缝的墙板方可安装。

(2)挡土墙板安装从高处向低处施工。

(3)浇筑的一次基础混凝土强度达到 75% 后,方可安装预制挡土墙板。安装前测量人员用墨斗线弹出安装控制线。当墙面板与肋同时座入基础上,且位置及垂直度经检测符合设计及规范要求后,将肋板预留钢筋与基础预埋钢板用钢筋焊接,并用三角形钢板加固焊接,使板体与基础连接牢固。焊条应符合设计要求,焊缝质量符合国家现行规范的规定。

(4)挡土墙板安装后对肋板与基础联结件进行防锈处理,可刷防锈漆两遍。基础与其墙板间的空隙不得用砂浆勾缝填平,具体处理方法应会同有关方面协商确定。

29.5.2.9 基础钢筋二次绑扎

挡土墙板与基础联结后,绑扎二次基础钢筋,钢筋绑扎应与预埋钢筋连接牢固。

29.5.2.10 基础混凝土二次浇筑

对已浇混凝土表面进行清理干净后,参照相关标准进行二次基础混凝土的浇筑。

29.5.2.11 浇筑板缝混凝土

(1)板缝间混凝土采用细石混凝土,应先期进行专项混凝土设计,符合要求后方可进行板缝施工。

（2）板缝施工前应清理干净。

（3）板缝两侧用夹板卡紧，不得漏浆，且振捣密实。

（4）板缝混凝土完成后采用砂浆勾缝，勾缝一般采用平缝或凸缝。勾缝应深浅一致、密实光滑。

29.5.2.12　墙顶模板安装

（1）按设计图纸要求，在墙面板上放出高程控制点。

（2）支模时要沿挡土墙板面黏帖泡沫塑料不干胶条，防止漏浆污染挡土墙面。

29.5.2.13　浇筑墙顶混凝土

（1）墙顶混凝土浇筑前基础混凝土表面应凿毛处理。即对已浇砼顶面进行浮浆清除，将碎石裸露即可，待墙体浇砼前用清水冲洗干净，并用棉纱吸干。

（2）混凝土浇筑完毕，按设计标高控制线对墙顶上口进行找平，并对砼裸露面及时进行修整、抹平，采用铁锹收浆、抹面、压光二遍，使顶面平整光滑。

（3）墙顶混凝土的其他施工可参照有关标准施工。

29.5.2.14　混凝土的养生

混凝土浇筑完毕后，夏季收浆后用草毡或土工布进行覆盖养护，采取覆盖蓄水和洒水养生，时刻保持湿润；派专人洒水养生不少于 7 d，每天洒水的次数以能保持砼表面经常处于湿润状态为度。冬季施工要采取覆盖保温等加强养护；以确保混凝土质量，防止产生表面裂纹。

29.5.3　季节性施工

29.5.3.1　冬期施工

（1）冬期施工可选用普通水泥、普通硅酸盐水泥，强度等级不宜低于 42.5 级，控制水灰比不高于 0.5，并掺加防冻剂。

（2）冬期施工前应先清除冰雪等冻结物。开挖基槽后必须防止基础下的土层受冻。

（3）混凝土浇筑时，入模温度不低于 5℃，在裸露部位表面采用塑料薄膜覆盖并加保温被，气温低于 5℃时，不能洒水养生，成型开始时，用蓄热法养护温度不低于 10℃。

（4）当混凝土表面与外界温差大于 15℃时，拆模后的混凝土表面、及结构边棱角等易受冻的部位应采取保温覆盖措施。

（5）大雪、大雾及五级以上大风时应停止挡土墙板吊装作业。

29.5.3.2　雨季施工

（1）雨季到来前应做好整个施工场地的排水措施，防止墙体、基槽浸泡。

（2）雨季施工时，涂刷水溶性脱模剂的模板，应采取有效措施，防止雨水冲刷而脱落流失，影响脱模及混凝土表面质量。混凝土浇筑施工时要随时准备遮盖挡雨及排出积水，以防雨水浸泡，冲刷，影响混凝土质量。

（3）雨期砂石含水率的变化大，要及时测定，并调整施工配合比，确保混凝土质量。

（4）加强对气象信息的收集，尽量避免下雨时浇筑混凝土。如突然遇雨，应对已入模振捣成型的混凝土及时覆盖，防止雨水冲淋。若停歇时间过长，超过混凝土初凝时间时，应按施工缝处理。雨后继续施工时，先对结合部位进行处理后再进行浇筑。

(5)要准备充足的防洪防汛材料、器具、器材和设备以备应急使用。

29.6 质量标准

29.6.1 基本要求

(1)混凝土质量符合设计和规范规定。
(2)预埋件安装位置准确,安装牢固。
(3)墙板安装、焊接质量符合要求,焊缝符合相关规定。
(4)墙板间勾缝密实、平顺、美观,砂浆强度达到设计要求。
(5)挡土墙板、帽石、基础沉降缝上下贯通。

29.6.2 实测项目

(1)装配式钢筋混凝土挡土墙实测项目情况详见表29-3。

表29-3 装配式钢筋混凝土挡土墙板实测项目情况

项目	允许偏差	检查方法及频率
顶面高程/mm	±10	水准仪:每20 m检查1个点
直顺度/mm	≤10	尺量:用20 m小线和直尺每20 m检查1个点
垂直度/%	0.5%	吊垂线:每20 m检查1个点
板间错台/mm	±10	尺量:用钢尺每20 m检查1个点
轴线位移/mm	±10	经纬仪:每20 m检查1个点

注:表中H为构筑物全高(m)。

29.6.3 外观鉴定

(1)墙板外露面光洁、色泽一致。不得有蜂窝、麻面、露筋、缺边、掉角现象。如有则缺陷已修补好。
(2)墙板无硬伤、裂缝等。
(3)沉降缝整齐竖直,上下贯通。

29.6.4 挡土墙基础模板、钢筋及混凝土

基本要求和允许偏差见的相关规定。

29.7 成品保护

(1)混凝土浇筑后要及时覆盖并浇水养生,防止混凝土表面开裂。
(2)施工中要有防雨措施,避免雨水冲刷未初凝混凝土,影响混凝土内在质量。

（3）安装墙板轻起轻放，防止碰撞已完成的混凝土预制板造成破坏。

（4）基础及墙顶混凝土拆模不得硬砸硬撬，不得损坏混凝土表面及棱角。拆模时间应按有关规定执行。

29.8　安全环保措施

29.8.1　安全操作要求

（1）严把上岗关，严禁无证上岗和无证操作。技术工人必须先培训，经考核合格后再上岗。做好三级安全技术交底，严禁违章操作、野蛮施工。

（2）必须保证"三宝"（安全帽、安全带、安全网）及防护手套的使用。

（3）电焊机具、混凝土振捣机具要有漏电保护装置，接电需由专业电工操作，用电故障非专业人员不得擅自处理。

（4）浇筑混凝土时，振捣器应由两人操作（1人操作振捣器，1人操作振捣棒），操作人员必须戴绝缘手套，穿绝缘鞋。

（5）吊装作业，由专人指挥，吊臂下不得站人，非施工人员不得进入吊装作业现场。大雪、大雾和五级以上大风时应停止吊装作业。

（6）挡土墙板安装时，需将肋板与基础混凝土联结牢固后方可松吊钩。

29.8.2　安全技术措施

（1）定期进行安全检查，发现隐患，及时报告，及时消除不安全因素。

（2）施工前编制专项安全技术方案，并严格执行三级安全技术交底制度。

（3）施工中的小型机具要指定专人负责，集中管理。

（4）起重设备、电焊机具等各种设备要置于安全稳定的地基上，操作和临时用电应符合有关安全操作规程。

29.8.3　环保措施

（1）施工垃圾要分类处理，封闭清运，避免遗洒、污染环境。

（2）加强对施工机械的维修保养，遇到漏油、漏水的机械必须修好后方可继续参与施工，废油回收后集中存放，统一处理。

（3）混凝土搅拌运输车要在指定地点清洗，污水要经沉淀池处理后方可排放，避免污染农田、河流等。

29.9　质量记录

（1）建筑材料质量抽查记录；地材（砂、石）试验及检验合格报告等。

（2）混凝土配合比申请单、通知单。混凝土抗压强度试验报告。混凝土试块强度统计、评定记录。混凝土强度（性能）试验汇总表。混凝土见证记录。

（3）钢筋焊接试验见证记录。

（4）预制板构件合格证及相应的钢筋、混凝土原材料检测、试验资料。

（5）工程放样与定位测量记录、测量复核记录。

（6）隐蔽工程验收记录；预检工程检查记录。

（7）构件吊装记录。

（8）工序质量评定表。

（9）工程部位质量评定表。